ELSTERS MEDITERRANE BIBLIOTHEK
Boswell, Corsica

Jacob Boswells, Esq.

historisch=geographische

Beschreibung

von

Corsica

nebst

vielen wichtigen Nachrichten

und Anecdoten

vom

Pascal Paoli

dem General der Corsen.

Aus dem Englischen nach der zweyten Ausgabe übersetzt
und mit einer neuen und vollständigen Landcharte
von Corsica erläutert.

Verbesserte Ausgabe.

Leipzig,
verlegts, Caspar Fritsch
1769.

JAMES BOSWELL

CORSICA

Überarbeitet, illustriert und eingeleitet
von Dirk Gerdes
unter Mitarbeit von Ursula Gerdes

ELSTER VERLAG
MOOS & BADEN-BADEN

Unseren korsischen Freunden,
den Familien
Gavini und Luciani

U. und D. Gerdes

7580 Bühl-Moos, Engelstraße 6

Satz und Herstellung:
Reinhard Amann, Leutkirch

Druck und Bindung:
Spiegel, Ulm

ISBN 3-89151-024-1

Vorwort des Herausgebers

Von Pascal Paoli, seit 1755 Anführer des korsischen Unabhängigkeitskrieges (1729 – 1769) und Kultfigur der Aufklärung im ausgehenden 18. Jahrhundert[1], stammt der Satz:

„Mein Herr, wenn der Ausgang glücklich ist, so wird man uns große Verteidiger der Freiheit nennen. Ist der Ausgang unglücklich, so wird man uns als unglückliche Rebellen ansehen.“

Seit 1769 ist Korsika – mit einer kurzen Unterbrechung – eine Provinz Frankreichs unter anderen: der Ausgang war „unglücklich“ – und an „Rebellen“ erinnert man sich nur ungern, zumindest in der späteren Geschichtsschreibung. Während unser aller Geschichtsbild vom neuzeitlichen Mythos des amerikanischen Unabhängigkeitskrieges und der Französischen Revolution geprägt wurde, geriet in Vergessenheit, daß Korsika schon vor den USA eine demokratische Verfassung einführte – dies keineswegs als intellektuell-aufgeklärte Schöpfung aus dem historischen Nichts, sondern als eine an Montesquieu geschulte Systematisierung und als neue Interpretation („Volkssouveränität“!) von Gebräuchen, die bis in das 11. Jahrhundert zurückreichen[2].

In ein regionalhistorisches Unterbewußtsein wurde dabei verdrängt, daß das korsische Experiment – ebenso wie ein Jahrhundert später der polnische Freiheitskampf – um die Mitte des 18. Jahrhunderts einen wahren Korsika-Taumel bei den aufgeklärten Zeitgenossen in Europa und Amerika auslöste: Jean Jacques Rousseau überlegte lange, ob er das Angebot, in Korsika Exil zu nehmen, annehmen solle. Die werbewirksame Bitte von Buttafoco und Paoli, an einer Verfassung für Korsika mitzuwirken, reizte ihn zu ausführlichen Überlegungen, die zwar noch heute zitiert werden, aber seine völlige Unkenntnis der spezifischen Tradition Korsikas verraten. Friedrich II von Preußen (der „Große“) – eben noch hatte er im Siebenjährigen Krieg (1756 – 1763) bewiesen, was er von „Volkssouveränität" hielt – schickte Pascal Paoli ein Schmuckschwert mit der Inschrift *„Patria – Libertas"* (Vaterland – Freiheit), während sein gerade (1764) zum Deutschen Kaiser gekrönter Gegenspieler Joseph II nicht minder bewundernd von Paoli sprach. Noch enthusiastischer kommentierten die intellektuellen Salons und Zeitschriften (z.B. das *Journal Encyclopédique*) das korsische Geschehen – bis hin zum Spötter Voltaire, der sich freilich nur über die Zeit vor Paoli lustig zu machen wagte. Mirabeau, eine der großen Gestalten der Französischen Revolution, konnte sich als junger Teilnehmer des französischen Expeditionskorps unter Comte de Marbœuf (seit 1764) über die Kampfmoral der Korsen begeistern und bedauerte offen deren schließliche Niederlage von 1769. In Amerika schließlich wurden sechs Ortschaften von den „Sons of Liberty" nach Paoli benannt, zwei erhielten den Namen Corsicana – sie heißen noch heute so.[3]

Die „öffentliche Meinung" Englands hielt sich zunächst zurück – pragmatische Distanz gegenüber dem „aufgeregten Intellektualismus" des Kontinents bewahrend. Dies änderte sich erst, als ein junger Angehöriger der liberalen Intelligenz von seiner Europareise (1763 – 1765) einen Bericht über Korsika mitbrachte, der in kürzester Zeit zum Bestseller avancierte: es war James Boswell (1740 – 1795) mit seinem *„Account of Corsica. The Journal of a Tour to this Island and Memoirs of Pascal Paoli"*. Noch im Jahr der Erstausgabe (Februar 1768) erlebte das Buch eine zweite Auflage, die dritte folgte ein Jahr später. Schon 1769 war es in Übersetzungen nicht nur in Italien, sondern auch in Frankreich und Deutschland erhältlich. Die deutsche Übersetzung wurde bezeichnenderweise in Sachsen (Leipzig) verlegt, das sich jetzt notgedrungen der neuen preußischen Großmacht unterzuordnen hatte. Auch diese Ausgabe wurde ein großer Erfolg: wenig verwunderlich, wenn man das breite Spektrum der Hoffnungen und Motive bedenkt, das in diesem Buch eine Bestätigung zu finden erwartete.

Ein Buch, dessen Thema die Phantasien eines so breiten Kreises von Zeitgenossen anregte – vom höfisch-aufgeklärten Absolutisten (Friedrich II) über den spekulativen Staatstheoretiker (Rousseau) und den liberalen Politiker (Burke) bis hin zum späteren Revolutionär (Mirabeau, dann auch Abbé Sieyès) – konnte nur Erfolg haben, wenn es Wertungen vermied und sich, soweit der „Zeitgeist" es erlaubte, auf die Darstellung von unbestreitbaren Tatsachen beschränkte. Boswells Darstellung ist in der Tat erstaunlich „sachlich", für die damalige Zeit sogar unterkühlt, auch wenn es ihm nicht immer gelang, Mythen und historische Tatsachen säuberlich zu trennen.

In dieser Sachlichkeit liegt zugleich der große Unterschied zu einer zweiten berühmten Korsika-Monographie, die im deutschsprachigen Raum bis heute Verbreitung gefunden hat: Fer(di)nand Gregorovius' *„Historische Skizzen aus Korsika"*[4]. Dieser 1854 erschienene Band bietet eine – aus der Enttäuschung über die 48er Revolution in Deutschland gespeiste – idealisierende Interpretation von Geschichte und (damaliger) Gegenwart Korsikas. Gregorovius' Einstellung läßt sich unschwer schon aus einem Satz ablesen, mit dem er Paolis (seit langem mit großem diplomatischen Aufwand vorbereitetes) Eingreifen in die korsische Geschichte schildert:

„Er kam mit leeren Händen, zaghaft, und brachte nichts mit sich als seine Liebe zum Vaterland, seine Willenskraft und seine Philosophie, mit welcher er ein verwildertes, vom Familienhaß und der Blutrache zerfleischtes Naturvolk befreien und zu einer sittlichen Staatsgesellschaft umbilden wollte. Dies Problem war in der Weltgeschichte unerhört, und wie es vor den Augen Europas gelingen wollte in einer Zeit, wo ähnliche Versuche an den Kulturvölkern scheiterten, wurde der Beweis gegeben, daß die rohe Einfalt der Natur für die demokratische Freiheit empfänglicher sei, als die Verderbtheit der verfeinerten Kultur es sein kann." (Baseler Ausgabe [vgl. Anm. 4], S. 101)

Auch Boswell ist von Rousseau beeinflußt und er verheimlicht auch keineswegs seine Bewunderung für Korsikas Unabhängigkeitskampf, insbesondere aber für Pascal Paoli – doch sein Stil und seine Wertungen bleiben unaufdringlich und um (gebildete) Anschaulichkeit besorgt. Er ist noch gleich weit entfernt von der Klassik Goethescher Reiseliteratur und der schwärmerischen Subjektivität eines Gregorovius; sein Bericht ähnelt eher heutiger Geschichtsschreibung „von unten".

Boswell legte den Grundstein für eine englische Korsika-Begeisterung, die bis heute anhält: man wird nur selten einen Korsika-Touristen aus England finden, der „seinen" Boswell nicht gelesen hätte oder zumindest aus dem Touristikführer zitieren könnte. Zunächst sorgte Boswell jedoch für eine Reihe innenpolitischer Krisen, in denen sich die liberale Öffentlichkeit mit ihren Interventionsforderungen gegen das Kabinett Grafton durchzusetzen versuchte. Offiziell bewahrte England gegenüber Frankreichs Vorgehen in Korsika Neutralität: eine Unterhaus-Abstimmung vom November 1768 bestätigte diesen Regierungskurs; inoffiziell wurde jedoch eine alte Verfügung aufgehoben, die es jedem britischen Bürger untersagte, sich für die korsischen Angelegenheiten einzusetzen. Ein breiter Strom von Hilfsgeldern, Waffen und Freiwilligen kam den Korsen zu Hilfe, konnte aber deren Niederlage nicht abwenden. Immerhin: im Verlauf der Französischen Revolution – Paoli hatte sich nach anfänglicher Begeisterung und Rückkehr nach Korsika (aus englischem Exil!) erneut gegen Frankreich gestellt – wurde für kurze Zeit nachgeholt, was vorher nicht gelungen war: Korsika wurde Teil des britischen Königreichs unter Georg III (1794 – 1796), bis Napoleon für eine Wiedereingliederung seiner Insel nach Frankreich sorgte (1797).

Es trifft sich gut, daß diese Neuausgabe – ursprünglich nur als lustvolles Abschweifen von der wissenschaftlichen Beschäftigung des Herausgebers mit dem korsischen Regionalismus[5] geplant – mit einer literarischen Boswell-Renaissance zusammenfällt, die das Vergnügen an einem solchen Buch erklärlicher macht: Boswell gilt heute im angelsächsischen Raum als Klassiker der modernen Biographie, dem als erster die Ablösung vom moralisierenden oder anekdotisch-unterhaltsamen Stil der älteren Lebensbeschreibungen glückte[6]. Seine auf exakten Aufzeichnungen und Recherchen beruhende *Johnson-Biographie* (vgl. Anm. 6) erlaubt ebenso, wie sein berühmtes *„Londoner Tagebuch"* von 1762/63 (Zürich/Stuttgart 1953), einen authentischen Einblick in eine Zeit des Umbruchs, die der durchschnittliche Konsument schulischen Geschichtsunterrichts oft nur als unübersichtliche Gemengelage von Kabinettskriegen, aufgeklärten Monarchen und radikalen Ideen kennengelernt hat.

Boswells Korsika-Bericht: das ist eine reichlich dokumentierte Nachzeichnung der damaligen Ereignisse, eine geographische und ethnologische Studie, v.a. aber ist es auch ein Reisetagebuch, das bis in die szenischen Gesprächswiedergaben von einer bestechenden Lebendigkeit seines Autors zeugt. In alledem wird die „große Geschichte" konkret: gezeigt wird, wie sich im 18. Jahrhundert, lange vor dem amerikanischen Unabhängigkeitskrieg und der Französischen Revolution, das Ende der „alten Ordnung" anbahnt. Das Buch läßt dabei eine randständige Gesellschaft wieder hervortreten, die kurzfristig in den Mittelpunkt der Geschichte gerückt war, dann aber umso nachhaltiger von ihr überrollt wurde. Viele Themen, Motive und Aussagen Boswells sind aktuell geblieben – nicht als unhistorische Projektion, sondern als kulturelle und politische Überlieferung, die bis heute das Selbstverständnis von Korsen und somit deren regionale Eigenständigkeit prägt.

Heute ein solches Buch wieder aufzulegen, ist damit doppelt reizvoll: Boswells Bericht wird zum historischen Reiseführer, der die Vergangenheit in die Gegenwart holt und Aktuelles aus der Vergangenheit heraus verständlich macht. Die Einleitungssätze des deutschen Übersetzers:

„Corsica ist jetzt einer der merkwürdigsten Gegenstände

der allgemeinen Aufmerksamkeit des politischen Publikums. Die öffentlichen Blätter, welche uns die neuesten Veränderungen in der Weltgeschichte liefern, sind seit einigen Jahren mit wichtigen Nachrichten, welche die Insel betreffen, angefüllt."

... sie gelten auch heute wieder. Sie gelten zumindest für denjenigen, der sich jenseits der grob gestanzten Weltbilder von veröffentlichter Meinung und Regierungsverlautbarungen noch eine Sensibilität für die historische Vielfalt „abweichender" Lebensweisen bewahrt hat.

Mit diesen Hinweisen zum editorischen Hintergrund des vorliegenden Neudrucks seien zugleich auch überhöhte akademische Erwartungen abgewehrt: der Text ist nicht als „historisch-kritische" Neuausgabe gedacht. Diese Aufgabe bleibt der Arbeitsgruppe um F. A. Pottle von der Yale-Universität überlassen, die sich seit 1949 um den erst in den vierziger Jahren allmählich zusammengetragenen Nachlaß James Boswells bemüht. Als Vorlage dieses Neudrucks diente ausschließlich die sächsische Ausgabe von 1769 in der Übersetzung von A. E. Klausing. Sie wurde in der Rechtschreibung modernisiert, ohne den Sprachstil zu verändern. Die Anmerkungen wurden durchnumeriert, teilweise gekürzt, teilweise ergänzt und in einem separaten Anmerkungsteil zusammengefaßt. Die langen lateinischen und griechischen Originalzitate wurden rigoros aus den Anmerkungen gestrichen; Boswell hatte sie zumeist bereits im Text übersetzt – in den Anmerkungen erinnerten sie den Herausgeber zu aufdringlich an seinen schulischen Latein- und Griechisch-Unterricht. Manchem Leser mag dieser unhistorische Eingriff in die Vorlage die Zornesröte ins Gesicht treiben – er sei auf die zu erwartende Yale-Ausgabe vertröstet. Was er von dort allerdings nicht erwarten kann, ist eine Bebilderung, die bei dieser Ausgabe hoffentlich den Lesegenuß zu steigern hilft. Auch hier wurde unhistorisch vorgegangen: die Abbildungen entstammen, sofern nichts anderes vermerkt ist, der vorzüglichen Geschichtsdarstellung von

Jean-Ange Galletti *(„Histoire illustrée de la Corse")* aus dem Jahre 1863; die daraus entnommenen Stiche zeigen typische Stilmerkmale der ersten Hälfte des 19. Jahrhunderts. Sie neigen zur Romantisierung, wo sich Boswell allenfalls in englischer Zurückhaltung von Rousseau hatte beeinflussen lassen. Gleichwohl: die historische Distanz zwischen Text und Bebilderung wurde soweit wie möglich durch eine gezielte Auswahl der sich anbietenden Stiche zu verringern gesucht. Aus heutiger Sicht gehört ein kunsthistorisch geschulter Blick dazu, diese Distanz als auffällig zu empfinden.

Wozu das Buch dienen soll, wurde gesagt. Bleibt nur noch, allen an seiner Entstehung Beteiligten, hier v.a. dem Kollegen Ernst Schmidt, der freundlicherweise einige schwierige Klassiker-Zitate übersetzte, dem Hersteller, Herrn Amann, seiner Frau Bärbel, die mit Ausdauer den schwierigen Satz besorgte, und schließlich auch meiner Frau Ursula, die bei den Korrekturen und der Bildauswahl half, Dank zu sagen. Wir alle wünschen dem Leser viel Freude bei der Lektüre. Wer mehr erfahren möchte: die in den folgenden Anmerkungen angegebene Literatur hilft weiter.

Dirk Gerdes

1 In der bisher besten Biographie Paolis (Peter Adam Thrasher: Pasquale Paoli. An Enlightened Hero. 1725–1807. London 1970) findet sich ein Kapitel mit der Überschrift „A Darling of the Enlightenment", das die zeitgenössische Resonanz Paolis plastisch herausarbeitet. Für eine wissenschaftlich-akribische Weiterführung von Thrashers Werk vgl.: Joseph Foladare: Boswell's Paoli. Transactions (The Connecticut Academy of Arts and Sciences), Vol. 48, Sept. 1979. Die folgenden Ausführungen stützen sich z.T. auf diese beiden Darlegungen.

2 Im Unterschied zu den meisten demokratischen Verfassungen auch noch des 19. und beginnenden 20. Jahrhunderts kannte die korsische Verfassung von 1762 kein Zensuswahlrecht, also eine nach Vermögens- und Steuerkriterien abgestufte Einschränkung des allgemeinen Wahlrechts. Sie wurde erst unter französischer Herrschaft eingeführt. Gleichwohl gab es eine auch in anderen Demokratien bis ins 20. Jahrhundert übliche Einschränkung, die Boswell nicht erwähnt, weil sie für ihn unproblematisch ist: das aktive und passive Wahlrecht

war nur den Männern vorbehalten. Die Korsinnen können, wie die Französinnen, erst seit 1946 von ihrem Wahlrecht Gebrauch machen. Daß die Korsinnen dennoch nicht auf „Kinder-Kirche-Küche“ zurückgeworfen waren, sondern sich aktiv „einmischten“, wird auch in Boswells Darstellung deutlich.
Mit Montesquieu hatte sich Paoli bereits vor seiner Wahl zum General der Korsen beschäftigt. Von ihm war die Einrichtung einer Vorform von unabhängiger „(Verwaltungs-)Justiz“ auf Korsika – hier in Gestalt der „sindicatu“ – inspiriert. Den Staatstheoretikern vor Montesquieu war der Gedanke einer Gewaltentrennung zwischen Exekutive und Judikative noch fremd. Trotz dieses Einflusses greift Paolis „cunstituzione“ in wesentlichen Elementen auf Institutionen zurück, die – wie z.B. die „Väter der Gemeinde“, die „podesta“ und der „Oberste Rat“ – bereits unter Sambucucciu d'Alando (dem älteren) im 11. Jahrhundert eingeführt wurden. Dies zeigt erneut: demokratisches Verfassungsdenken ist nicht ohne entsprechende historische Praktiken bereits in der Vorgeschichte moderner Verfassungen zu erklären.

3 vgl. Pascal Marchetti: Une mémoire pour la Corse. Paris 1980, S. 66

4 Folgende (Auswahl-)Ausgaben sind erhältlich: Ferdinand Gregorovius: Historische Skizzen aus Korsika. Ausgewählt und eingeleitet von W. Kampf. Basel 1954, und Fernand Gregorovius: Korsika. Historische Skizzen und Wanderungen im Jahre 1852. Frankfurt 1975 (Nachdruck der Ausgabe von 1934).

5 Dirk Gerdes: Regionalismus als soziale Bewegung: Westeuropa, Frankreich, Korsika. Vom Vergleich zur Kontextanalyse. Frankfurt/New York 1985. Vgl. auch: Ders. (Hrsg.): Aufstand der Provinz. Regionalismus in Westeuropa. Frankfurt/New York 1980.

6 Vgl. dazu: James Boswell: Das Leben Samuel Johnsons und Das Tagebuch einer Reise nach den Hebriden. München 1985 (Lizenzausgabe von Leipzig 1984); Nachwort von H. Findeisen, S. 622 ff

DE L'ESPRIT DES LOIX

OU DU RAPPORT QUE LES LOIX DOIVENT AVOIR AVEC LA CONSTITUTION DE CHAQUE GOUVERNEMENT, LES MOEURS, LE CLIMAT, LA RELIGION, LE COMMERCE, &c.

à quoi l'Auteur a ajouté

Des recherches nouvelles ſur les Loix Romaines touchant les Succeſſions, ſur les Loix Françoiſes, & ſur les Loix Féodales.

TOME PREMIER.

A GENEVE,
Chez BARRILLOT & FILS.

Montesquieu: Vom Geist der Gesetze (Titelblatt; Abdruck nach der Ausgabe von K. Weigand, Stuttgart 1965, S. 86). Von diesem Werk inspiriert, schuf Pascal Paoli in Korsika einen Vorläufer des modernen demokratischen Verfassungsstaates.

Vorbericht des Übersetzers

Corsica ist jetzt einer der merkwürdigsten Gegenstände der allgemeinen Aufmerksamkeit des politischen Publikums. Die öffentlichen Blätter, welche uns die neuesten Veränderungen in der Weltgeschichte liefern, sind seit einigen Jahren mit wichtigen Nachrichten, welche diese Insel betreffen, angefüllt. Jedermann weiß, daß die Corsen, eine mutige und standhafte Nation, schon seit dreißig Jahren für die Erlangung der natürlichen Freiheit und Unabhängigkeit streiten und das Joch einer despotischen Regierung abzuschütteln suchen, welches ihnen bei der grausamsten Unterdrückung ganz unerträglich geworden ist. Man liest mit Erstaunen, wie dieses heldenmütige Volk an der Spitze eines Oberhauptes und Generals, der mit den größten Helden des Altertums verglichen zu werden verdient, sich einmütig versammelt, und bei so vielen und fast unüberwindlichen Schwierigkeiten dennoch allen Gefahren Trotz bietet und ein Leben ohne Freiheit für schrecklicher, als den Tod selbst, achtet. Dieses Wenige ist uns bisher von dieser tapferen Nation mit Zuverlässigkeit bekanntgeworden. Alles übrige hingegen, was sowohl die natürliche Gestalt dieser ansehnlichen Insel, als auch den eigentlichen Zustand der Einwohner, ihren Charakter, ihre Kenntnisse, Sitten und Gebräuche anbetrifft, ist entweder ganz unbekannt geblieben, oder man hat es mit so vielen falschen Erzählungen vermischt, daß es wohl nicht zu verwundern ist, wenn sich die meisten von den corsischen Angelegenheiten solche Begriffe gemacht haben, die der Wahrheit der Sachen gar nicht gemäß sind.

Wie sehr hat daher das Publikum nicht Ursache, dem würdigen Briten, der uns jetzt als ein glaubwürdiger Augenzeuge eine sichere und genaue Beschreibung von Corsica liefert, verbunden zu sein, und insonderheit die interessanten Nachrichten und Anekdoten, wodurch uns zuerst der vortreffliche Charakter des großen General Paoli auf einer liebenswürdigen Seite vorgestellt wird, recht hochzuschätzen? Die englische Nation ist wirklich gegen den Herrn Boswell nicht unerkenntlich gewesen und hat seine Schrift mit so vielem Beifall aufgenommen, daß man in kurzer Zeit die zweite Ausgabe davon hat veranstalten müssen. Sie verdient auch in der Tat allgemeinnützig zu sein; und ich werde es für die größte Belohnung meiner geringen Bemühungen halten, wenn diese deutsche Übersetzung bei uns etwas dazu beitragen kann, daß man sowohl die Insel Corsica, die an sich gewiß nicht unbeträchtlich ist, besser kennenlernt, als auch die corsische Nation, die viele gute Eigenschaften hat, höher schätzt, als bisher aus Mangel glaubwürdiger Nachrichten vielleicht geschehen ist.

Ich war anfänglich willens, dieser Beschreibung verschiedene Zusätze und Anmerkungen beizufügen, wodurch dasjenige, was der Verfasser entweder nur kurz berührt oder gar übergangen hat, einigermaßen erläutert und ergänzt werden könnte. Allein, ich fand bald, daß mich dieses Vorhaben von der Absicht des Originals, dem die angenehme Kürze vielmehr zur Empfehlung gereicht, nur allzuweit abführen, und mich bei aller Weitläufigkeit dennoch nicht in den Stand setzen würde, eine vollständige Geschichte von Corsica, wie sie uns wirklich noch fehlt, zu liefern.

Man wird hier also auch bloß die Boswellsche Beschreibung, die mit vieler Einsicht, Freimütigkeit und Richtigkeit abgefaßt ist, antreffen, und es mir verzeihen, daß ich jetzt ebensowenig , wie der Verfasser, die Miene eines gelehrten Kommentators annehme. Vielleicht bin ich zu anderer Zeit imstande, diejenigen Materialien, welche ich bei meinem vieljährigen Aufenthalte in Italien zur corsischen Geschichte teils schon gesammelt habe, teils auch noch aus Corsica selbst zu erhalten hoffe, in einer besonderen Schrift ans Licht zu stellen und dadurch einen Teil der Geschichte aufzuklären, der noch wenig oder gar nicht bearbeitet ist und es doch wegen seines großen Einflusses in die Geschichte vieler europäischen Staaten vorzüglich verdient.

Sonst habe ich mich bei der Übersetzung selbst bemüht, den Sinn des Verfassers richtig und genau auszudrücken, und sie auch im Deutschen, soviel als möglich, rein und fließend zu machen. Die Landkarte von Corsica, welche hier aufs Neue hinzugekommen ist, gereicht dieser Beschreibung nicht allein zur Zierde, sondern dient auch zu besserer Einsicht dessen, was der Verfasser zu der geographischen Kenntnis dieser Insel beigebracht hat. Leipzig, den 21. Sept. 1768.

A. E. Klausing
P.Ph.P.

Vorrede des Verfassers.

Ich habe vielleicht nicht nötig, mich weitläufig zu entschuldigen, daß ich jetzt dem Publikum eine Beschreibung von Corsica überliefere. Man hat dieselbe schon einige Zeit her von mir erwartet; und ich muß bekennen, daß die Stärke der öffentlichen Neugierde mich dazu teils ermuntert, teils abgeschreckt hat. Ich traf bei meiner Zurückkunft aus Corsica überall Leute an, die begierig waren, alles, was ich ihnen von dieser Insel und den Einwohnern derselben erzählen konnte, gerne zu hören. Allein, die beständige Wiederholung meiner Geschichte in jeder Gesellschaft wurde mir endlich so ekelhaft, daß ich es für das Beste hielt, ein Buch zu versprechen, welches für mich reden sollte.

Doch wollte ich dieses nicht gerne eher auf mich nehmen, als ich den General der Nation darüber zu Rate gezogen hätte. Ich machte ihm daher mein Vorhaben bekannt. Seine Antwort darauf ist für mich vielleicht zu schmeichelhaft, als daß ich sie anzeigen sollte; allein, ich muß sie desungeachtet als eine Erlaubnis und seinerliche Bewilligung desselben, in Absicht auf dieses Werk, beifügen.

Paoli war so gütig, mir in folgenden Worten zu schreiben: „Nichts ist so edelmütig als Ihr Vorhaben, die Bemerkungen, welche Sie über Corsica gemacht haben, durch den Druck bekanntzumachen. Sie haben die natürliche Beschaffenheit des Landes gesehen und zugleich Gelegenheit gehabt, die Sitten der Einwohner zu studieren und die Grundsätze der Regierung, deren Verfassung Sie kennen, genau einzusehen. Diese Nation wird sich mit dem Beifalle des unparteiischen Europa mit entzückender Dankbarkeit vereinigen".

Meine erste Absicht war, bloß einen kurzen Abriß des gegenwärtigen Zustandes von Corsica, nebst den Nachrichten von dessen berühmtem General, zu liefern. Allein, ich erweiterte auf Anraten einiger gelehrter Freunde, deren Urteil ich hochschätze, meinen Plan und richtete ihn auf dasjenige Vorhaben, dessen Ausführung das Publikum jetzt beurteilen kann.

Ich hatte zwei französische Bücher vor mir, die ausdrücklich über Corsica geschrieben sind. Das eine ist: *Histoire de l'Isle de Corse*, von M.S.D.C., welches zu Nancy 1749 gedruckt ist. Das andere heißt: *Mémoires Historiques etc.* von M. Jaussin, ehemaliger Erster Apotheker, welches zu Lausanne 1758 herausgekommen ist. Ich habe aus beiden Büchern viele nützliche Materialien gesammelt. Das letztere insonderheit enthält eine vollständige und gelehrte Beschreibung der Naturgeschichte dieser Insel, wie auch viele Briefe, Manifeste und andere Urkunden. Beide aber enthalten eine Menge besonderer Nachrichten in Absicht auf die Kriegsverrichtungen der Franzosen in Corsica. Außer diesen besaß ich auch eine starke Sammlung von Anmerkungen, die ich mir bei meinem Aufenthalte daselbst hatte abschreiben lassen.

Desungeachtet nahm ich wahr, daß meine Materialien in vielen Stücken noch mangelhaft waren. Ich wendete mich daher an meine auswärtigen Freunde und suchte unterdessen selbst solche Bücher nachzulesen, in welchen ich etwas zu meinem Vorhaben dienliches finden konnte. Auf diese Weise bin ich instand gesetzt worden, dem Publikum eine Beschreibung von Corsica zu liefern, welche, wie ich mir schmeichle, einigen Beifall finden wird; indem man, in Vergleich des wenigen, was man bisher von dieser Insel gewußt hat, von diesem Buche sagen kann, daß es sehr viel enthalte.

Es ist in der Tat zu verwundern, daß eine so ansehnliche Insel, auf welcher so viele treffliche Taten geschehen sind, noch so wenig bekannt ist. Selbst die Nachfolge der Oberhäupter ist bisher nicht richtig bemerkt worden; und weil man immer von Paoli gelesen hat, daß er schon seit vielen Jahren an der Spitze der Corsen stehe, und er noch als das Oberhaupt derselben erscheint, so hat man sich wohl vorgestellt, daß eine Person das Kommando die ganze Zeit her geführt habe. Daher haben alle unsere Zeitungen den tapferen Pascal, der noch in seinen besten Jahren steht, mit dem ehrwürdigen Oberhaupt, seinem Vater Hyacinto Paoli, verwechselt. Ja, dieser Irrtum hat sich selbst in die Geschichte eingeschlichen; indem D. Smollet vor wenigen Jahren bei Erwähnung von Paoli bei der Belagerung von Furiani sagt, daß er über achtzig Jahre alt sei.

Ich muß zuerst dem Herrn Pascal Paoli meinen ergebensten Dank abstatten, für die verschiedenen Nachrichten, die er mir gütigst mitgeteilt hat. Und wie ich seine merkwürdigen Reden erzählt habe, so bezeuge ich hiermit auf meine Ehre, daß ich weder etwas hinzugesetzt, noch weggelassen habe; ja ich bin so gewissenhaft gewesen, daß ich auch da nicht einmal die geringste Veränderung habe machen wollen, wo selbst meine Freunde glaubten, daß es eine Verbesserung sein würde. Ich weiß, mit was für einem Vergnügen wir dasjenige lesen, was vollkommen authentisch ist.

Der Graf von Rivarola ist ebenfalls so gütig gewesen, und hat mir auf sehr viele Fragen, die ich ihm in Ansehung mancher besonderen Umstände von Corsica vorgelegt habe, vollständige und genaue Antworten erteilt. Ich bin ihm dafür gar sehr verbunden, und insonderheit wegen der höflichen Art, womit er es getan hat.

Der ehrwürdige Herr Burnaby, Kaplan der englischen Kaufmannschaft in Livorno, machte im Jahre 1766 nebst dem Herrn Hervey, jetzigem Bischof von Cloyne, eine Reise nach Corsica. Herr Burnaby war zu der Zeit, als ich zu Livorno war, abwesend, so daß ich das Vergnügen nicht haben konnte, persönlich mit ihm bekannt zu werden. Er hat mir aber aus eigenem Antriebe eine Abschrift von dem Reisejournal, welches er in Corsica verfertigte, mit vieler Höflichkeit überschickt. Ich bemerkte dabei mit Vergnügen, daß wir in allen Dingen, die wir beide betrachtet hatten, genau übereinstimmten. Ich fand aber dennoch in seinem Journal verschiedene Bemerkungen, die ich teils ausgelassen, teils auch nicht in so deutliches Licht, wie er, gesetzt hatte. Da nun Herr Burnaby mir gütigst erlaubte, von dem, was mir in seinem Journale gefiel, Gebrauch zu machen, so habe ich vieles davon in meinem Werke entlehnt.

Ich habe überdies mein Buch verschiedenen Herren, die mich mit ihrer Achtung beehren, zur Beurteilung unterworfen und ich erkenne es wohl, wie viel dasselbe durch ihre Verbesserungen gewonnen hat. Allein, obgleich ich die Veränderung meiner Freunde mit Dank angenommen habe, so bin ich doch nicht allzeit einer Meinung mit ihnen gewesen. Es muß einem Schriftsteller angenehm sein, eine jede redliche Erinnerung anzuhören. Allein, ich halte doch denjenigen für sehr unwürdig zum Schreiben, der nicht Stärke genug besitzt, für sich selbst zu entscheiden. Ich erwähne dieses deswegen, damit man nicht glauben möge, daß die Urteile meiner Freunde in jeder Stelle meines Buches anzutreffen sind.

Wer ein Buch schreibt, ist meiner Meinung nach demjenigen gleich, der ein Haus baut. Er bildet sich einen Plan und sammelt die Materialien. Sodann glaubt er imstande zu sein, ein großes und prächtiges Gebäude auszuführen; sobald er es aber in Ordnung gebracht, zusammengesetzt und ausgeschmückt hat, so findet er doch zuletzt, daß es noch ein sehr kleines Werk ist. Doch der Schriftsteller weiß ebensogut wie der Bauherr, wieviel Mühe ihn sein Werk gekostet hat, und schätzt es daher auch viel höher, als andere Leute glauben, daß es wert sei.

Ich habe mich bemüht, alles prahlerhafte Ansehen der Gelehrsamkeit zu vermeiden. Es wird ohnehin ein jeder Schein der Gelehrsamkeit von müßigen und spöttischen Leuten Pedanterie genannt. Allein, wie ich nicht für solche Leser schreibe, so habe ich auch gegen ihren Tadel keine Achtung. Diejenigen, von welchen ich wünsche beurteilt zu werden, billigen es ohne Zweifel, daß ich Corsica in Ansehen zu setzen suche, indem ich die Hochachtung der Alten gegen diese Insel zeige, und es wird ihnen nicht unangenehm sein, daß ich meine Schrift bisweilen mit schicklichen Anführungen der Stellen aus den klassischen Autoren ausziere.

Derjenige, welcher ein Buch herausgibt und sich das Ansehen geben will, als ob er kein Schriftsteller wäre, und eine Gleichgültigkeit gegen den Ruhm eines Gelehrten vorgibt, kann doch oft viele Leute durch eine Vorstellung von seiner Wichtigkeit, die er sich gerne zu geben wünscht, hintergehen. Ich würde hingegen stolz sein, wenn ich als ein Schriftsteller bekannt werden könnte, indem ich eine heftige Neigung zum Ruhme eines Gelehrten hege, und mir immer einbilde, daß dieser gelehrte Ruhm die schätzbarste unter allen Besitzungen sei. Ein Mensch, der imstande gewesen ist, ein Buch zu liefern, welches die Welt wohl aufnimmt, hat sich dadurch einen ansehnlichen Charakter in entfernten Gesellschaften erworben, und zwar ohne Gefahr, daß sein Charakter durch die Bemerkung seiner Schwachheiten verringert werden sollte. Es ist kaum möglich, eine gleichförmige Würde unter denen zu erhalten, die uns täglich vor Augen haben; und wenn man danach strebt, so muß man sich einen beständigen Zwang antun. Hingegen der Verfasser eines wohlaufgenommenen Buches kann seiner natürlichen Neigung ein leichtes Spiel verstatten und dabei die stolze Vorstellung von einem großen Genie unterhalten, wenn er bedenkt, daß diejenigen, welche ihn nicht kennen, doch nicht aufhören, ihn beständig hochzuschätzen. Ein solcher Schriftsteller kann in seinen traurigen und mißvergnügten Stunden sich immer noch damit trösten, daß vielleicht seine Schriften zu ebender Zeit viele andere vergnügen; und so kann auch ein solcher Schriftsteller die Hoffnung bei sich unterhalten, daß man ihn sogar nach seinem Tode nicht vergessen werde; welches zu allen Zeiten der große Gegenstand der edelsten Seelen gewesen ist.

Das Publikum mag selbst urteilen, ob ich einigen Anteil an dem Ruhme eines Gelehrten haben kann. Meine Ehrbegierde mag aber beschaffen sein, wie sie will, so bin ich doch versichert, daß mein Vertrauen darauf nicht zu groß und meine Hoffnung nicht zu flüchtig ist.

Einleitung

Die Freiheit ist den Menschen von Natur so angenehm, man mag sie nun als einzelne Personen oder als Mitglieder einer Gesellschaft betrachten, daß ohne dieselbe eine Glückseligkeit unmöglich bestehen kann. Alles, was nur einigen Wert hat, ist darin gegründet. Die Freiheit gibt dem menschlichen Gemüte die rechte Gesundheit und macht uns zum völligen Gebrauch unserer Kräfte geschickt. Ein Mensch in Ketten kann sich weder leicht noch anständig bewegen; und man kann von denen, die durch Grausamkeit unterdrückt oder mit Gewalt eingeschränkt sind, nichts Schönes oder Edles erwarten.

Es fehlt zwar nicht an Leuten, welche sich entweder aus Vorurteil oder aus niederträchtiger Dienstfertigkeit bemühen, den Menschen ihr natürliches und wahres Gefühl abzusprechen und sie wohl gar zu überreden, daß alles dasjenige, was Gott und die Natur ihnen eingepflanzt hat, nichts anderes als die Wirkung einer durch Kunst erzeugten Empfindung sei. Ja, sie scheuen sich nicht, zu behaupten, daß die Sklaverei durch Gewohnheit leicht werde, und daß es um die Menschen besser stehe, wenn sie der willkürlichen Macht weniger Beherrscher überlassen in Einschränkung und Unterwürfigkeit leben.

Allein, eine solche Lehre wie diese, würde gewiß niemals Eingang gefunden haben, wenn man dabei nur die Vernunft zu Rate gezogen hätte. Die Anhänger derselben haben es für nötig befunden, sich der Einbildungskraft und der Leidenschaften zu bedienen, die Schwärmerei und den Aberglauben zu Hilfe zu rufen, und den Einwohnern in einigen Ländern eine große Liebe und Ergebenheit gegen ihre Fürsten einzuflößen; in anderen aber gewisse geheimnisvolle Begriffe von einem göttlichen Rechte der Herrschaft auszubreiten, welche die Menschen ohnehin leicht annehmen, und sich bereden lassen, daß ihre Beherrscher vom Himmel abstammten. Diese letztere Meinung ist auch von den geliebten Götterkindern unter den Römern, bis auf die erhabenen und prächtigen Benennungen, welche die neueren gegen ihre Monarchen verschwenden, sehr lange unterhalten worden.

Man mag aber noch so viele falsche Beweise zum Vorteil der Sklaverei vorbringen, als man will; so kann doch die geduldige Ertragung derselben nichts anderes „als ein kränklicher Zustand sein, der eine solche Trägheit und Zaghaftigkeit hervorbringt, welche die Menschen über Furcht und Hoffnung wegsetzt; ja sie muß die Ehrbegierde und andere tätige Eigenschaften, welche die Freiheit erzeugt, unterdrükken, und an ihrer Stelle nichts als eine schlechte Art von Vergnügen, sorglos und unempfindlich zu sein, gewähren[1]."

Es ist zwar unleugbar, daß die Menschen, sobald sie in Verbindung treten, auch freiwillig einen Teil ihrer natürlichen Rechte aufgeben, und sich selbst an die Beobachtung der Gesetze binden, welche die allgemeine Wohlfahrt zur Absicht haben. Man muß aber ein rechtmäßiges Ansehen und eine gänzliche Unterdrückung, desgleichen eigentliche Gesetze und willkürliche Befehle wohl unterscheiden und bei der Betrachtung der ursprünglichen Absicht der Regierung stets darauf sehen, daß man die natürliche Freiheit nicht mehr, als es die Bedürfnisse der Gesellschaft erfordern, einschränke.

Vielleicht aber sollten die Grenzen zwischen der Macht der Regierung und zwischen der Freiheit des Volkes nicht zu genau bestimmt werden. Leute von Geschmack halten ein Gemälde für hart, wenn die Umrisse so stark sind, daß man sie deutlich sehen kann. Hingegen bewundert man ein Stück, wo die Farben lieblich vermischt sind, und da, wo sie einen jeden besonderen Gegenstand ausdrücken sollen, durch eine unmerkliche Erhöhung sanft ineinander fließen. Ebenso sollte vielleicht in einem tugendhaften Staate eine gemeinschaftliche Vertraulichkeit zwischen der Regierung und dem Volke sein und das Recht beider Teile nicht ausdrücklich bestimmt werden.

Allein, man muß doch auf der einen oder anderen Seite keine Ungerechtigkeit dulden; und es ist ohne Zweifel ein wirkliches Recht des beleidigten Teils, sich selbst zu rächen.

Ich bin bloß durch die Gründe, womit die witzigen Verbesserer der politischen Grundsätze die Menschen zu blenden und ihre Aufmerksamkeit von den deutlichen Begriffen der Freiheit abzuziehen suchen, auf diese Betrachtungen geführt worden.

Die Freiheit ist wirklich die Mutter der Glückseligkeit, der Tugend und einer jeden Kunst und Wissenschaft. Die vergeblichen Versuche, welche man so oft gemacht hat, um vortreffliche Pflanzen auf einen harten und unfruchtbaren Boden zu versetzen, haben nur umso deutlicher den Wert der Freiheit gezeigt.

Es ist daher kein Wunder, daß die Welt zu allen Zeiten durch den Namen der Freiheit allein gerührt und in die heftigste Bewegung gesetzt wurde. Wir betrachten mit Bewunderung die großen Taten derer, die sich in der glorreichen Verteidigung der Freiheit so sehr hervorgetan haben; ja wir lesen die Geschichte der Staaten mit Vergnügen, wo die Freiheit der Grund und die Stütze ihrer Verfassung gewesen ist.

Sollte es jemandem einfallen, die Jahrbücher einer sklavischen Nation aufzubehalten, so würde man gewiß über der Beschreibung ganzer Jahrhunderte von niedrigen Begebenheiten einschlafen. Es würde darinnen alles so arm, so zahm und so kriechend sein, daß man vielleicht ebenso gerne die Geschichte der Gefangenen lesen möchte.

Wir empfinden ein wahres Vergnügen, wenn wir die Geschichte der alten Römer lesen, und sie auch außer ihren Verbindungen und Streitigkeiten mit anderen Staaten betrachten. Ihr inneres Wachstum allein gibt einem scharfsinnigen Beobachter der menschlichen Natur hinlängliche Materie zum Nachdenken. Wir forschen den verschiedenen Quellen ihrer Handlungen und des Wachstums ihrer Größe gerne nach, und betrachten die heftigen Gärungen unter dem Volke und den Patriziern, die starken Äußerungen eines rauhen Genies, und die mutigen Übungen und kühnen Taten derer, die frei von Furcht und Unterwürfigkeit waren, mit Vergnügen.

Die übertriebenen Verehrer des Altertums wollen uns bereden, daß das göttliche Feuer der Freiheit schon längst ausgelöscht sei, und nur noch ein schwacher und dunkler Schein davon in den neueren Zeiten gefunden werde. Ja, sie suchen uns zu überzeugen, daß die Welt alt geworden sei, daß die Stärke der menschlichen Natur abgenommen habe, und daß wir jene edlen Kräfte, wodurch sich die Menschen in alten Zeiten so berühmt gemacht haben, nicht mehr erwarten dürften.

Allein, die Wahrheit davon ist, daß die menschliche Natur zu allen Zeiten sich selbst gleich bleibt, und bloß wegen des Unterschiedes der Umstände unter einem verschiedenen Lichte erscheint. Nach der Sprache der Schulgelehrten ist das Wesen der Dinge unveränderlich, und die zufälligen Eigenschaften können nur eine Veränderung leiden. Rom hat noch die sieben Hügel, auf welchen jene Eroberer der Welt wohnten, und diese werden noch von Römern bewohnt. Athen erfüllt noch ebenden Raum, von wo die Philosophie und die Kunst ihren Glanz auf alle umliegenden Nationen ausbreitete, und ist noch im Besitz der Athener. Aber keines von diesen Völkern hat einige Ähnlichkeit mit ihren berühmten Vorfahren, welches bloß der Folge weltlicher Begebenheiten zuzuschreiben ist, die eine gänzliche Veränderung ihrer Sitten verursacht hat.

Wie sehr der Geist der Freiheit in den neueren Zeiten geblüht habe, kann man vorzüglich aus der Geschichte der Schweizer und Holländer abnehmen; und man findet auch die stärksten Beweise davon in den Jahrbüchern unseres Vaterlandes.

Aber zu unseren Zeiten ist die Insel *Corsica* das merkwürdigste Beispiel davon. Dort hat nunmehr eine tapfere und beherzte Nation schon über sechsundreißig Jahre einen beständigen Streit wider die Unterdrückung der Republik Genua unterhalten. Man sah die heldenmütigen Einwohner dieser Insel lange Zeit als eine nichtswürdige Bande von Mißvergnügten und als einen liederlichen Haufen von Rebellen an, die man bald zwingen könnte, jene Ketten wieder zu tragen, die sie auf eine verwegene Weise abgeworfen hätten. Doch sie fahren noch standhaft fort, ihre Absicht zu erreichen. Die Vorsehung hat sie unterstützt; und ganz Europa wirft die Augen auf sie und sieht mit Erstaunen, wie sie im Begriff stehen, sich einem fremden Joche auf ewig zu entreißen und ein freies und unabhängiges Volk zu werden.

> *Libertas quae sera tamen respexit –*
> *Respexit tamen et longo post tempore venit.*
> Virgil: Eclog. I.

(„Die Freiheit, die, spät zwar, aber doch noch sich umsah, sich doch noch umsah und nach langer Zeit kam." – Ü. d. Hrsg.)

Der kleine Umfang des corsischen Staates macht ihn nicht weniger zum Gegenstand der Bewunderung; und wir sollten ihn dagegen eben deswegen nur umso mehr bewundern. Der scharfsinnige Hume[2] hat uns gezeigt, daß Rhodos, Theben und viele andere berühmte Staaten des Altertums nicht so bevölkert gewesen sind wie Corsica heutzutage ist. Haben sich ehemals jene zehntausend Griechen einen unsterblichen Namen gemacht, weil sie sich den großen Armeen des persischen Monarchen entgegenstellten, warum sollten nicht die Corsen ebenfalls Ruhm verdienen, die sich einer Republik widersetzen, welche zu verschiedenen Zeiten sowohl durch die Macht von Frankreich, als auch vom deutschen Reiche ist unterstützt worden?

Die Corsen haben oft eine besondere Stärke des Geistes zeigen müssen. Die Schweizer und Holländer wurden beide in der Erlangung ihrer Freiheit durch mächtige Völker unterstützt. Aber während des langen und blutigen Krieges, welchen Corsica geführt hat, haben die europäischen Mächte, von denen es vielleicht Hilfe erwarten konnte, von Ferne zugesehen, und es hat allein, und ohne fremden Beistand, den Sturm ausgehalten und ist zu dem hohen Grade von Ansehen gelangt, den es jetzt wirklich behauptet.

Ich will es jetzt versuchen, eine Beschreibung von dieser Insel zu geben. Der Versuch ist gewiß rühmlich, und ich bin versichert, daß ihn meine Leser wohl aufnehmen werden, wenn sie erwägen, wie angenehm der Gegenstand davon selbst ist. Sie müssen bedenken, daß ich der erste Brite bin, der soviel Neugierde gehabt hat, Corsica zu besuchen und solche Nachrichten einzuziehen, die ihn in den Stand setzen, einen richtigen Begriff davon zu geben; ja sie werden auch gerne der Entzückung eines Mannes etwas zugute halten, der eben zu der Zeit unter den Corsen gewesen, da ihre patriotische Tapferkeit aufs höchste gestiegen ist, und der die Mitteilung ihres Geistes und ihrer Gesinnung damals in der Tat empfunden hat.

Der Plan, den ich mir selbst vorgeschrieben habe, ist vornehmlich auf eine geographische und physikalische Beschreibung dieser Insel gerichtet, damit meine Leser sich mit einem Lande bekanntmachen mögen, welches in diesen neuesten Zeiten ein wirklich heldenmütiges Geschlecht von Patrioten hervorgebracht hat. Ferner will ich in einem kurzen Auszuge die wichtigsten Veränderungen, die es in den ältesten Zeiten schon erlitten hat, darstellen, damit man das Folgende umso besser verstehen könne. Endlich werde ich den gegenwärtigen Zustand von Corsica anzeigen und das Tagebuch meiner Reise durch diese Insel beifügen, worin ich eine Menge von Anekdoten gesammelt und viele wichtige Nachrichten von dem berühmten General der Corsen zusammengetragen habe, die man mit Recht *Memorabilia Paoli* nennen kann.

Ich bekenne dabei aufrichtig, daß ich mich nicht geschickt

genug zur Unternehmung eines solchen Werkes halte. Aber ich hoffe doch, daß der Versuch, den ich hier mache, von einigem Nutzen sein und andere reizen werde, diesen Plan vollkommen auszuführen. Ich werde mich glücklich genug schätzen, wenn ich gewissermaßen etwas dazu beitrage, der Welt einen rechten Begriff von Corsica beizubringen und großmütige Seelen dieses Landes angenehm und beliebt zu machen; und ich will gerne diesem Werke eben die schöne Aufschrift beisetzen, welche zu Siena am Palaste Tolomei befindlich ist:

Quod potui feci, faciant meliora potentes.

(„Was ich konnte, habe ich getan; mögen andere, wenn sie können, es besser machen." – Ü. d. Hrsg.)

Das erste Kapitel.

Von der Lage, dem Umfang, dem Boden und Landesfrüchten in Corsica.

Corsica ist eine Insel im Mittelmeer, welche von London aus gerechnet zwischen dem einundvierzigsten und dreiundvierzigsten Grad der nördlichen Breite und zwischen dem achten und zehnten Grad der östlichen Länge liegt. Gegen Norden ist das ligurische Meer und der Meerbusen von Genua; gegen Morgen das toskanische Meer; gegen Mittag eine Meerenge von zehn[3] Meilen, welche es von Sardinien scheidet; und gegen Abend das Mittelmeer. Es liegt ungefähr 100 Meilen gegen Süden von Genua und 80 gegen Südwest von Livorno, woselbst man es bei hellem Wetter deutlich sehen kann. Die Länge dieser Insel beträgt 150 Meilen, und die Breite derselben erstreckt sich auf 40 bis 50 Meilen, wo sie gegen die Mitte zu am breitesten ist. Man rechnet 322 Meilen auf den ganzen Umfang derselben; doch würde es vielleicht nach einer genaueren Ausmessung wohl 500 Meilen betragen, da die Vorgebirge und Meerbusen viele herausgehende Landspitzen verursachen.

Der ältere Plinius gibt uns eine kurze, aber sehr genaue geographische Beschreibung von Corsica[4].

Von den 33 Städten, deren Plinius gedenkt, kann man kaum noch 5 bis 6 gedenken, und die 2 Kolonien erkennt man bloß aus ihren Ruinen. Doch hat man keine Ursache, die Glaubwürdigkeit des Plinius bei dieser Beschreibung in Zweifel zu ziehen.

Seneca, der Philosoph, hat uns zwei schreckliche Gemälde von Corsica aufbehalten, die zwar ganz unrichtig, aber mit ungewöhnlicher Stärke der Einbildung und des Ausdruckes gezeichnet sind. So stoisch als er war, und eine ernsthafte und strenge Aufführung beobachtete, so konnte er doch der Eifersucht des Kaisers nicht entgehen, sondern wurde als einer von den Liebhabern, die sich des Ehebruchs mit der lasterhaften Julia schuldig gemacht hatten, angeklagt und nach Corsica verbannt, woselbst er sieben Jahre bleiben mußte. Man zeigt heutzutage noch in der Provinz Capo Corso einige alte Ruinen, welche den Namen Senecas Turm führen. Hier verfertigte er, nebst verschiedenen anderen Werken, insonderheit auch seine zwei Bücher: *de Consolatione,* an den Polybios, und an seine Mutter Helvia; und hier überließ er sich völlig seiner erhitzten Einbildungskraft in einigen Sinngedichten, und schüttete seinen Zorn wider den Ort seiner Verbannung auf eine sehr ausschweifende Art in seinen Büchern *de Consolatione* aus. Allein, man muß auch bedenken, daß das Gemüt des Seneca, ungeachtet seiner so hochgerühmten Standhaftigkeit, doch damals mit Traurigkeit und Schwermut umnebelt war, und alles um ihn herum in schrecklichen Farben erschien.

Seneca bei der Niederschrift seiner Abhandlung „De Consolatione" (Landschaft des Cap Corse bei Luri).

Corsica ist noch wirklich eine sehr angenehme Insel. Es wurde von den alten Griechen wegen seiner Schönheit Kalliste genannt; und man kann schon daraus abnehmen, in welcher Achtung es ehemals müsse gestanden haben, da es Kallimachos gleich nach seinem geliebten Delos setzt.

Es hat eine reizende Lage im Mittelmeer, wodurch es im Sommer durch beständige Winde abgekühlt und erfrischt, im Winter aber durch das umgebende Wasser warm erhalten wird, so daß es eines der gemäßigsten Länder in diesen Gegenden von Europa ist. Die Luft daselbst ist frisch und gesund, außer an ein oder zwei Orten, die feucht sind und wo die Luft, besonders im Sommer, erstickend und ungesund ist; überhaupt aber leben die Corsen unter einem reinen Luftkreis, der auch stark genug ist, ihre Glieder mehr, als man von einem so warmen Lande vermuten sollte, zu befestigen.

Man hat Corsica überhaupt immer als sehr ungesund beschrieben, welches vermutlich von der schlimmen Nachricht der Römer herrührt, die ihre Kolonien zu Aleria und Mariana errichteten, die beide, wegen ihrer feuchten Lage, ein großes Sterben unter den Einwohnern verursachten, folglich diese Kolonien bald zugrundegehen mußten. Allein die inneren Gegenden dieser Insel haben alle eine gesunde und reine Luft.

Erste Landung der Römer bei Aleria (259 v. Chr.).

Corsica ist vorzüglich wohl mit guten Häfen versehen: Gegen Norden ist Centuri; gegen Westen San Fiorenzo[5], Isola Rossa[6], Calvi, Ajaccio; gegen Süden liegt Bonifacio; und gegen Osten Porto-Vecchio, Bastia und Macinaggio. Ich werde einen jeden von diesen Häfen kürzlich beschreiben.

Centuri, ob es gleich gegenwärtig nur ein kleiner Hafen ist, kann doch bei seiner bequemen Lage noch gar sehr erweitert werden.

San Fiorenzo ist ein weiter Meerbusen. Er fließt gegen fünfzehn Meilen hinaus ins Land und ist beinahe fünf Meilen breit und viele Klafter tief. Der Meerbusen selbst hat oft sehr hohe Wellen, da er den Westwinden ausgesetzt ist; doch befinden sich auch dabei, insonderheit auf der Südseite, verschiedene Reeden, wo die Schiffe sicher liegen. Es ist vornehmlich zwei Meilen über San Fiorenzo eine Reede unter dem Turme von Fornali, die sehr hochgeschätzt wird und Schiffen von beträchtlichen Lasten zur vollkommenen Sicherheit dient.

Isola Rossa ist zwar nur ein kleiner Hafen; aber er hat eine ansehnliche Tiefe und wird durch eine kleine Insel wider die Westwinde bedeckt. Die Corsen wollen ihn überdies noch, wie man sagt, auf jeder Seite mit einem Bollwerk einfassen. Er ist jetzt einer von den wichtigsten Häfen zur Handlung, den die Corsen besitzen.

Calvi[7] ist ein sehr weiter und vortrefflicher Hafen. Die einzige Einwendung, die man wider diesen Hafen gemacht hat, rührt von einem Franzosen her, der mir erzählte, daß der Grund davon mit spitzigen Felsen angefüllt sei, welche die starken Taue der Schiffe bei dem Einlaufen zerschneiden könnten. Zum Beispiel hiervon führte er eines von den Transportschiffen an, auf welchem ein Teil der französischen Truppen im Jahre 1764 gelandet war[8]. Doch er irrte sich auch hierin: denn ich habe mich sorgfältig danach erkundigt und weiß nunmehr aus dem Zeugnis der glaubwürdigsten Personen gewiß, daß man zu Calvi nichts von Felsen zu befürchten hat, und daß der französische Transport, der daselbst ein

Calvi.

wenig gelitten hat, von ungefähr auf eines der übrigen Schiffe gestoßen ist, welches den ganzen Schaden verursacht hat.

Ajaccio ist ein weiter und bequemer Hafen mit einem festen Bollwerke und vollkommen sicher; es fehlt daselbst nichts, als daß man einen kleinen Felsen an der Spitze des Bollwerks aus dem Wege räumte, welches mit wenigen Kosten geschehen könnte. Corsica hat auf dieser Seite verschiedene schmalere Häfen, die zur Aufnahme kleiner Fahrzeuge sehr dienlich sind.

Bonifacio ist ein brauchbarer Hafen, der von den ältesten Zeiten her fleißig besucht wird, und zur Handlung sehr bequem ist.

Bastia ist zwar kein Hafen von erstem Range, weil die Kriegsschiffe daselbst nicht einlaufen können, aber es ist dabei zur Bequemlichkeit der kleinen Fahrzeuge ein Bollwerk angelegt, welches sehr nützlich ist. Die Inseln Gorgona, Capraia und Elba liegen nicht weit davon im Meer, zwischen der östlichen Küste von Corsica, Toskana und dem päpstlichen Gebiete, so daß es kleinen Fahrzeugen niemals an Sicherheit und Bedeckung fehlen kann, wenn sie auch ein plötzlicher Sturm überfallen sollte, da sie sogleich bei einer von diesen Inseln einlaufen können.

Macinaggio ist keiner von den vornehmsten Häfen in Corsica, obgleich er für leichte Fahrzeuge sehr sicher und bequem ist; und ich erwähne ihn hier nur deswegen, weil er der Sammelplatz war, wo die Schiffe, die man zur Unternehmung gegen Capraia bestimmt hatte, ausliefen.

Diodorus Siculus rühmt Corsica wegen seiner vortrefflichen Häfen: „Die Insel hat einen leichten Zugang und einen sehr schönen Hafen, welcher der syracusische genannt wird.“ Dieser Hafen, den die Alten den syracusischen nannten, führt jetzt den Namen Porto-Vecchio und verdient vorzüglich bemerkt zu werden.

Porto-Vecchio ist ein geräumiger Hafen, der eine sehr starke Flotte fassen kann. Er ist fünf Meilen lang und anderthalb Meilen breit, hat eine große Tiefe und einen guten Grund und ist wider die Stürme gedeckt, da er auf jeder Seite vom Lande eingeschlossen ist. Ja man kann noch hinzusetzen, daß die Natur selbst einen hohen und felsigen Berg, wie eine prächtige Säule, daselbst aufgerichtet hat, daß man seiner in einer großen Entfernung gleich gewahr werden kann. Kurz, Porto-Vecchio kann mit den berühmtesten Häfen in Europa um den Vorzug streiten. Der einzige Fehler dabei ist die schlechte Luft, welche von den Morästen entsteht, die in der benachbarten Gegend liegen. Doch könnte man auch dieser Unbequemlichkeit abhelfen, wie zu Livorno geschehen ist. Das Land um Livorno herum war ehemals ein Morast oder tiefer Sumpf, dessen schädliche Dünste die Luft ungesund machten; aber durch die Einsicht und Bemühung eines Engländers, des Robert Dudley, eines Sohnes des Grafen von Leicester, welcher ein Liebling der Königin Elisabeth war, wurde der Boden urbar gemacht, die Luft weniger ungesund, und der Hafen dergestalt verbessert, daß er der beste von ganz Italien wurde.

Man sieht aus dieser Beschreibung der Häfen von Corsica, daß eine Verbindung mit dieser Insel für eine jede europäische Seemacht von der größten Wichtigkeit sein würde[9]. Denn eine Flotte, die man beständig daselbst unterhielte, würde die Schiffahrt von Genua, Toskana, dem Kirchenstaate, Spanien und Neapel und zum Teil auch von der Levante regieren; ohne des Einflusses zu gedenken, den man dadurch über Sardinien erhielte. Ebenso wichtig ist auch die Bemerkung, daß Schiffe in den Häfen von Corsica gegen Frankreich selbst furchtbar sein würden, da die westliche Seite dieser Insel der weiten Küste der Provence, woselbst man leicht eine Landung unternehmen könnte, gerade entgegengekehrt ist.

Die nördliche Spitze von Corsica, Capo Corso[10], ist gegen 30 Meilen lang, mit Gebirgen und Felsen angefüllt, auf welchen aber Wein und Oliven im Überfluß wachsen.
Es sind in verschiedenen Teilen der Insel, insbesondere zu Capo Corso, viele alte Türme, die man vor drei- oder vierhundert Jahren erbaut hat, um die Einwohner wider die Anfälle der Türken und anderer Seeräuber zu verteidigen. Daselbst liegt ein kleiner Flecken, mit Namen Tomino, der seiner Lage nach sehr feste ist. Die Genueser haben in den letzten Unruhen verschiedene Angriffe darauf vergeblich gewagt und sind nicht vermögend gewesen, diesen Ort einzunehmen; worauf die Einwohner, ihren Verdiensten gemäß, nicht wenig stolz sind. Sie zeigen noch mit besonderer Freude eine Feuerkugel, welche der Feind in den Flecken geworfen hatte, um ihn dadurch zur Übergabe zu zwingen. Sie haben diese Kugel in die äußere Mauer ihrer Kirche gesetzt, damit sie zum Andenken ihrer Befreiung dienen und ihnen größeren Eifer und eine stärkere Andacht bei dem öffentlichen Gottesdienste einflößen möge.

Von Tomino ostwärts gegen Bastia ist eine Landschaft, die mit Hügeln angefüllt ist und an Quellen einen Überfluß hat. An der Küste sind viele arme Fischerstädte, und ein wenig weiter ins Land hinein trifft man verschiedene Dörfer an, die eine gute Lage haben.

Bastia wird schon lange für die Hauptstadt von Corsica gerechnet. Die Genuesen haben es auch zum Sitz ihrer Regierung gemacht, und in der Tat ist Bastia noch die größte Stadt auf der ganzen Insel. Es liegt an einem Berg und hat vom Meer her ein prächtiges Ansehen; ob man gleich bei dem Eingang in die Stadt sich ziemlich betrogen findet, indem die Häuser größtenteils schlecht gebaut, die Straßen eng und wegen der Lage der Stadt notwendig sehr steil sind. Doch sind hier auch noch verschiedene schöne Gebäude. Es hat ein festes Schloß, welches die Stadt und den Hafen beschützt und ungeachtet der jetzigen schlechten Befestigung doch leicht zu einer ansehnlichen Festung könnte gemacht werden, da eine Reihe von Bergen hinter der Stadt liegt, auf welchen man kleine Schanzen anlegen könnte, die, nebst einigen guten Außenwerken gegen das Meer, zureichend sein würden, eine lange Belagerung auszuhalten. Das Schloß liegt eigentlich auf einem abgesonderten Gebiet, wel-

Blick auf den (heutigen) „Alten Hafen" von Bastia.

ches *Terra nuova* oder das neue Land genannt wird, und ebenso ist es auch mit der Kathedrale zu Bastia beschaffen, die sonst an sich nichts Merkwürdiges enthält. Sie gehört zum Bistum von Mariana.

Die Sankt Johanniskirche in dieser Stadt, die gar nicht schlecht gebaut ist, gehört den Jesuiten, die hier ein Kolleg haben. Ihr Garten hat eine gute Lage, ist groß und wohl angelegt. Sie haben dieses größtenteils den Franzosen zu danken, die hier zu verschiedenen Malen in Besatzung gewesen sind. Daher haben die Einwohner auch viel von dem, was sie von Künsten und guter Lebensart wissen, gelernt. Es ist auch ein Kloster der „Lazaristen" oder Kongregation der Mission an diesem Orte, ein großes und prächtiges Gebäude, welches fast über das Meer hervorragt. Die Klöster der Franziskaner und der Kapuziner liegen an den Hügeln hinter Bastia. Das letztere liegt in einer schönen Gegend und hat ein vortreffliches Vorderteil des Gebäudes, welches wohl in die Augen fällt.

Von Bastia südwärts nach Aleria ist eine fortlaufende Ebene von 50 bis 60 Meilen in der Länge, die zu allen Arten von Getreide und zu Viehweiden geschickt ist.

Ich sage hier nichts von den Ruinen zu Mariana und Aleria, den zwei römischen Kolonien, die auf dieser Ebene standen. Denn wie Corsica von den Römern wenig geachtet wurde, so hielten sie es nicht der Mühe wert, ihren Geschmack und ihre Größe daselbst zu zeigen. Man findet daher an diesen Orten keine Spuren der alten Pracht. Doch wie selbst der römische Pöbel nicht ohne Kenntnis der Künste sein konnte, so hat man auch hier verschiedene Antiken, als Ringe und Siegel in geschnittenen Steinen gefunden, unter denen einige sehr schön sind. Man sieht auch noch auf dieser Ebene die Ruinen der alten Stadt Nicca, die von den Etruskern gebaut sein soll; es ist aber dabei nichts Merkwürdiges anzutreffen.

Über Aleria erhebt sich das Land in kleine Berge, die zum

Anbau des Weines, der Oliven, der Maulbeerbäume und des Getreides sehr gut sind. Das Land wird von einer Reihe von Bergen durchschnitten, auf welchen nicht weit von Porto-Veccchio viele schöne und große Eichen stehen, die hier und zu Campoloro für die besten gehalten werden. An den östlichen und südlichen Küsten ist eine fruchtbare und schöne Landschaft, die bis nach Bonifacio reicht, welches eine ansehnliche, wohl bewohnte und stark befestigte Stadt ist; und von dort kommt man auf die Ebene von Ajaccio.

Ajaccio ist die schönste Stadt in Corsica. Es hat viele schöne Straßen und Spaziergänge; desgleichen eine Zitadelle und einen Palast für den genuesischen Gouverneur. Die Einwohner sind die höflichsten Leute auf der ganzen Insel, weil sie viel mit den Franzosen umgehen. In Ajaccio findet man noch die Überbleibsel einer griechischen Kolonie, die sich ehemals in Corsica niedergelassen hat, wovon noch in dem nächsten Kapitel eine besondere Nachricht folgen wird.

Ajaccio.

Aus der Ebene von Ajaccio kommt man, nach einigen überstiegenen Hügeln an der westlichen Küste, in die Provinzen Balagna und Nebbio, welche sehr fruchtbar sind und eine angenehme Aussicht haben, insonderheit die Balagna, welche man den Garten von Corsica nennen kann, indem sie sowohl die Gunst der Natur, als auch die Vorteile der Kultur in hohem Grade genießt.

Olivenernte in der Balagne.

Zunächst reist man nach San Fiorenzo, welches nur ein unansehnlicher und wenig fester Ort ist. Ungefähr eine Viertelmeile südwärts von der Stadt sind einige niedrige Moräste, die San Fiorenzo so ungesund machen, daß wenige Leute gerne da wohnen, und die Besatzung muß alle Monate abgelöst werden.

An der nördlichen Küste von dem Meerbusen sind zwei oder drei Dörfer, von denen das vornehmste Nonza heißt. Dieses ist eigentlich der Schlüssel von Capo Corso, weil man von dem Vorgebirge in die inneren Gegenden der Insel an der westlichen Seite nur durch einen Paß kommen kann, der durch diesen Ort durchgeht. Nonza ist ein kleines Dorf auf einem hohen Felsen, auf dessen Spitze, einige hundert Klafter über dem Meerbusen, und zwar gerade hinauf, ein Turm oder eine kleine Festung steht, die den Zugang davon bestreitet. Nonza ist also im eigentlichen Verstande das, was Cicero von Ithaka sagt[11]. „Ein Nest an die rauhesten Felsen geheftet." Hierauf nimmt das Vorgebirge seinen Anfang und endigt sich zu Ersa.

Auf diese Weise habe ich die corsischen Häfen in Augenschein genommen und längs an den Küsten hin die Grenzen des Landes auf meiner Reise betrachtet.

Die inneren Gegenden der Insel sind, ungeachtet der vielen Berge, doch mit fruchtbaren Tälern vermischt; sie haben nur ein besonders prächtiges Ansehen und flößen einem jeden das Genie und den unerschrockenen und unbeweglichen Geist des Landes ein, der sich unter keine Unterdrükkung bequemen will: wie Homer von Ithaka sagt: „Ihre Söhne sind stark, obgleich ihre Küsten felsig sind."

Corsica wird von Bastia aus in zwei Hauptteile zerteilt, nämlich in das Land *diesseits der Gebirge* und *jenseits der Gebirge*. Unter den Gebirgen versteht man hier die große Reihe von Bergen, welche über Aleria entstehen und die Insel, obgleich nicht in gleiche Teile, durchschneiden; indem das Land diesseits der Gebirge ein Drittel mehr ausmacht als das Land jenseits der Gebirge. Eine andere alte Einteilung bestand darin, daß man eine Linie zum Grunde setzte, die von Porto-Vecchio bis an den Meerbusen von San Fiorenzo reichte; und man nannte die Abteilung des Landes gegen Osten: *die innere Seite*, und gegen Westen: *die äußere Seite*. Ich habe niemals eine weitere Absicht dieser Einteilung erfahren können[12]; und ich vermute, daß diejenigen, welche Bastia und die Ebene von Aleria bewohnten, sich selbst als die auserlesensten und besten Einwohner ansahen und hingegen alle diejenigen, welche auf der ihnen entgegengesetzten Seite der Insel wohnten, für Ausländer und Fremde hielten.

Die nächste Einteilung ist in *Provinzen*, deren neun sind. Und obgleich ein großer Teil dieses Landes lange Zeit mit dem Namen des Lehens belegt wurde und noch so auf den Landkarten genannt wird, so nimmt doch die Gerichtsbarkeit der Lehnsherren nach und nach ab und wird bald mit der allgemeinen Macht des Staates verbunden werden.

Eine andere Abteilung von Corsica ist in *Pieven*. Eine

Pieve ist eigentlich eine Kirchenbenennung, die eine gewisse Anzahl von Kirchspielen enthält, über welche ein Pievan gesetzt ist, der die Aufsicht über die Geistlichen hat und einen gewissen Teil von den Zehnten genießt. Diese Einteilung wird ebensosehr in bürgerlichen als in Kirchenangelegenheiten gebraucht.

Es sind in Corsica noch große Striche Landes, die unbewohnt und mit Holz angefüllt sind. Die Bauern bedienen sich eines Teils davon, um im Sommer ihr Vieh zu füttern und Kastanien einzusammeln, wozu sie sich kleine Hütten machen, unter denen sie des Nachts liegen. Man findet auf dieser Insel kaum etwas, welches einem abgesonderten Meyerhofe ähnlich wäre, dergleichen durch ganz England zerstreut sind; die Corsen wohnen lieber in kleinen Dörfern beisammen, die sie mit einem verdorbenen Namen *Paeses* oder Länder nennen. Ich erinnere mich noch wohl, wie man mir einstmals in Corsica sagte, ich würde viele Meilen reisen, ohne Land zu sehen; welches ich damals nicht begreifen konnte. Die Corsen leben in der größten Sicherheit und haben viel Umgang miteinander, da sie in Dörfern beisammen wohnen; welches auch in der Schweiz und in einigen Gegenden von Deutschland noch ebenso gewöhnlich ist, wie es ehemals unter allen Nationen war.

Die corsischen Dörfer sind gemeiniglich auf den Spitzen ihrer Berge und auf den rauhen Klippen von einer so erstaunlichen Höhe gebaut, daß man die Häuser am Tage kaum unterscheiden kann. Des Nachts aber, wenn die Hirten ihr Feuer anzünden, geben diese in der Luft schwebenden Dörfer einen malerischen und angenehmen Anblick.

Mitten auf der Insel liegt Corte, welches eigentlich die Hauptstadt ist und ohne Zweifel noch mit der Zeit ansehnlicher werden kann. Hier ist der Palast des Generals und der höchste Gerichtssitz, wo die Gerichtsobrigkeit beständig wohnt und jährlich ihre Versammlungen hält. Hier ist auch die Universität, welche noch einmal ein berühmter Sitz der Gelehrsamkeit werden kann, ob ich gleich meiner großen Neigung gegen dieses Land nicht so sehr nachhänge und hoffen darf, daß ich Corsica noch ebensowohl als ein Athen sehen werde, wie es jetzt ein Theben ist.

Corte.

Corte liegt teils an dem Fuße eines Berges, teils auch an der Anhöhe eines Felsens, in einer Ebene, die mit erstaunlich hohen Bergen umgeben ist, an dem Zusammenflusse zweier Flüsse: des Tavignano und der Restonica. Das Land umher ist größtenteils sehr fruchtbar und der Ort von Natur auf eine wunderbare Art befestigt, indem er auf allen Seiten mit unersteiglichen Bergen und engen Pässen eingeschlossen ist, daß er gegen die stärksten Armeen mit wenig Mannschaft kann verteidigt werden. Auf der Spitze eines Felsens, der über die anderen hervorragt und gerade auf jeder Seite desselben, steht das feste Schloß oder die Zitadelle hinter der Stadt und ist beinahe unüberwindlich, indem man nur auf einer einzigen Wendeltreppe hinaufklettern muß, worauf nicht mehr als zwei Personen nebeneinander gehen können. Im Jahr 1554 hatten es die Franzosen im Besitz. Ein Hauptmann la Chambre verriet es, wofür er hernach zu Marseilles gehängt wurde. Es wird auch gemeldet, daß die Zitadelle von Corte, da sie die Corsen wieder im Besitz gehabt, eine Belagerung von dem französischen General de Thermes ausgehalten habe, die vom Monat August bis in den Oktober gewährt, und endlich bloß der Mangel des Wassers die Übergabe davon verursacht habe.

In der Ebene an der nördlichen Seite von Corte ist ein Kapuzinerkloster und an der südlichen Seite der Stadt liegt ein Franziskanerkloster. Hier hielt sich unterdessen der General auf, da sein Palast ausgebessert wurde, und hier wurden auch alle Fremden von Stande angenommen. Man hat von diesem Kloster die beste Aussicht über die Stadt Corte.

Die gelehrten Herren Hervey und Burnaby waren bei ihrem Aufenthalte in diesem Kloster über den sonderbaren Anblick der Stadt Corte gar sehr in Verwunderung gesetzt worden. Hier sind ihre eigenen Worte:

„Wir konnten es kaum verhindern, uns einzubilden, daß wir nicht in Lakedämon (= Sparta), oder in einer anderen alten griechischen Stadt wären. Die Beschreibung, welche Livius[13] von Heraclea gibt, stimmt mit dem, was Corte noch jetzt ist, völlig überein: Heraclea liegt am Fuße des Berges Oeta in einer Ebene und hat ein Schloß, welches auf einem sehr hohen und steilen Felsen über der Stadt schwebt. Man sollte glauben, Livius rede hier von eben diesem Orte. Zu Lakedämon war eine Akropolis oder Zitadelle, wie aus dem Pausanias erhellt, und man belegte nur den höchsten Ort oder die Anhöhe in der Stadt mit diesem Namen, weil man dadurch ohne Zweifel eben die Absicht erreichte, wozu die Akropolis bei den anderen griechischen Städten bestimmt war, dem Feinde den Zugang schwerer zu machen und im Gegenteil die Verteidigung des Orts destomehr zu erleichtern. ‚Die Lakedämonier', sagt Pausanias[14], ‚haben keine

Festung auf einem hohen Platze, wie Kadmea bei den Thebanern, und Larisa bei den Argivern ist. Es sind aber viele Hügel in der Stadt, von denen der höchste den Namen einer Festung führt, und auf demselben steht auch ein Tempel der Minerva'. Livius[15] bemerkte fast ebendieses, da er von der Belagerung redet, die Flaminius unternahm. Die höchsten und am wenigsten zugänglichen Plätze wurden durch die natürliche Stärke ihrer Lage verteidigt und dienten den Soldaten anstatt einer Festung.

Nach der Verordnung des Lykurg war es den Spartanern nicht erlaubt, Festungen anzulegen, sondern sie mußten sich bei ihrer Verteidigung auf ihre eigene Tapferkeit verlassen. Doch errichteten sie bei der Abnahme der griechischen Freiheit in ebenen und offenen Zugängen eine Mauer und überließen das übrige der Tapferkeit der Bürger. Desungeachtet war hier Ähnlichkeit genug, um eine Vergleichung zwischen Corte und Lakedämon zu machen. Wir stellten uns vor, daß dort der Taygetos und hier der Eurotas wäre; und was die Vergleichung noch mehr bestärkte, war die Ähnlichkeit, die wir zwischen dem Lykurg und Paoli zu bemerken schienen."[16]

Corsica ist sehr wohl mit Wasser versehen. Die vornehmsten Seen sind Nino und Creno, die ungefähr zwei Meilen voneinander auf dem höchsten Berge der Insel liegen, der vor alters *mons aureus*, und jetzt Gradaccio oder Monte Rotondo heißt. Er ist von einer erstaunlichen Höhe und einem jeden Gebirge von den Alpen gleich. Auf der Spitze dieses Berges ist die weiteste Aussicht über ganz Corsica, über die Seen und nach Sardinien; und der entfernte Anblick von Italien und Frankreich, nebst dem Mittelmeer und den vielen kleinen Inseln desselben, fallen auch in die Augen. Die Leute aber gehen selten hinauf, um diese Aussicht zu genießen, indem der obere Teil des Berges fast ein senkrechter Felsen ist, auf welchen man beinahe zwei Meilen hoch nicht anders als mit Hilfe der Hände und Knie klettern kann; überdies ist er die meiste Zeit des Jahres mit Schnee bedeckt. Die zwei Seen Nino und Creno sind beide von einem beträchtlichen Umfange.

Nino.

Creno.

In der Ebene von Aleria nahe bei Mariana ist der See Chiurlina oder Etang de Biguglia, der ziemlich groß ist und sich mit dem Meere vereinigt; nahe bei Aleria ist der See Etang de Diana, der ebenfalls mit dem Meere verbunden ist; und es ist merkwürdig, daß im Sommer, wenn die Sonnenhitze einen Teil des Wassers ausgetrocknet hat, und sich das übrige Wasser in den sandigen Boden zieht, eine Art von natürlichem Salze zurückbleibt, welches die Corsen für sehr gut halten und beständig brauchen.

Die Flüsse in Corsica sind: Der Golo, ein breiter und anmutiger Fluß, der aus dem See Nino entspringt, verschiedene Provinzen durchströmt und sich nach einem Laufe von mehr als siebzig Meilen bei der alten Stadt Mariana in das Meer ergießt. Der Tavignano, ebenfalls ein ansehnlicher Fluß, der aus dem See Creno entspringt und nach einem langen Laufe durch eine rauhe Landschaft bei der alten Stadt Aleria endlich in das Meer fällt. Die Restonica, ein kleiner Fluß, der aber in Corsica wegen seiner besonderen Eigenschaften sehr berühmt ist. Das Wasser davon ist so klar wie ein Kristall, und angenehm zu trinken, so daß Seneca gewiß niemals die Restonica gesehen hat, sonst würde er wohl nicht gesagt haben, daß Corsica kein gutes Wasser hätte. Man sagt, die Restonica sei mineralisch und sehr gesund. Sie hat die Kraft, alles weiß zu machen. Die Steine auf dem Boden derselben sehen aus wie Kalkstücke. Ich erinnere mich hierbei, daß auf dem Wege von Rom nach Neapel aus einer schwefligen Quelle ein Bach fließt, der eine ähnliche Eigenschaft hat und nur nicht so weiß färbt wie das Wasser der Restonica, welches macht, daß das Eisen selbst so weiß wie Silber aussieht und nicht rostet. Die Corsen tauchen oft ihr Gewehr hinein, um es blank zu machen.

Es sind außerdem noch verschiedene andere Flüsse, von denen ich hier keine umständliche Beschreibung geben will, als: der Fiumorbo, Prunella, Gravone, Valinco, Talavo und Liamone, alles schöne poetische Namen. Es gibt auch daselbst viele Bäche, die das Land fruchtbar machen und es frisch erhalten.

Man hat immer behauptet, daß einige von den corsischen Flüssen durch gehörigen Fleiß und Aufwand könnten schiffbar gemacht werden; ich glaube aber, dieses würde ein sehr vergebliches Unternehmen sein, indem ihr Lauf außerordentlich schnell ist und die Ströme, welche von den Bergen herunterstürzen, bei anhaltenden Regen oft so sehr anwachsen, daß sie ganze Felsenstücke herabführen, die ein jedes Fahrzeug, welches sie erreichen könnten, in Stücke zerschlagen würden.

Es sind viele mineralische Brunnen, sowohl von warmer als kalter Art in verschiedenen Gegenden der Insel, die von den Einwohnern in den meisten Krankheiten als sehr heilsam befunden werden; und Leute von Einsicht, insonderheit einige französische Ärzte, haben sie durch chemische Versuche näher untersucht und gebilligt.

Corsica ist auch sehr wohl mit Fischen versehen. Ich habe zwar niemals gehört, daß in ihren Flüssen und Seen andere Fische als Forellen und Aale wären. Doch diese sind daselbst

Heilquelle von Guagno-les-Bains (leider viel zu wenig genutzt!).

in großem Überfluße, sehr fett und von ungewöhnlicher Größe.

Der reichste Schatz von Fischen für Corsica ist in dem Meere; indem man an allen Küsten dieser Insel die größte Abwechslung der besten Gattungen und insbesondere eine von Stör und den kleinen Fisch Sardelle (Sardinas) findet, der von vortrefflichem Geschmack ist. An verschiedenen Orten haben die Corsen eigene Fischhalter für große Austern, von denen sie nicht allein zu ihrem Gebrauch genug haben, sondern auch noch viele nach Italien ausführen.

In den ältesten Zeiten war Corsica schon wegen seiner vortrefflichen Fische berühmt. Juvenal[17], der der erstaunlichen Schwelgerei der Römer, welche die leckerhaftesten Speisen aus den entferntesten Länder herzuführten, an mehr als einem Orte nachgeht, sagt auch, daß man Meeräsche für die großen Herren aus Corsica geholt habe.

Ich bemerke hierbei noch, da ich einmal von den Produkten des corsischen Meeres rede, daß man daselbst auch

Seefische und andere Meeresbewohner der korsischen Küstengewässer (19. Jhdt.).

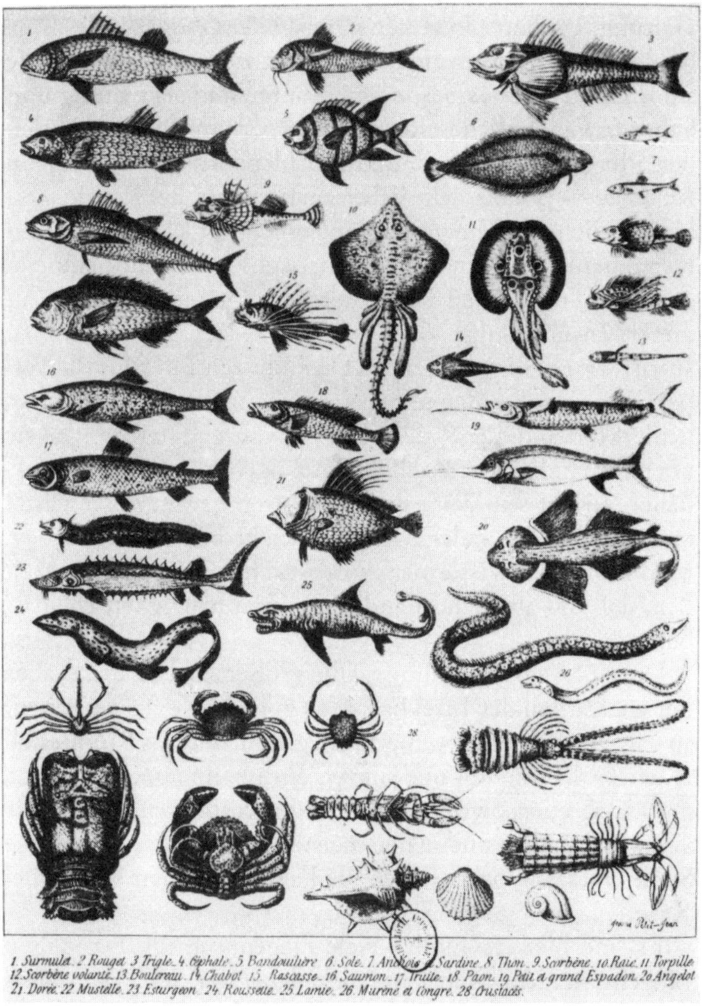

Korallen von allen drei Arten, weiße, rote und schwarze, in großen Mengen fische. Ich werde aber bei dem Kapitel von der Handlung der Corsen noch mehr davon sagen.

Corsica hat an Vieh einen ebenso großen Überfluß als andere Länder. Die Pferde sind hier überhaupt von kleiner Gattung. Prokop[18] in seinen *Kriegen der Goten* sagt, daß sie herdenweise herumlaufen, und nicht viel größer als Schafe sind. Doch sind sie besonders munter und sehr mutig und haben etwas ähnliches von den Kleppern in Wallis oder kleinen Pferden, die man in den Hochländern und Inseln von Schottland findet; ich habe auch corsische Pferde von beträchtlicher Höhe gesehen. Die Esel und Maultiere sind hier ebenfalls klein, aber sehr stark und ausnehmend geschickt, die steilen Felsen hinaufzuklettern, da man auf dieser Insel wenige oder gar keine gebahnten Straßen antrifft. Der Herr Alexander Dick, dessen Eifer für die Verbesserung der Straßen seinen Landsleuten wohl bekannt ist, bemerkt, daß dieses für die Corsen während der Zeit, da sie noch ihre natürliche Freiheit verteidigen müssen, kein wirklicher Verlust sei. Wäre ihr Land offen gewesen, so würde man sie durch reguläre Truppen leicht bezwungen haben. Man muß es gewissermaßen den rauhen Hügeln zuschreiben, daß das alte Schottland seine Unabhängigkeit ehemals behauptet hat.

Die Kühe sind verhältnismäßig größer als die Pferde, aber der größte Teil der Insel hat keine gute Weide für dieselben; so daß sie überhaupt wenig Milch geben, und das Rindfleisch ist ebenfalls nur zäh und mager. Man kann aber in Corsica die Milch ebensowohl als die Butter entbehren, indem das Öl, wie in Italien und in den meisten warmen Ländern, diese Stelle ersetzt. Doch machen die Leute in einigen Pieven viel Käse.

Es sind hier erstaunlich viele Ziegen, die auf den rauhen Hügeln weiden. Man kann sich dabei der Schäfergedichte des Virgil erinnern, wo dieses Tier so oft erwähnt wird. Die Schafe sind hier auch in großer Menge und haben gute Weide, und ihr Fleisch ist so süß und saftig, als man es nur verlangen kann und ersetzt den Mangel des guten Rindfleisches.

Die corsischen Schafe sind meistenteils schwarz oder von einer dunklen Farbe; und man trifft ein weißes Schaf unter den Herden fast ebenso selten an, als man bei uns schwarze findet. Die Wolle ist grob und haarig, welches die Landleute ihren Schafen zuschreiben, die von zweierlei Gattung ausgeartet sind. Man hat diesen Fehler verbessern wollen, indem man aus England und Spanien gute Arten eingeführt hat. Allein die Schafhirten haben mir gesagt, daß die schlechte Wolle nicht sowohl von der verschiedenen Gattung der Schafe, als von der Beschaffenheit ihres Futters herrühre; indem diejenigen Schafe, die auf einem Meyerhofe grobe Wolle tragen, bei ihrer Versetzung auf einen anderen Boden sehr schöne Wolle bekommen. Es ist sehr gewöhnlich, daß die Schafe mehr als zwei und oft sechs Hörner haben.

Die Wälder auf dieser Insel haben einen Überfluß an Wildbret. Es gibt hier ein artiges Tier, welches man Muffoli[19] nennt. Es gleicht einem Hirsche, aber es hat Hörner wie ein Widder und ein außerordentlich hartes Fell. Es ist sehr wild und lebt auf den höchsten Bergen, wo man es kaum wegen seiner Geschwindigkeit erreichen kann. Es springt viele Fuß weit von einem Felsen auf den anderen, und wenn es an das Ende eines Felsen gejagt wird, wo es keinen anderen erreichen kann, so überschlägt es sich und fällt mit einer erstaunlichen Behendigkeit auf seinen Hörnern herunter, ohne einigen Schaden zu nehmen. Doch wenn diese Tiere jung gefangen werden, so kann man sie leicht zahm machen. Der Herr von Marboeuf, der französische Kommandant, hatte zu der Zeit, als ich in Corsica war, eines von diesen Tieren; und es sind auch jetzt zwei davon auf dem Landgute des Herrn Anson zu Shugborough in Staffordshire, der überhaupt eine schöne Sammlung von allem, was sowohl in der Natur merkwürdig, als auch in der Kunst zierlich und fein ist, besitzt.

Die corsischen Tiere scheinen überhaupt gegen Fremde wild zu sein. Polybios[20] gibt uns eine Ursache davon an: „Alle Tiere in Corsica scheinen deswegen wild zu sein, weil

Wildtiere auf Korsika (19. Jhdt.).

die Insel so rauh, felsig und dergestalt mit dicken Wäldern angefüllt ist, daß die Hirten nicht vermögend sind, ihren Herden zu folgen." Die wilden Schweine sind hier sehr häufig, und auch ihre zahmen Schweine, die ebenfalls sehr zahlreich sind, haben alle eine Vermischung von der wilden Art; die aber, wenn sie mit Kastanien gefüttert werden, eine angenehme Speise sind[21].

Die Corsen sind große Liebhaber von der wilden Schweinsjagd, wobei sie sich einer Art von Hunden bedienen, die vortrefflich sind. Sie haben ein weiches Haar und sind wie ein großer Bauern- und Schäferhund gestaltet. Sie sind groß und ausnehmend grimmig; aber wem sie einmal zugetan sind, dem sind sie getreu, bewachen ihn Tag und Nacht und sind in ihrer Beschützung unermüdet.

Prokop[22] erzählt, daß in Corsica Affen wären, die eine bewunderswürdige Ähnlichkeit mit den Menschen hätten. Und in Wahrheit, diese Insel und diese ganze Gegend von Europa muß notwendig, ehe sie bewohnt worden, wegen ihrer Nachbarschaft mit Afrika voll von Affen gewesen sein. Desungeachtet sind von diesen Tieren jetzt keine mehr übrig, welches deutlich beweist, daß verschiedene Gattungen von Tieren aus einem Lande in das andere wandern, und wenn ihr Geschlecht in einem Teil der Welt ausgeht, dasselbe in anderen Gegenden wieder sehr zahlreich sein kann. Es ist gewiß, daß in vielen Ländern verschiedene Gattungen von Tieren, die man daselbst in alten Zeiten wohl gekannt hat, gänzlich ausgerottet sind. Ich bin aber doch nicht geneigt zu glauben, daß der Schöpfer eine Art von den mancherlei Geschöpfen, die er durch seine Allmacht erschaffen hat, gänzlich in der Welt vernichten sollte.

Es sind Hasen genug in Corsica, aber keine Kaninchen, obgleich Polybios an dem Orte, wo er von den Tieren dieser Insel redet, zugleich auch die Kaninchen nennt und sie nach ihrer Gestalt und Eigenschaften umständlich beschreibt; indem er ausdrücklich sagt, daß man sie in einiger Entfernung für kleine Hasen ansehen würde; sobald sie aber gefangen wären, sich gleich ein großer Unterschied sowohl in ihrem Aussehen als Geschmacke zeige[23]. Es gibt hier keine Wölfe, noch einige andere von den größeren wilden Tieren, wofern man nicht die Füchse dahin rechnen will, die wirk-

Vogelarten auf Korsika (19. Jhdt.).

1. Grand Aigle. 2. Buse commune, 3. Chouette. 4. Chouette effraie. 5. Merle. 6. Mésange azurée. 7. Gros bec Tarin. 8. Oiseau-mouche. 9. Hirondelle des rochers. 10. Faisan. 11. Corneille mantelée. 12. Coucou Geai. 13. Huppe. 14. Pie grièche. 15. Vanneau. 16. Canard arlequin. 17. Pingouins. 18. Héron.

lich sehr groß und räuberisch sind. Man sagt, sie tun nicht allein den Schafen großen Schaden, sondern sie fallen auch selbst die Füllen an.

Man findet auch in Corsica eine große Mannigfaltigkeit von Vögeln: den Adler, den Geier, die wilde Taube, die Turteltaube, die Drossel, die Amsel und viele von der kleineren Gattung, ingleichen eine Menge von wildem Geflügel, als Rebhühner, Schnepfen und Wasservögel in den Seen. Die Drosseln und Amseln werden wegen ihrer großen Anzahl als ein Stück des Vogelfangs angesehen und sind wegen der Menge von Hagapfelbäumen sehr fett, und werden deswegen für eine besondere Delikatesse gehalten.

Es ist grausam, solche Vögel, die so schöne Musik machen, aus bloßer Verschwendung für die Tafeln zu töten; gewiß, ihr Gesang verschafft mehr Vergnügen, als was man von dem Genusse derselben bei der Tafel haben kann. Desungeachtet sind sie in den südlichen Ländern, vornehmlich in Frankreich, ein sehr gewöhnliches Gericht.

Überhaupt ist es merkwürdig, daß diese Insel von der Natur dadurch einen Vorzug erhalten hat, daß sich daselbst kein giftiges Tier aufhält.Denn ob es gleich nicht an Skorpionen fehlt, so ist doch ihr Biß nicht giftig. Das einzige Geschöpf in Corsica, welches den giftigen am nächsten kommt, ist eine Spinne von außerordentlicher Größe. Der Biß dieses Tieres macht Entzündungen in einem hohen Grade, und die Geschwulst, welche es verursacht, kann einen, der es nicht weiß, in große Unruhe setzen, aber es vergeht bald wieder und hat keine übleren Folgen als das Stechen unserer Bienen. Einige haben diese Spinnen irrigerweise für die Tarantel in dem Königreich Neapel gehalten.

Die Bäume wachsen vorzüglich wohl in Corsica. Es ist hier fast eine jede Art von Waldbäumen, doch sind die vornehmsten verschiedene Arten von Fichten, Eichen und Kastanienbäumen. Alle diese Arten sind von einer großen Höhe, und besonders sind einige Fichten außerordentlich hoch, und der Kastanienbaum wächst zu einer erstaunlichen Dicke.

Es gibt an verschiedenen Orten sehr große Wälder. Der

Vico - ein noch heute inmitten ausgedehnter Wälder liegendes Städtchen – wird auch vom Herausgeber bei keinem Korsika-Besuch vergessen. Von hier gelangt man sehr schnell nach Guagno-les-Bains.

Wald von Vico ist der merkwürdigste. Es ist in Corsica hinlängliches Zimmerholz, um eine starke Flotte davon zu unterhalten, und das Holz daselbst ist viel härter als man es in einer solchen südlichen Breite vermuten sollte, welches aber teils dem felsigen Boden des Landes, teils auch der beständigen frischen Luft in den Tälern und der gemäßigten Beschaffenheit derselben zuzuschreiben ist, die daher rührt, daß einige Berge das halbe Jahr hindurch mit Schnee bedeckt sind. Dieses ist auch eine Hauptursache von dem gesunden Luftkreise, worin Corsica vor Sardinien einen großen Vorzug hat.

Diejenige Art von Eichen, die immer grün bleibt, ist hier sehr häufig und gibt dem Lande selbst mitten im Winter ein liebliches Ansehen. Die Zitronen, Orangen, Feigen und Mandelbäume sind hier ebenfalls sehr gemein. Doch findet man wenig welsche Nußbäume, und die Äpfel, Birnen, Pflaumen und Kirschen sind nicht sonderlich, welches ohne Zweifel aus Mangel der geringen Sorgfalt herrührt, die man auf die Wartung dieser Früchte wendet.

Die corsischen Berge sind mit Hagapfelbäumen oder Baumerdbeeren bedeckt, welche denselben, so weit als das Auge reichen kann, ein hochrotes und brennendes Ansehen geben. In Wahrheit: *diese Insel ist dem Lande ähnlich, welches Virgil*[24] *als den Sitz der ländlichen Glückseligkeit beschreibt.*

Der Maulbeerbaum kommt hier wohl fort und ist nicht so sehr der Gefahr von Mehltau und Gewittern als in Italien und im südlichen Frankreich ausgesetzt; so daß Corsica, bei erfolgter Ruhe und Frieden einen Überfluß an Seide haben kann. Wir müssen den Lorbeerbaum nicht vergessen, auf welchen Corsica mit Recht Anspruch macht. Der Buchsbaum ist hier eine gemeine Pflanze. In den meisten Ländern ist er klein und wird gemeiniglich nur zu Hecken und Zäunen gebraucht; aber in Corsica wächst er zu einer so ansehnlichen Größe, daß er zum Zimmerholz kann gerechnet werden. Bochart[25] hat sehr artig gezeigt, daß die Ruderbänke auf den tyrischen Schiffen, welche nach der gemeinen Übersetzung der Stelle im Propheten Hesekiel Kap. 27, V. 6 von Elfenbein sollen gewesen sein, das man aus den Inseln von Chittim gebracht, ohne Zweifel aus corsischem Buchsbaum gemacht worden.

Theophrast in seiner Historie der Pflanzen rühmt die wunderbare Höhe der corsischen Bäume; gegen welche, wie er sagt, die Fichten von Latium für nichts zu achten sind. Er setzt auch hinzu, die Bäume wären hier ungeheuer dick; sein Ausdruck ist sehr stark: „Die ganze Insel scheint mit Wäldern ganz vollgestopft und verwildert".[26] Er erzählt dabei eine seltsame Begebenheit, daß die Römer, welche über den Anblick dieser großen Wälder erstaunt, hier ein ungeheuer großes Schiff von fünfzig Segeln gebaut hätten, welches aber auf dem Meere verlorengegangen wäre. Ebendieser Schriftsteller liefert ein anderes altes Zeugnis von der Güte des Bodens und der Luft auf der Insel, indem er sagt: Corsica übertreffe andere Länder sehr weit, sowohl in Ansehung des gemäßigten Klimas, als auch in Absicht auf den Boden und die Luft.

Die verschiedenen Arten von Getreide in Corsica sind Weizen, Gerste, Roggen und Hirse, die alle in vielen Gegenden dieses Landes sehr wohl fortkommen. Es gibt hier ebensowenig Hafer als in irgendeinem anderen von den südlichen Ländern. Man füttert die Pferde und Maultiere mit Gerste. Die Hirse ist in Corsica vortrefflich und macht, mit Roggen vermischt, ein gesundes Brot, welches die Bauern sehr gern essen. Man kann die Kastanien ebenfalls für eine Art von Getreide in Corsica halten, indem sie zu gleichem Gebrauche angewendet werden. Die Corsen essen sie gebraten, wie Brot. Ja, sie lassen sogar Mehl daraus mahlen und backen davon sehr guten Kuchen.

Corsica hat an Honig ebenfalls einen Überfluß; und die Insel ist schon in den ältesten Zeiten wegen ihrer Bienen berühmt gewesen. Da sie den Römern unterwürfig war, mußte sie jährlich über zweimal hunderttausend Pfund Wachs liefern[27]. Und in Wahrheit, der Lorbeer-, Mandel- und Myrtenbaum, in deren Blüten die Bienen so viel Süßigkeit finden, sind hier sehr häufig, und die Hügel sind alle mit Thymian und anderen wohlriechenden Kräutern angefüllt. Desungeachtet hat man diesen Honig allezeit für bitter gehalten und die Ursache davon den Buchs- und Feigenbäumen zugeschrieben, wie Diodorus[28] und Plinius[29] bemerken; und ebendieses ist auch wohl der Grund, warum Lykidas beim Virgil[30] wünscht, daß die Bienen seines Freundes den corsischen Buchsbaum nicht berühren möchten; so wie Martial[31] sagt: „Wer es wagen wollte, dem geistreichen Nerva noch Gedichte zu überbringen, der würde corsischen Honig den hybläischen Bienen geben."

Viele halten die Bitterkeit, welche in dem corsischen Honig ist, für etwas Angenehmes. Plinius schreibt eben der Ursache, die er für die Bitterkeit des Honigs anführt, die Vortrefflichkeit des Wachses zu, indem er zuerst das punische, pontische und kretische Wachs beschreibt und sodann hinzusetzt: „Nächst diesen soll das corsische, weil es aus Buchsbaum gezogen ist, eine gewisse heilsame Kraft haben".[32]

Es fehlt in Corsica auch nicht an Erzgruben von Blei, Kupfer, Eisen und Silber. Nahe bei San Fiorenzo ist eine reichhaltige Silbergrube, wo man aus hundert Pfund Metallerz über dreißig Taler an Wert erhält. Das corsische Eisen ist vorzüglich gut und ebenso hart wie das zubereitete spanische Eisen, welches in der ganzen Welt berühmt ist. Man sagt, daß das echte spanische Gewehr aus Eisen gemacht werde, welches lange Zeit an den Nagelköpfen in den Hufeisen der Maultiere getragen worden, die mit einem langsamen und anhaltenden Schritte auf den harten Straßen gehen. Es kann aber wohl ein sehr geringer Teil von der großen Menge spanischer Gewehre, die in ganz Europa verkauft werden, diesen Vorzug haben. Das Metall des corsischen Gewehres ist gegen das spanische nur ein wenig geringer und die Corsen fangen schon an, es sehr gut zu machen.

Man hat von den Eisenminen und von dem Namen Corsica eine Anspielung auf den Charakter der Einwohner gemacht. Hieronymus de Marinis, ein Genueser, welcher die Herrschaft und Regierung der Republik beschreibt, sagt von dieser Insel: „Die Eingeweide der Erde haben einen Überfluß an Eisengruben, und es scheint, daß die Natur mit dem Namen Corsica selbst gleichsam in einem Vorurteil übereinstimmt; denn die Corsen haben ein eisernes Herz und sind deswegen zum Schwert und Gewehr geneigt".[33] Der Marquis d'Argens[34] deutet die Verse des Crébillon auf Corsica, worin es heißt, die stiefmütterliche Natur habe in diesen abscheulichen Gegenden, anstatt des Goldes, Eisen und Soldaten hervorgebracht. Und ich kann wohl mit John Home hinzusetzen: „Daß die Tugend auf einem eisernen Boden entspringe."

Es sind auch in verschiedenen Gegenden von Corsica Alaun- und Salpeterminen.

Man findet hier ebenfalls eine Art von Granatsteinen, die sehr hart sind und den orientalischen ziemlich nahekommen, die ehemals zu Rom so berühmt waren, und wovon noch Überbleibsel von prächtigen Säulen vorhanden sind, die aus Ägypten herstammen sollen. Es würde vielleicht sehr ausschweifend sein, zu mutmaßen, daß einige von diesen Säulen aus Corsica herrühren könnten; indem ich selbst zweifle, daß, ohne die hieroglyphischen Figuren zu erwähnen, welche die ägyptische Herkunft schon deutlich zeigen, solche großen Stücke von Granat in Corsica gefunden werden. Man hat hier auch Porphyr und eine große Mannigfaltigkeit von Jaspis. Die prächtige Kapelle des Großherzogs von Toskana zu Florenz ist inwendig mit corsischem Jaspis ausgelegt, welches derselben ein sehr schönes Ansehen gibt.

An den Ufern des Sees Nino findet man Stücke von Bergkristall, die sehr hell und von fünf Seiten sind, als wenn sie ein Steinschneider geschnitten hätte. Es gibt auch Kristall von dieser Art in den Bergen von Istrien. Er ist so hart, daß er Feuer schlägt; und die Corsen bedienen sich desselben oft zu Flintensteinen.

Nicht weit von Bastia wird eine Art von Erz gegraben, welches von den Landleuten *petra quadrata* genannt wird, weil man es allzeit in kleinen viereckigen Stücken antrifft. Es ist fast ebenso hart wie Marmor, hat eine Farbe wie Eisenerz und wiegt so schwer wie Blei. Die Corsen schreiben diesem Steine gewisse geheime Kräfte zu, wie aus einem alten Reime erhellt, den die Mönche ehemals darauf verfertigt haben, und also lautet:

Petrae quadratae duro de marmore natae
Innumeras dotes quis numerare potest.
(„Wer kann von dem Quadratstein, der von dem harten Marmor stammt, die ungezählten Gaben zählen?" – Ü. d. Hrsg.)

Aus der Beschreibung, die ich hier von Corsica gegeben habe, sieht man deutlich, daß es ein Land von großer Wichtigkeit sei. Nach des Herrn Templemans[35] Tabellen enthält die Insel 2 520 Quadratmeilen. Sie hat eine große Anzahl an Häfen. Die Luft daselbst ist vortrefflich, und die Landesfrüchte sind schön und häufig.

Man kann zu Beschlusse dieses Kapitels die Beschreibung vergleichen, die Homer[36] von Ithaka gibt, und sie überhaupt sehr wohl auf Corsica anwenden.

Das zweite Kapitel.

Ein kurzer Abriß der merkwürdigsten Veränderungen, die Corsica in den ältesten Zeiten erlitten hat.

Obgleich die berühmtesten Schriftsteller, dem Geschmacke ihrer Zeiten gemäß, eine jede Untersuchung von dem Ursprunge der Völker verworfen und ihren Lesern nichts anderes, als was deutlich kann bewiesen werden, vorgestellt haben, so bekenne ich doch aufrichtig, daß ich es nicht für nötig halte, eine so übertriebene Neigung zur völligen Gewißheit zu unterhalten. Wer sich an unumstößliche Beweise, oder was denselben nahekommt, gewöhnt hat und niemals etwas als glaubwürdig annimmt, was er nicht völlig begreift, der kann leicht stolz und übermütig auf seinen Verstand werden. Das Gemüt erlangt dadurch eine gewisse Härte und Widerspenstigkeit, die mit der wahren Absicht unserer Kräfte in diesem unvollkommenen Zustande nicht bestehen kann, und wird endlich zur Aufnahme vieler wichtigen Wahrheiten ganz unfähig gemacht.

Doch habe ich allzeit, um nicht in metaphysische Spitzfindigkeiten zu verfallen, dafür gehalten, daß selbst die dunklen und fabelhaften Zeitpunkte unserer Aufmerksamkeit würdig sind. Die besten Köpfe unter den Alten haben ebenso gedacht; und ihre Werke sind deswegen angenehmer, als wenn sie sich an eine so strenge Gewißheit gebunden hätten. Der Ursprung einer jeden Nation ist, wie Livius sagt, „mit poetischen Fabeln ausgeschmückt." Diese vergnügen allzeit die Einbildungskraft, wenn sie weder zu ekelhaft, noch zu ausschweifend sind. Wir lassen uns gern stufenweise in dem Wachstum der Dinge fortführen, und betrachten die Wahrheit, wie sie, gleich der Sonne, die durch die Wolken bricht, auch aus der Dunkelheit emporsteigt. Ein solcher Fortgang macht einen Teil unserer eigenen Natur aus, die von dem Anfange unseres Daseins in der zartesten Kindheit immer zu größeren Kenntnissen fortgeht.

Diejenigen, deren Genie auf das Studium der Altertümer gerichtet ist, haben oft außer dem Vergnügen, welches ihnen solche alten Denkmäler verschaffen, auch das Vermögen, aus Anleitungen, die dem Anscheine nach nur abgerissene und unbedeutende Stücke sind, die Grundwahrheit zu zeichnen und die Grenzen der Wirklichkeit zu erweitern. Wenige haben zwar diese besondere Geschicklichkeit zu einer solchen Untersuchung, daß sie den Namen der Antiquarien verdienen sollten. Es gibt aber doch, in Absicht auf die vergangenen Zeiten, ein allgemeines Prinzip der Neugierde, welches macht, daß man selbst Mutmaßungen mit einer Art von gefälliger Hochachtung annimmt; und obgleich der Unterricht die Hauptabsicht der Geschichte ist, so halte ich es doch ebenfalls schon für etwas Schätzbares, wenn sie zur Befriedigung der Neugierde etwas beiträgt.

Ich werde daher bei der Erzählung der corsischen Veränderungen so weit zurückgehen, als mich die Schriften der Alten führen; ob ich gleich zu ebender Zeit nur einen kurzen Abriß davon liefern und meinen Lesern vielmehr zeigen werde, was überhaupt davon zu merken ist, als daß ich sie mit einer umständlichen Beschreibung aller Begebenheiten aushalten wollte.

Die ältesten Nachrichten, die wir von Corsica haben, müssen aus dem Herodot genommen werden. Er berichtet uns, daß die ersten Einwohner Phönizier gewesen; und daß Kadmos, der Sohn des Agenor, da er die Europa (=Schwester des Kadmos) gesucht habe, auf diese Insel, die den Namen Kalliste geführt, geraten sei, und daselbst einige von seinen Landsleuten, nebst seinem eigenen Vetter Membliaros, zurückgelassen habe[37]. Er sagt ferner, daß Theras, nach einer Zeit von acht Generationen, eine Kolonie von Lakedämon auf die Insel geführt habe. Dieser Theras war ursprünglich aus dem Geschlechte des Kadmos; und weil er von mütterlicher Seite ein Vetter des Eurysthenes und Prokles, zweier Söhne des Aristodemos war, so regierte er als Vormund über das Reich. Da sie aber beide erwachsen waren, und Könige von Sparta wurden, so schämte sich Theras als ein Privatmann zu leben, und unter der Herrschaft seiner ehemaligen Untergebenen zu stehen, und faßte den Entschluß, Lakedämon zu verlassen und seine Anverwandten auf der Insel Corsica oder Kalliste zu besuchen. Er ging auch wirklich in Gesellschaft einiger auserlesener Freunde dahin, und zwar nicht in der Absicht, die vorigen Einwohner aus dieser Insel zu vertreiben, sondern vielmehr mit ihnen auf das friedlichste zu leben[38].

Einige Zeit hernach wurden die Minäer, ein herumirrendes Geschlecht, die ihre Zuflucht zu den Lakedämoniern genommen hatten, und nun wegen ihrer gefährlichen Absichten verdächtig geworden waren, in das Gefängnis geworfen, und zum Tode verdammt. Allein, Theras suchte die Spartaner zu bewegen, daß sie diese Leute schonen möchten, indem er versprach, daß er sie aus dem Lande führen wollte; welches er auch tat und sie auf die Insel Kalliste setzte, um sie mit seiner neuen Kolonie zu vereinigen, die er daselbst errichtet hatte; worauf die Insel von ihm den Namen Thera erhielt.

Diese Minäer, ob sie gleich nur als ein herumirrendes Volk unter den Lakedämoniern angesehen wurden, waren doch in der Tat von berühmter Herkunft, nämlich die Nachkommen der heldenmütigen Argonauten[39].

Diese Nachricht von der ersten Bevölkerung von Corsica ist ein sehr artiges Stück aus der alten Geschichte. Es ist wahrscheinlich, daß die Phönizier oder Phokier die ursprünglichen Einwohner dieser Insel sind; da wir wissen, daß sie die ersten großen Schiffahrer in dem westlichen Teile der Welt gewesen sind, und ihre Kolonien in viele entlegene Länder geschickt haben.

Die Insel wurde nachher, wegen der vielen Vorgebirge, Cyrnos genannt, und Isidorus[40] erzählt die Art und Weise, wie sie den Namen Corsica erhalten hat. Dieser Erzählung nach hatte Corsa, eine ligurische Frau, die oft bemerkt hatte, daß ein Ochse auf die Insel geschwommen und viel fetter zurückgekommen war, die Neugierde gehabt, ihm einstmals auf einem kleinen Boote zu folgen; und hatte auf solche Weise die Insel, nebst ihrer Schönheit und Fruchtbarkeit, entdeckt. Hierauf schickten die Ligurier eine Kolonie dahin, und gaben der Insel von der Corsa, die sie entdeckt hatte, den Namen Corsica. Dies ist an sich lächerlich genug; allein, wir können doch vielleicht ausspüren, was eine so seltsame Erdichtung veranlaßt habe, wenn wir erwägen, daß wahrscheinlicherweise ein Volk von der gegenseitigen Küste von Italien, entweder Ligurier oder Etrusker, Corsica zuerst in Besitz genommen haben.

Die Mutmaßung mag beschaffen sein, wie sie will, so ist gewiß, daß die zunächst darauffolgenden Herren die Karthager gewesen, die ihre Eroberungen über alle Inseln des Mittelmeeres ausbreiteten. Aristoteles erzählt ein außerordentliches Stück der punischen Polizei, in Absicht auf Corsica. Denn da sie fanden, daß es schwer sein würde, die Einwohner in Unterwürfigkeit zu erhalten, so verordneten sie, daß man alle Weinstöcke und Olivenbäume auf der Insel ausrotten sollte, und verboten den Corsen bei Lebensstrafe, ihre Felder mit keiner Art von Getreide zu besäen, damit sie dadurch in der strengsten Abhängigkeit erhalten werden, und endlich, ungeachtet ihres fruchtbaren Bodens, genötigt sein möchten, sich nach Afrika zu wenden und die notwendigsten Bedürfnisse zu ihrem Unterhalte daselbst zu suchen. Schon so bald wurde die verzagte und zugleich grausame Polizei einer Republik, die Handlung trieb, wider dieses arme Volk ausgeübt.

Corsica kam hierauf unter die Herrschaft von Rom. Im ersten punischen Kriege, und zwar im Jahr 493 nach Erbauung der Stadt Rom, eroberte Lucius Cornelius Scipio die Insel[41], da sich ihm eine Armee von Sarden und Corsen, unter der Anführung des Hanno, eines karthagischen Generals, widersetzte.

Nur eine Episode: die Unterzeichnung des Friedensvertrags zwischen Römern und Korsen.

Man sieht schon hieraus, daß die Corsen zu keiner Zeit eine Unterwürfigkeit mit Geduld ertragen, und es vielmehr beständig versucht haben, sich in Freiheit zu setzen. Wir haben ein Beispiel davon in dem Auszuge des zwanzigsten Buchs des Livius. Wir lesen ferner, daß sie sich bald darauf dem M. Pinarius, dem Prätor, widersetzten, der 2000 Mann von ihnen tötete, und sie nötigte, Geiseln zu geben, und ihnen überdies noch einen jährlichen Tribut von 100000 Pfund Wachs auferlegte[42].

Nachher wurde C. Cicereius, der Prätor, genötigt, sich mit den Corsen in eine Schlacht einzulassen, worin er 1700 Mann von ihnen tötete, über 1070 Mann zu Gefangenen machte und bei dieser Gelegenheit den jährlichen Tribut an Wachs auf 200000 Pfund erhöhte[43]. Man sieht aus diesen Exempeln, daß Corsica in alten Zeiten volkreicher als jetzt gewesen ist und eine erstaunliche Menge Wachs hat liefern können. Plinius[44] erzählt uns, daß Papyrius Naso zuerst einen Triumph über die Corsen auf dem albanischen Berge gehalten habe.

Ich habe es schon oben erwähnt, daß die Römer zwei

Kolonien in Corsica errichtet haben. Die Insel wurde wie die anderen Provinzen von einem Prätor regiert. Sie mußte auch zu einem Ort der Verbannung dienen, und war deswegen sehr bequem zu dem, was man *relegationem in insulam*, oder die Verbannung auf eine Insel nannte. Allein die Römer konnten dieses Land niemals lange ruhig besitzen, wo der Geist der Freiheit, der von Tyrannen Rebellion genannt wird, sich immer wieder aufs neue zeigte.

Bei dem Einfalle der barbarischen Völker hatte Corsica ein gleiches Schicksal mit den übrigen Ländern des zugrundegerichteten Reichs. Es wurde ein Raub der Goten, welche daselbst das System des Lehens aufrichteten, wo ihre Waffen eindrangen. Einige Schriftsteller behaupten, daß Alarich, der erste König der Goten, Corsica erobert habe; allein nach dem Berichte des Prokop[45] wurde es von einem Korps, welches Totilas dahin schickte, eingenommen.

Von dieser Zeit an ist die Geschichte von Corsica bei der großen Abwechslung der streitenden Mächte mit einer langen Reihe von Kriegen, Plünderungen und Verwüstungen angefüllt. Es ist hier ohne hinlänglichen Leitfaden und Führer immer noch alles sehr dunkel. Man findet zwar in vielen Schriftstellern eingestreute Anmerkungen, welche diese Insel betreffen, es ist aber schwer, sie in eine erträglichere Ordnung zu bringen, da die Bestimung der Zeit fast allzeit ungewiß ist.

Ich werde es desungeachtet versuchen, einen kurzen Abriß von dem Fortgange der Begebenheiten zu liefern.

Da die Macht der Sarazenen zu derjenigen Höhe gestiegen war, die uns immer noch, sooft wir diese Geschichte lesen, in Erstaunen setzt, so vertrieben sie die Goten aus Corsica und blieben lange Zeit Herren von dieser Insel.

Man glaubt, daß sie der Insel Corsica zuerst den Titel eines Königreichs beigelegt haben; und noch heutzutage führt die Insel einen Mohrenkopf in ihrem Wappenschilde[46].

Es werden noch sehr oft maurische Münzen in Corsica ausgegraben; und nahe bei Ajaccio sind sarazenische Gräber, die von einiger Pracht gewesen zu sein scheinen. Es sind unterirdische Gewölbe, die auf steinernen Pfeilern ruhen, in welchen man noch Totenurnen von einer irdenen Materie, die dem Ziegelsteine gleich ist, häufig findet.

Man sieht deutlich, daß der Papst allzeit eine Absicht auf das an seinen Staaten so nahe liegende Corsica gehabt und zu verschiedenen Malen die Könige von Aragon und Frankreich angereizt hat, wider diese Insel einen heiligen Krieg, wie es in der Sprache jener Zeiten genannt wurde, zu führen; welche Art von Kriegen den politischen Absichten des Heiligen Vaters allzeit sehr behilflich gewesen ist.

Zuletzt wurde Corsica wirklich von einem Könige in Frankreich erobert; einige sagen, es sei Pippin, und andere, es sei Karl Martell gewesen. Die Corsen zeigen noch heutigentages einen Brunnen, in der Pieve Alesani, der von dem erwähnten Karl den Namen führt, und wie sie vorgeben, an ebendem Orte ist, wo dieser tapfere Prinz die Mauren überwunden hat.

Corsica wurde von dem Könige in Frankreich als ein beständiges Geschenk dem Heiligen Stuhle zu Rom überlassen. Doch die Sarazenen kamen von Zeit zu Zeit wieder dahin, so daß der Papst nur eine sehr schwache und ungewisse Herrschaft darüber hatte. Die Genueser, die sich den zerrütteten Zustand der Insel zunutze machten, bemühten sich bald, eine Kolonie zu Bonifacio zu errichten und wurden nach und nach so kühn, daß sie in anderen Gegenden der Insel Truppen ans Land setzten und anfingen, furchtbar zu werden.

Dieses Verfahren mußte notwendig dem Hofe zu Rom mißfallen, und ihnen den Bannstrahl von dem Vatikan zuziehen, welchen damals der Heilige Vater mit gutem Erfolg auf die größten Mächte von Europa herabzudonnern pflegte. Diesem zufolge wurden die Genueser vom Papst Gregor dem Siebten, der sie damals von ihrem Vorhaben abhielt, in Bann getan.

Corsica blieb so lange in dieser unruhigen Verfassung, bis einer von den Päpsten, den die Geschichtsschreiber verschiedentlich anzugeben pflegen, den Hugo Colonna, einen römischen Herrn von Adel, unter der Begleitung verschiedener anderer Herren vom römischen Adel, nebst einer guten Anzahl von Truppen dahin schickte, um die Abtrünnigen aus der Insel zu vertreiben. Sobald als Colonna anlandete, so vereinigten sich viele von den Einwohnern mit ihm, die sich während dieses langwierigen und heftigen Streites zu verschiedenen Malen schon bemüht hatten, sich in den Stand der Freiheit zu setzen, und deswegen eine gewisse Anzahl von Oberhäuptern erwählt hatten, denen sie den Titel *Caporali* beilegten.

Diese Caporali leisteten dem Colonna alle mögliche Hilfe, und brachten durch ihren Einfluß bei dem Volke gar bald eine solche Armee zusammen, daß Colonna imstande war, die Sarazenen gänzlich zu überwinden und sie auf ewig von der Insel zu vertreiben.

Die Mauren, welche durch diesen unerwarteten Streich ganz in Verzweiflung geraten waren, wurden genötigt, die Insel zu verlassen; allein, ehe sie abzogen, verheerten sie alles, was sie vor sich fanden; und diesem Zufalle muß man die große Verwüstung, die noch jetzt in Corsica zu spüren ist und die Zerstörung ihrer alten Denkmäler und öffentlichen Archive zuschreiben.

Hugo Colonna setze sich in Corsica fest und erhielt von dem Papste die vorzüglichsten Ehrenstellen und größten Geschenke. Die Familie der Colonna ist eine der berühmtesten und ältesten in der Welt. Schon im Jahre 1200 wird Petrus Colonna der achte dieses Namens erwähnt. Die Linie, welche sich in Corsica niederließ, stand lange in dem größten Ansehen und hatte das schöne Lehen von Istrien im Besitz. Allein diese Familie hat durch die Unruhe, in welche diese Insel beständig gesetzt worden, desgleichen durch die bluti-

Massaker der Sarazenen vor ihrer endgültigen Vertreibung aus Korsika. Die Ereignisse dieser Zeit sind nur in Legenden überliefert. Von daher sind auch die Herkunft der Colonnas und der Anteil, den Hugo Colonna an der „Befreiung" Korsikas hat, ungewiß.

gen Kriege der Genueser und der patriotischen Corsen erstaunlich gelitten, und die Besitzungen derselben sind jetzt sehr eng eingeschränkt. Das gegenwärtige Haupt der Familie ist ein würdiger, verständiger und in der Verteidigung der Freiheit eifriger Mann[47]. Ich bin selbst in seinem Hause zu Sollacaro gewesen und habe den Pascal Paoli daselbst angetroffen.

Es ist wahrscheinlich, daß die corsischen Grafen, Marquise und Barone ihren Ursprung aus jenen Zeiten herleiten können, indem ich keine bessere Zeit sehe, wo sie hier zuerst entstanden sein könnten.

Die Insel blieb einige Zeit in ziemlicher Ruhe; allein es waren teils wegen der Streitigkeiten der verschiedenen Parteien, die einander immer zuwider waren, teils auch wegen der wiederholten Angriffe der Genueser, deren Verlangen nach diesem Königreiche noch fortdauerte, solche Unordnungen und ein solcher Mangel einer guten Regierung daselbst eingerissen, daß der Papst für gut befand, diese Insel den Pisanern zu schenken, die damals sehr mächtig waren.

Diese Schenkung war für den Heiligen Vater, wie viele andere Geschenke von Lehen, die er verschiedenen Fürsten zu geben pflegte, damit sie es mit dem Stuhle von Rom halten möchten, sehr vorteilhaft. Ein gelehrter Professor auf der Universität zu Pisa hat eine artige Abhandlung von der alten Oberherrschaft seiner Landsleute über Corsica geschrieben. Man findet sie im siebten Bande der Versuche von der Akademie zu Corcona.

Die Pisaner behaupteten während der Zeit, da ihre Republik blühte und ihre Macht in Ansehen stand, ihre Oberherrschaft über Corsica sehr wohl; und soviel wir aus verschiedenen Schriftstellern wissen, hatte die Insel zu der Zeit mehr Ruhe und Frieden, als sie jemals genossen hat.

Allein diese Ruhe war von kurzer Dauer, indem die Genueser, welche darüber sehr aufgebracht waren, daß sie nunmehr von dem Besitz einer Insel ausgeschlossen waren, die ihnen so lange am Herzen gelegen hatte, und überdies beständige Nebenbuhler der Pisaner waren, es wagten und einen hartnäckigen und blutigen Krieg mit den Pisanern führten, wobei sie zuletzt in dem berühmten Seetreffen zu Malora an dem Ausflusse des Arno die Oberhand über Pisa behielten, und dadurch in den Stand gesetzt wurden, sich der Insel Corsica gegen den Anfang des vierzehnten Jahrhunderts (genauer: 1284; Anm. d. Hrsg.) zu bemächtigen.

Auf diese Weise wurden die Corsen zum ersten Male unter die Botmäßigkeit der Genueser gebracht, mit welchen sie nachher wegen ihrer Freiheit, die sie wiederzuerlangen trachteten, viele und heftige Streitigkeiten unterhalten haben.

Sollte ich in einem Stücke dieser Erzählung mich geirrt

haben, so würde es gewiß wider meine Absicht geschehen sein. Ich weiß wohl, daß einige genuesische Schriftsteller behauptet haben, es habe ein gewisser Herr Ademar von ihrer Nation schon bei der ersten Eroberung der Insel unter den Königen von Frankreich sich hervorgetan. Ich gestehe es, daß ich hiervon keine hinlänglichen Zeugnisse finden kann. Gesetzt aber es wäre so, wie man vorgibt, so könnte doch Ademar nichts anderes als ein Offizier des französischen Königs gewesen sein. Dieses wissen wir gewiß, daß der König von Frankreich die Eroberung gemacht hat, weil er hernach die Insel dem Papste schenkte.

Ich will mich aber bei solchen Untersuchungen nicht lange aufhalten. Man hat vor kurzem viele Schriften sowohl von Seiten der Corsen als auch der Genueser bekannt gemacht, worin die Verfasser sich gar sehr bemühen, die wechselweisen Mutmaßungen und entgegengesetzten Meinungen in Absicht auf die alten Begebenheiten in der corsischen Geschichte zu widerlegen. Hier erreichen doch in Wahrheit alle Parteien ihr völliges Ziel, indem jene Zeiten so dunkel sind, daß sie ein jeder Schriftsteller nach der Beschaffenheit seiner Einbildungskraft ausfüllen kann. Ebenso wie Leute, die in einer finsteren Nacht herumwandern, mit gleicher Hartnäckigkeit, und mit gleichem Scheine des Rechts behaupten, daß sie ganz verschiedene Gegenstände sehen.

Corsica mag immerhin das Eigentum der Phönizier, der Etrusker, der Karthager, der Römer, der Goten und der Sarazenen gewesen sein; es mag eine Eroberung von Frankreich; ein Geschenk dieses Königreichs an den Papst; ferner ein Geschenk des Papstes an die Pisaner; und endlich eine Eroberung der Genueser gewesen sein; so muß man doch immer noch zu dem deutlichen und richtigen Grundsatz zurückkehren, daß die Corsen Menschen sind, und also ein Recht zur Freiheit haben, die sie zu allen Zeiten, wenn sie jemand derselben beraubt, sich wiederzuverschaffen ein gegründetes Recht haben.

Man kann bei der Betrachtung dieser außerordentlichen

und schnellen Veränderungen, welche diese Insel erlitten hat, dasjenige, was Seneca[48] über die Veränderlichkeit der menschlichen Dinge gedacht hat, verbinden, und sich bei den Veränderungen, die einzelnen Personen widerfahren, vollkommen beruhigen, wenn man die mannigfaltigen Schicksale einer ganzen Nation überdenkt.

Da die Genueser den gewissen Besitz von Corsica erlangt hatten, so waren sie begierig ihre Macht zu nutzen, und glaubten, daß dieses nicht anders, als durch Ausübung der strengsten Herrschaft geschehen könnte. Was wir lange und sehnlich gewünscht haben, erhält endlich in unserem Gemüt einen eingebildeten und ausschweifenden Wert; und sobald wir zu dem Besitz desselben gelangen, so scheint ein gemäßigter und vernünftiger Genuß davon abgeschmackt und unserer hohen Erwartung wenig gemäß zu sein. Ja wir sind selbst ungewiß, ob wir es wirklich besitzen; und gemeiniglich ruhen wir nicht eher, als bis wir durch den Mißbrauch unserer Macht dasjenige, was wir so hoch schätzen, gar verlieren.

Ein Mensch, der ein großes Vermögen bekommt, und ein Staat, der einen Zuwachs seiner Herrschaft erlangt, können sehr wohl miteinander verglichen werden. Wer ein großes Vermögen hat, der glaubt auch, er könne die Herrschaft über seinen Reichtum nicht anders als durch solche Handlungen der Verschwendung zeigen, wodurch er ihn bald verliert. Und ein Staat, der einen Zuwachs seiner Herrschaft erhalten hat, bildet sich ein, er könne seine Macht nicht anders als durch solche Handlungen einer willkürlichen Unterdrükkung an den Tag legen, die seine Untertanen endlich zwingen müssen, ihre Treue zu brechen. Daher ob es gleich möglich ist, daß sich ein Volk aus Trägheit, Furcht oder anderen Beweggründen eine Zeitlang einem gewissen Grade der Tyrannei unterwerfen kann; so wird doch endlich, wenn es lange dauert und zu einer übertriebenen Höhe steigt, die Natur sich empören, und die natürlichen Rechte der Menschen werden auf eine Änderung begründete Ansprüche machen.

Die Genueser waren die schlimmste Nation, denen Corsica in die Hände fallen konnte. Die Corsen waren ein hitziges, ungestümes und mutiges Volk, die bereits viele Stürme ausgehalten hatten, und die nicht anders regiert werden konnten, als durch einen Staat, für welchen sie einige Ehrerbietung hatten, und welcher durch Sanftmut und liebreiche Aufmunterung sich ihre Zuneigung verschaffen konnte. Da aber die Genueser, als Republikaner und Nachbarn dieser Insel schon lange Feinde derselben gewesen waren, und viele listige und übermütige Versuche gemacht hatten, sich der Insel zu bemächtigen, so konnten die Corsen, obgleich die Genueser durch eine unerwartete Folge von Zufällen ihre Beherrscher geworden waren, keine Hochachtung gegen sie hegen. Und wie man allzeit bemerkt hat, daß den fremden Untertanen einer kleinen Republik viel schlimmer begegnet wird, als den Untertanen eines großen Königreichs, so hatten sie Ursache, von Genua nichts anderes als eine offenbare Tyrannei zu erwarten.

Die Genueser aber, welche selbst in einem unbeständigen und gefährlichen Zustand waren, und den Beistand bald dieses, bald jenes mächtigen Staates suchten, begegneten den Corsen nicht mit derjenigen Leutseligkeit und Vertraulichkeit, wodurch sie sich allein ihrer Zuneigung und ihres Gehorsams hätten versichern können; wenn sie dieselben unbemerkt an der Kultur und Glückseligkeit des bürgerlichen Lebens hätten teilnehmen lassen, wären diese daran gewöhnt worden, die Genueser als ihre Nebenuntertanen und Freunde anzusehen.

Sie ergriffen aber eine ganz entgegengesetzte Methode, und ob sie gleich keine so verzweifelten Maßregeln, als die Karthager, brauchten, so war doch ihre Unterdrückung hart und schwer; und es war gar nicht ihrem System gemäß, die Corsen glücklicher und besser zu machen, sondern sie nur zu dem Ende in der Unwissenheit und niedrigsten Unterwürfigkeit zu erhalten, damit sie ihre Bemühungen zur Erlangung der Freiheit desto leichter vereiteln möchten. Daher entzogen sie auch der Insel alles, was sie nur möglicherweise bekommen konnten und hielten es für ratsamer, lieber weniger Vorteil bei der Tyrannei zu ziehen, als daß sie es wagten, den Einwohnern den Genuß ihrer Freiheit zu verstatten.

In einer so unglücklichen Verfassung war damals Corsica. Oft griffen die Einwohner zu den Waffen; da sie aber keinen Anführer hatten, so wurden sie bald wieder bezwungen. Und doch fürchteten sich die Genueser so sehr vor einer Empörung, daß sie, nach dem Zeugnisse ihres eigenen Geschichtschreibers Filippini, 120 von den besten Dörfern in Corsica abbrannten, da 4000 Mann von den Einwohnern die Insel verlassen hatten.

Was aber die genuesische Polizei in ihrem schlimmsten Lichte zeigte, und die zurückgebliebenen Corsen am meisten erbittern mußte, war dieses, daß viele von den Einwohnern der Insel, die sich auf das feste Land begeben hatten, sich in den meisten europäischen Staaten sowohl in der Gelehrsamkeit, als in den Waffen, ausnehmend hervortaten, und ansehnliche Ehrenstellen erhielten.

Doch gegen das Jahr 1550 lebte Corsica unter der Anführung eines großen Helden, der zur Befreiung seines Vaterlandes auftrat, von neuem wieder auf. Dieses war Sampiero di Bastelica. Er ließ schon in seiner Jugend außerordentliche Talente und einen großen Geist blicken, und genoß das vorzügliche Glück, in dem Hause des Kardinals Hyppolitus de Medicis, eines Enkels des Papstes Clemens des Siebten, erzogen zu werden. Er wurde zum Obristen der Corsen in Frankreich erklärt, und tat sich fast in allen großen Handlungen dieser Nation, die zu seiner Zeit geschahen, ausnehmend hervor.

Nach dem Tode des Königs Franz des Ersten ging er in

sein Vaterland zurück; heiratete daselbst die Vannina, die einzige Erbin des Hauses Ornano, eines der ältesten und reichsten Häuser des corsischen Adels; und wurde von der Zeit an gemeiniglich Sampiero di Ornano genannt.

Gerührt von dem elenden Zustande seiner Landsleute, entschloß er sich, ihnen Hilfe zu schaffen; und eine günstige Gelegenheit, die sich damals gleichsam von selbst anbot, mußte diesen Entschluß unterstützen.

Die Geschichte fängt hier an, sich uns von neuem zu eröffnen. Die trüben Wolken des Altertums und der Barbarei verschwinden, und wir fahren unter der Führung des berühmten Thuanus[49] bei hellem Licht sicher fort.

Frankreich hatte schon lange Ansprüche auf Genua gemacht; und nur durch die Schlacht von Pavia, da die Franzosen genötigt wurden Italien gänzlich zu verlassen, ward es verhindert, daß diese Ansprüche damals nicht konnten ausgeführt werden. Doch Heinrich der Zweite, der einen neuen Krieg in Italien wider den Kaiser, Karl den Fünften, angefangen hatte, faßte den Entschluß, sein Recht auf Corsica auszuführen. Sampiero di Ornano unterstützte dieses Vorhaben gar sehr, damit er Gelegenheit bekommen möchte, die Insel von einem Joche zu befreien, welches ihm nunmehr ganz unerträglich war.

Er stellte dem König Heinrich vor, daß ihm, da die Genueser sich mit dem Kaiser vereinigt hätten, der Zugang nach Italien zur See ganz abgeschnitten wäre. Hingegen könnte er sich, wenn er im Besitze von Corsica wäre, einen freien Weg durch das Mittelmeer bahnen, und zu gleicher Zeit diese Insel als einen bequemen Sammelplatz brauchen, und daselbst Truppen zu halten und Magazine anzulegen, damit er, nach Beschaffenheit der Sachen, von dort nach Neapel oder Toskana überschiffen könnte.

Es wurde daher im Jahre 1553 unter dem General Paul de Thermes und dem Sampiero di Ornano, und verschiedenen anderen geschickten Generalen, eine Landung auf Corsica unternommen. Heinrich hatte sich auch bei dieser Unter-

Sampiero di Bastelica.

nehmung mit den Türken verbunden, indem er ihren Kaiser Suleiman, den Prächtigen genannt, bewogen hatte, eine starke Flotte in die toskanische See zu schicken[50].

Die Genueser, welche damals die Insel Corsica der Aufsicht ihrer berühmten Bank des heiligen Georg übergeben hatten, suchten sich dieser Unternehmung aus allen Kräften zu widersetzen. Der große Andreas Doria, ob er gleich damals in seinem siebenundachtzigsten Jahre war, trotzte doch dem Alter und der Schwachheit, und weil Corsica ein wichtiger Gegenstand seines Vaterlandes war, so ging er noch als ein alter Held mit dem glorreichen Geiste seiner Jugend zu Schiffe, und übernahm das Kommando einer fürchterlichen Flotte.

Der Krieg wurde auf beiden Seiten mit vieler Hitze geführt. Zuerst wurden verschiedene von den besten Städten, insonderheit Ajaccio, durch die Franzosen und Türken eingenommen. An diesem letzten Orte waren vornehmlich viele Kaufleute, deren Reichtümer den Feinden gute Beute verschafften, und sie in den Stand setzten, die Unternehmung mit mehr Mut fortzusetzen. Die Corsen machten mit ihnen gemeinschaftliche Sache, und der größte Teil der Insel war beinahe schon gänzlich von den Tyrannen befreit.

Allein, die Genueser wurden durch den tapferen Doria so wohl angeführt, und hatten überdies von Karl dem Fünften, der ihnen sowohl spanische als deutsche Truppen schickte, so viel Hilfe, daß die Unternehmung nicht ganz vonstatten ging.

Es sind während dieses Krieges so viele große Taten verrichtet worden, daß ich, durch die Betrachtung derselben angefeuert, fast in die Versuchung gerate, die engen Grenzen meines Plans und meiner Fähigkeit zu vergessen, und die Person eines Geschichtsschreibers anzunehmen. Ich hoffe, es werde noch einmal ein Livius oder ein Clarendon aufstehen und der Nachkommenschaft die corsische Tapferkeit in dem Glanze, den sie verdient, vorstellen.

Die Corsen waren nunmehr wider die Genueser so sehr erbittert, daß sie sich entschlossen, sich lieber unter den Schutz der Türken zu begeben, als unter die Herrschaft der Republik zurückzukehren. Doch endlich wurde zwischen den Corsen und Genuesern ein Friedenstrakt geschlossen, der für die Ersteren sehr vorteilhaft und anständig war, und von Seiner Allerchristlichsten Majestät selbst garantiert wurde. Da aber der Haß zwischen diesen zwei Nationen so eingewurzelt und groß war, so dauerte auch dieser Friede nicht lange, und die Unterdrückung ward bei Heinrichs Tode in Corsica ebenso heftig wie zuvor.

Da also Sampiero di Ornano, der wieder auf einige Zeit in Frankreich gewesen war, den König, seinen Herrn, verloren hatte, so wendete er sich selbst an die Osmanische Pforte, und suchte bei derselben für seine unglückliche Nation um neuen Beistand an. Allein, die Lage der Sachen hatte sich geändert. Die politischen Absichten waren nicht mehr die vorigen; und es gehört fast ein Wunder dazu, wenn Staaten durch Grundsätze der Tugend und Großmut sollen bewogen werden. Dieser tapfere Mann, der zu Konstantinopel nichts ausrichten konnte, ging nach Corsica zurück, woselbst seine Gegenwart den Einwohnern der Insel Mut einflößte und eine allgemeine Empörung verursachte.

Sampiero ruft die Korsen zum Widerstand auf.

Er setzte seine glorreiche Unternehmung mit vielem Glück fort, und zwar umso viel mehr, da er jetzt ohne fremden Beistand eben nicht fürchterlich zu sein schien, und die Republik wenige Anstalten gegen ihn vorkehrte. Allein, er wurde mitten in seiner rühmlichen Laufbahn durch die Verräter der Genueser aufgehalten, da sie ihn niederträchtigerweise durch einen gottlosen Menschen, mit Namen Vitolli[51], im Jahr 1567 ermorden ließen.

So fiel Sampiero di Ornano, ein Corse, der unter die größten Helden gesetzt zu werden verdient. Er zeigte seinen Mut und Treue in fremden Diensten; und bemühte sich mit unermüdeter Standhaftigkeit, die Freiheit seines Vaterlandes wiederherzustellen. Thuanus nennt ihn „einen im Kriege unverdrossenen und unüberwindlichen Mann“.[52] Die Flecken, welche vielleicht noch in seiner Privataufführung sind, müssen bei der Bewunderung seiner öffentlichen Tugenden vergessen werden. Sein Sohn Alphonso, und sein Enkel Johann Baptista, gelangten beide zu der Würde eines Marschalls von Frankreich, mit welchen auch seine Nachkommenschaft aufhörte.

Alphonso di Ornano, der an dem Hofe Heinrichs des Zweiten erzogen war, unterhielt zwar noch auf eine kurze Zeit den patriotischen Streit; da er aber zu unvermögend war, der Republik die Spitze zu bieten, so begab er sich aus der Insel hinweg und ließ sich in Frankreich nieder.

Auf diese Weise waren die Genueser wieder im Besitz von Corsica. Entrüstet über das, was sie bei einer verwegenen Rebellion, wie sie es nannten, gelitten hatten, und noch voll Furcht wegen eines neuen Aufstandes, dachten sie nur daran, wie sie sich an den Corsen rächen könnten, und suchten dieses Volk nur immer tiefer in die Unwissenheit und Sklaverei zu stürzen.

Ihre Unterdrückung ward jetzt schlimmer als zuvor. Sie waren von brennender Rache erhitzt, und ihre Grausamkeit wurde nunmehr eine Art von einem ordentlichen System. Sie vergaßen den billigen Vergleich, den Frankreich errichtet hatte, und übten ungescheut die äußerste Strenge einer willkürlichen Macht aus. Sie ließen nichts von der Insel an einen anderen Ort, als nach Genua, ausführen, so daß die Corsen aus Not gezwungen waren, ihre Waren zu einem sehr niedrigen Preis zu verkaufen, und in Jahren der Teuerung wurde die Insel durch eine Art von gesetzmäßiger Plünderung ihres Vorrats dergestalt beraubt, daß oft eine wirkliche Hungersnot darüber in Corsica entstand.

Die Genueser taten alles, was in ihrem Vermögen war, innerliche Uneinigkeit in Corsica zu erregen, wozu das Volk von Natur ohnedies nur allzu geneigt war. Diese Uneinigkeiten verursachten oft das schrecklichste Blutbad. Man rechnet, daß nicht weniger als siebzehnhundert Corsen, in einer Zeit von zwei Jahren, sind ermordet worden. Der Meuchelmord war erstlich eine gewisse Ursache des Hasses unter den Corsen; und oft unter ihren besten Familien, so daß sie sich gewiß in keine Unternehmung zum Besten der allgemeinen Freiheit einließen; ferner konnte man sie deswegen auch auf eine sehr gute Art zur Rechenschaft fordern, wenn man entweder die Güter der Meuchelmörder einzog, oder wenn die Verbrecher dem Richter schwere Strafen, als Vergütungen, bezahlen mußten.

Hintergründe der korsischen Vendetta.

Das Fehlen einer anerkannten öffentlichen Justiz war sicherlich eine der Hauptursachen der korsischen Vendetta. Es darf aber nicht unerwähnt bleiben, daß gerade die korsischen Frauen zu den Haupttriebkräften einer über Generationen dauernden Fortführung dieser blutigen Familienfehden zählten: In der obigen Abbildung läßt die Witwe eines Ermordeten ihre Söhne vor dessen blutbefleckten Kleidern Rache schwören. Im Begleittext wird betont, daß der Mörder „von den Genuesern geschützt" werde. Erst Pascal Paoli gelang es, der Vendetta durch eine funktionierende Gerichtsbarkeit den Boden zu entziehen (vgl. weiter unten).

Der Richter konnte den Lauf der Gerechtigkeit durch das *„non procedatur“* („Niederschlagung des Verfahrens“ – Ü. d. Hrsg.) aufhalten, welches leicht unter dem Vorwande eines Mangels in der Formalität geschehen konnte; oder er konnte auch selbst die gröbtsten Verbrecher nach seiner Willkür durch das, was man *„ex informata conscientia“* („nach wohlunterrichtetem Gewissen“ – Ü. d. Hrsg.) nennt, loslassen, wovon er keine Rechnung zu geben brauchte; und es geschah erst im Jahre 1738, daß Genua wider diesen schrecklichen Mißbrauch eine Verordnung ergehen ließ.

Der Herr von Montesquieu schreibt hierüber mit dem gelassenen Anstande, wie es sich für einen so großen Meister geziemt, also: „Eine italienische Republik hielt zwar die Einwohner einer Insel unter ihrem Gehorsam; aber ihr politisches und bürgerliches Recht gegen sie war sehr schlecht. Man erinnert sich noch derjenigen Amnestie, nach welcher sie nicht mehr auf das wohlunterrichtete Gewissen des Gouverneurs zu Leibesstrafen sollten verdammt werden. Man

Montesquieu (1689 – 1755)

Begründer der Gewaltenteilungslehre und damit des Verfassungs- und Rechtsstaates. Er übte auf Paoli großen Einfluß aus (vgl. Einleitung des Herausgebers).
(Entnommen aus: P. Noack: Was ist Politik? München 1973, S. 63)

hat oft gesehen, daß ein Volk Freiheiten verlangt; hier aber gefällt es dem Fürsten, das Recht aller Nationen zu verleihen."[53]

Während dieser Unterdrückung war es sehr gewöhnlich, eine Menge Menschen, geringer Verbrechen wegen, zu den Galeeren zu verdammen, damit sie ihre Freiheit sehr teuer erkaufen möchten; und man kann sich kaum eine größere Grausamkeit vorstellen, als diejenige war, welche die armen Corsen nunmehr ausstehen mußten.

Die Genueser schickten einen Generalkommissar nach Corsica, der zugleich zwei Jahre lang Gouverneur über die ganze Insel war. Er war gemeiniglich ein Edelmann von schlechtem Vermögen, der aber durch schändliche Erpressungen als ein reicher Herr wieder zurückkam und es durch sein Ansehen im Senate zu verhindern wußte, daß man seine Aufführung nicht untersuchte. Und obgleich die unglücklichen Corsen bei der Republik viele Klagen anbrachten, so wurden sie doch gleich unterdrückt; welches auch nicht schwer war, da man die Corsen schon für so unruhig und treulos hielt, daß ihnen keine Regierung anständig wäre; und überdies ein jeder Senator, der seine Stimme geben mußte, nicht wissen konnte, ob er nicht ebenfalls einmal wegen solcher Ausschweifungen würde genötigt sein, seine Zuflucht zu diesem Mittel zu nehmen.

Der Generalkommissar hatte seine Residenz zu Bastia. Es waren auch andere Kommissare zu Calvi, Ajaccio und Bonifacio, ingleichen Leutnants und Unterbediente über die ganze Insel gesetzt, die alle in ihren Posten etwas beitrugen, das Land zu berauben und zugrundezurichten; und die sich bei einer niederträchtigen Sicherheit freuten, daß Corsica, da es in einem Winkel von Europa liege, auch von niemand geachtet würde, und ihr ungerechtes Verfahren der Welt unbekannt bliebe.

Während der Zeit, da die Genueser diese Insel auf eine

geheime und grausame Art unterdrückten, ereignete sich ein merkwürdiger Zufall, wodurch die Errichtung einer neuen Kolonie in Corsica veranlaßt wurde; wovon ich jetzt einige Nachricht erteilen will.

Nachdem Mohammed und seine Nachfolger fast das ganze alte Griechenland unterdrückt hatten, und Skanderbeg, der sein Vaterland so rühmlich verteidigt hatte, nunmehr tot war, so blieben noch wenige tapfere Seelen zurück, die einen Teil des alten Peloponnes oder des jetzigen Königreichs Morea bewohnten. Dieser Teil, den man ein Stück von Mani nennt, war eben die Gegend, wo ehemals Lakedämon gestanden hatte.

Hier, umgeben mit unersteiglichen Bergen, die nur einige schmale Eingänge haben, widerstanden sie dem osmanischen Reiche, wie ehemals Leonidas den Millionen des Xerxes widerstand.

Da aber die Türken im Jahre 1669 die Insel Candia einnahmen, so kamen sie zu Wasser und machten eine Landung auf Mani, drangen in das Innerste des Landes ein, und wurden bald Herren davon; so daß die unglücklichen Nachkommen der Spartaner in einen solchen Zustand, der wenig besser als Sklaverei war, versetzt wurden. Man legte ihnen ungeheure Abgaben auf; ihre schönsten Frauenzimmer wurden in das Serail weggeführt; man baute in verschiedenen Gegenden des Landes feste Türme, wo Truppen hineingelegt wurden, um die Einwohner im Zaum zu halten; so daß sie keine Hoffnung zur Befreiung übrigbehielten. Sie ließen nach und nach allen Mut sinken, und viele von ihnen nahmen den türkischen Glauben an.

Doch wurde noch ein Funken des alten Feuers unter denen erhalten, die zu Porto Vitilo wohnten, welche, da sie keine Hoffnung einer Besserung in ihrem unterdrückten Vaterlande sahen, den Entschluß faßten, es insgesamt zu verlassen und irgendwo eine andere Wohnung zu suchen. In dieser Absicht schickten sie solche Abgeordneten nach Italien, die einige Bekanntschaft mit verschiedenen Staaten daselbst hatten, und denen der ganze Haufen aufgetragen hatte, ein bequemes Land für sie auszusuchen, und die Bedingung eines Vergleiches festzusetzen.

Die Genueser schickten sie nach Corsica, wo ihnen ein Strich Landes an der westlichen Seite der Insel, drei Meilen von der See, angewiesen wurde, welcher der Staatskammer zugehörte. Die Abgeordneten waren damit sehr wohl zufrieden und ließen sich deswegen, bei ihrer Rückkunft in Genua, in einen Vergleich mit der Republik ein. Sie gingen hierauf nach Griechenland zurück; und, da sie ihren Landsleuten Bericht abgestattet hatten, wurde der Plan gebilligt, und im Monat Oktober 1676 gingen diese traurigen Überbleibsel der Griechen, ungefähr tausend Seelen, zu Schiffe. Die Familie der Stefanopoli war die angesehenste unter ihnen und hatte die Anführung des ganzen Haufens.

Sie kamen im Monat Januar 1677 zu Genua an, wo sie bis in den Monat März blieben. Die Republik bezahlte alle

Die beiden Hauptsiedlungen der griechischen Kolonisten: Cargèse (links unten) und Paomia (Bergdorf). In Cargèse gibt es bis heute eine griechisch-orthodoxe Gemeinde mit eigener Kirche.

Unkosten ihrer Fracht und gab ihnen so lange Wohnung und Unterhalt, bis sie glücklich in Corsica anlandeten.

Die Hauptpunkte des getroffenen Vergleichs bestanden darin, daß die Genueser den Griechen die Ländereien von Paomia, Ruvida und Salogna als beständige Lehen überließen. Sie versorgten sie überdies mit Häusern, Getreide und Vieh von aller Art und machten sich anheischig, ein Korps genuesischer Soldaten zu unterhalten, um sie in den ersten Jahren ihrer Niederlassung wider alle gewaltsamen Anfälle zu verteidigen. Sie setzten auch einen genuesischen Herrn, unter dem Titel eines Direktors, als Richter über sie, dessen Amt zwei Jahre dauerte, so daß es der Reihe nach unter dem genuesischen Adel abwechseln sollte. Sie verwilligten ferner auf Unkosten der Republik einen Vikar, der in der griechischen Sprache erfahren wäre, zu unterhalten, der ihre Kinder in den Wissenschaften unterrichten, zu gleicher Zeit Messe lesen und in der Kapelle des Direktors predigen sollte.

Auf der anderen Seite versprachen die Griechen das Land anzubauen und soviel möglich die Schulden, die sie bei der Republik wegen der Versorgung mit den notwendigsten Bedürfnissen im Anfange ihrer Kolonie machen würden, zu bezahlen. Sie machten sich ferner anheischig, der Republik außer einem Zehnten von allen ihren Produkten noch eine Abgabe von fünf Livres für jede Familie zu bezahlen und der Republik zu Wasser und zu Lande zu dienen, wenn man ihre Dienste verlangen würde.

Auf solche Weise wurde diese Kolonie errichtet. Sie hatte die freie Ausübung ihrer Religion nach den Gebräuchen der griechischen Kirche, da sie den Bischof von Porto Vitilo mit sich gebracht hatten.

Sie hatten auch einige Mönche von dem Orden des heiligen Basilius, als des einzigen in ihrer Kirche, mit sich geführt, die in einem rauhen und wilden Tale ein Kloster anlegten. Allein die Genueser waren mit diesen Religiösen nicht zufrieden, und ließen in kurzer Zeit ihr Kloster schließen.

Die Griechen lebten viele Jahre lang ruhig und glücklich. Durch ihren Fleiß und Arbeitsamkeit verschönerten und bereicherten sie ihre Besitzungen, bauten sehr gute Häuser, und verfertigten alles in einem Geschmacke, der in Corsica ganz neu war.

Trachten der griechischen Kolonisten von Paomia.

Allein ihre Nachbarn, die Eingeborenen der Insel, lebten in keiner guten Harmonie mit ihnen. Vielleicht hatte der Neid hierbei einigen Anteil; indem ihr Wein, ihre Oliven und ihre Herden, wegen ihrer angewandten Sorgfalt und Einsicht, die corsischen weit übertrafen. Überdies sahen die Einwohner der Insel die Griechen als Hilfsvölker der Genueser an, denen sie von Zeit zu Zeit den Eid der Treue leisteten, und zu ihrem Beistand allzeit bereit waren. Sie wußten auch, daß die Griechen sehr wohl mit Waffen versehen waren; und daher fielen zwischen ihnen und den Landleuten der Provinz Vico, wovon ihre Ländereien ehemals einen Teil ausgemacht hatten, oft hitzige Scharmützel vor. Ja im Jahr 1729 wurden die Griechen bei dem Aufstande der corsischen Nation wider die Genueser heftig angegriffen, und mußten sich in vielen hitzigen Treffen mit großer Tapferkeit verteidigen. Die Genueser errichteten von ihnen drei reguläre Kompanien, die sie in Sold nahmen und allzeit bei den schwersten Unternehmungen brauchten. Sie wurden insonderheit abgeschickt, den Patrioten die Festung Corte wieder abzunehmen, bei welcher Gelegenheit sie gänzlich geschlagen und viele von ihnen getötet wurden.

Endlich wurden die Griechen nach verschiedenen Kriegen, die ich hier der Kürze wegen nicht erzählen kann, genötigt, ihre Besitzungen zu verlassen und sich nach Ajaccio zu begeben, wo sie sich noch durch ihre Arbeit auf eine erträgliche Art forthelfen. Sie sind nunmehr auch von der Grausamkeit der Genueser genügsam überzeugt, und warten mit Ungeduld auf ihre gänzliche Vertreibung von der Insel, und hoffen bloß von der Großmut des Paoli und der Corsen denjenigen Schutz, welchen sie verdienen.

Diese Kolonisten sind allzeit mäßig, tugendhaft und fleißig gewesen; und wenn sie auch gegen die Nation feindlich gehandelt haben, so ist es gewiß aus einem guten Grunde geschehen, nämlich aus Treue, die sie einer Republik schuldig waren, welche ihnen eine Freistatt vergönnt hatte; und welche Treue sie gewiß allzeit würden beibehalten haben, wofern sie nicht die Republik in der allgemeinen Unterdrükkung eingeschlossen hätte. Ich muß noch von dieser Kolonie bemerken, daß sie die Ehre gehabt hat, einen vortrefflichen Arzt, den Herrn Stefanopoli, zu zeugen, welcher als der erste es durch seine Einsicht und Mut dahin gebracht hat, daß die Inokulation der Blattern in Corsica ist eingeführt worden, wodurch er viele Tausend am Leben erhält, und deswegen als ein ausnehmender Wohltäter des Staates mit Recht anzusehen ist.

Lange verachtet, beraubt und unterdrückt, lebten die Corsen im Jahr 1709 wieder auf, da der Krieg anfing, der wenige

Zeit unterbrochen bis jetzt gedauert hat und nach so vielen Abwechslungen des Glücks, wahrscheinlicherweise, ein fester Grund der corsischen Freiheit sein wird. Es ist wunderbar zu sehen, wie viele große Begebenheiten durch kleine Ursachen erfolgen. Ein kürzlich verstorbener Schriftsteller[54] hat uns eine lehrreiche Sammlung solcher Beispiele aus der Geschichte verschiedener Nationen geliefert. Der Aufstand der Corsen im Jahr 1729 wurde durch einen einzelnen Paolo[55] verursacht. Ein genuesischer Einnehmer ging in das Haus einer armen alten Frau und verlangte diese geringe Summe, als das Geld, welches sie für ihre Schatzung erlegen sollte. Sie hatte in der äußersten Dürftigkeit nichts, um diese Forderung zu befriedigen. Der Einnehmer fing hierauf an, sie zu mißhandeln, und etwas von ihrem Hausrat wegzunehmen. Sie bat ihn, Geduld zu haben, und sagte, daß sie in wenigen Tagen imstande zu sein hoffte, ihn zu bezahlen. Er beharrte auf seiner strengen Forderung, und die arme Frau erhob ein großes Geschrei. Zwei oder drei Leute hörten den Lärm; gingen in das Haus, nahmen die Frau zu sich, und schrien über die Grausamkeit des Einnehmers. Er drohte ihnen mit Strafen, weil sie ihn in der Ausübung seines Amtes gehindert hätten. Dieses erbitterte die Einwohner des Dorfes so sehr, daß sie ihn mit Steinen wegjagten. Die Genueser schickten Truppen ab, ihren Einnehmer zu unterstützen, und die Corsen versammelten sich in großen Haufen, sich zu wehren. Der Lärm nahm immer zu. Ein Funken war hinreichend, bei einem Volke das edelmütige Feuer anzuzünden, welches schon so oft mit der heftigsten Begierde zur Freiheit geglüht hatte; und in kurzer Zeit war die ganze Insel in Bewegung.

Die Corsen überfielen sogleich die Hauptstadt, welche sie fast ohne Widerstand einnahmen; und gewiß, auch die Festung Corte würde in ihre Gewalt gekommen sein, wenn sie ein wenig bessere Ordnung unter sich gehalten hätten.

Sie sahen nunmehr ein, daß es nötig wäre, sich unter die Anführung gewisser Häupter zu begeben. Sie erwählten daher den Herren Andreas Ceccaldi, einen vom höchsten Adel im Königreiche, und den Herren Ludwig Giafferi, der zwar nicht vom ersten Range, aber von zahlreicher Verwandtschaft war; ein Kopf, der im höchsten Grade wider die Republik eingenommen war und die standhafteste Entschließung gefaßt hatte. Diesen beiden wurde noch der Herr Domenico Raffalli, ein würdiger und gelehrter Geistlicher, als ein Justizpräsident beigefügt, damit er durch seine Weisheit die Ordnung in der Staatsverwaltung erhalten, und durch seine Religion die Hitze ihrer Maßregeln nach den Gründen des Gewissens mäßigen möchte.

Ceccaldi

Giafferi

Die Genueser bemühten sich anfänglich, die Corsen durch die bloße Macht ihrer Republik zu überwinden. Da sie aber fanden, daß sie hierzu ganz unvermögend wären, indem die Corsen sich täglich vermehrten, die kleinen Verstärkungen der genuesischen Truppen in Stücke hieben, und sich dadurch mit mehreren Waffen versahen, so ward die Republik in die Notwendigkeit gesetzt, fremde Hilfe zu suchen.

Sie wendeten sich deswegen an den Kaiser Karl den Sechsten, der auch unter dem Kommando des Generals Wachtendonk Hilfstruppen nach Corsica schickte. Diese bemächtigten sich zwar der Insel, sie waren aber doch nicht stark genug, sie völlig zu überwinden; sie lieferten beständig kleine Treffen mit den Corsen, welch letztere in einer Schlacht 1 200 Mann von ihnen töteten. Der Kaiser schickte hierauf unter dem Prinzen von Württemberg eine starke Armee deutscher Truppen dahin. Die Corsen waren nicht imstande, einer solchen Macht zu widerstehen. Sie legten ihre Waffen unter der Bedingung nieder, daß ein Friede zwischen ihnen und den Genuesern unter der Garantie des Kaisers sollte geschlossen werden.

Die Republik nahm diesen Vergleich an, und die Corsen willigten darein, daß ihre drei Oberhäupter, nebst dem Herrn Aitelli, einem Pievan von großem Ansehen, nach Genua als Geiseln abgehen sollten.

Diese wurden auch sogleich dahin abgeführt, indem sie keine Verletzung des Versprechens befürchteten, welches man ihnen wegen ihrer Sicherheit getan hatte. Die Ligurier waren desungeachtet geneigt, sie ums Leben zu bringen, und ihr Minister zu Wien hatte bereits die Einwilligung des Kaisers erhalten. Doch der Prinz von Württemberg, welcher hernach in der Schlacht bei Guastalla ums Leben kam, ein sehr tapferer und braver Prinz, schickte einen Kurier an den Kaiser mit einem sehr beweglichen Schreiben, worin er vorstellte, wie sehr die Ehre des Kaisers darunter leiden würde, wenn er in den Tod derer willigte, die sich auf das Wort seines geheiligten Schutzes ergeben hätten. Eben dieses wurde durch den edelmütigen Vorspruch des großen Prinzen Eugen von Savoyen unterstützt, und man schickte sogleich Verhaltungsbefehle nach Genua, die Geiseln auf freien Fuß zu stellen. Giafferi und Aitelli gingen beide nach Corsica. Ceccaldi begab sich nach Spanien, wo er als Obrist starb. Raffalli wendete sich nach Rom, wo er bis in sein hohes Alter blieb. Er kehrte endlich, um sein Leben in seinem Vaterlande zu beschließen, nach Corsica zurück, wo er noch lebt und sehr hoch geschätzt wird.

Da der Friede, welchen die Corsen mit den Genuesen

förmlich geschlossen hatten, durch die letzteren gebrochen wurde, so dauerte der Waffenstillstand auch nur kurze Zeit, und im Jahr 1734 erregten die Corsen einen neuen Aufstand. Giafferi wurde aufs neue zum General erwählt, und erhielt den Herrn Hyacinto Paoli, den Vater des jetzigen Generals, zu seinem Gehilfen.

Hyacinto Paoli.

Hyacinto Paoli war ein corsischer Edelmann von guter Familie; allein sein Verdienst erwarb ihm mehr Achtung als seine Geburt. Er war ein sehr gelehrter, frommer und tapferer Mann, und besaß alle Eigenschaften, seinem Vaterlande sowohl im Frieden als im Kriege zu dienen. Diese Oberhäupter hatten verschiedene Justizpräsidenten, die bald nacheinander erwählt wurden, zu ihrem Beistande.

Die Genueser hatten in den ehemaligen Schlachten ihre Siege teuer bezahlen müssen. Man rechnet, daß es ihnen außer den kostbaren Geschenken an den Prinzen von Württemberg und an die anderen Generale, über dreißig Millionen Livres gekostet hat.

Der Marquis d'Argens eignet auf eine sehr lustige Art den Genuesern zu, was in der französischen Fabel von einem Gärtner steht, der sich gegen einen Herrn in der Nachbarschaft beklagte, daß ein Hase täglich in seinen Garten käme und ihm seinen Kohl abfräße; und den Herrn zugleich bat, daß er so gut sein und den Hasen für ihn heraustreiben möchte. Der Herr kam hierauf mit einer Menge von Jagdhunden und einem halben Dutzend Jägern, und richtete in fünf Stunden mehr Schaden an, als der Hase in sieben Jahren nicht würde getan haben. Nach einer langen und erstaunlichen Jagd entwischte endlich doch der Hase durch ein Loch, welches in der Mauer war. Hierauf wünschte der Herr dem Gärtner Glück dazu, daß er von seinem Feinde befreit sei, und gab ihm den Rat, das Loch künftig zuzustopfen. Ebenso ergeht es den Genuesern, denen die fremden Hilfstruppen viel mehr kosten, als sie jemals aus Corsica ziehen können, und bei dem Abzuge dieser Hilfsvölker doch mit Wehmut sehen müssen, daß sie noch eben daselbst sind, wo sie vorher gewesen waren.

Die Republik Genua versuchte aufs neue Stärke gegen Corsica; sie zeigte aber bloß ihre Schwäche und schlechte Staatskunst. So sehr war sie jetzt aus dem glücklichen Zustande gefallen, der ehemals ihren Einfluß so weit ausgebreitet hatte. Genua wurde damals unglücklicherweise schlecht regiert. Man erzählt, daß der Senat bei der Rebellion, die zu verschiedenen Malen in der Stadt Savona ausgebrochen war, beratschlagt habe, ob es nicht am besten sei, diese Stadt ganz zu zerstören; worauf ein kluger Senator aus der Familie Doria aufgestanden sei und gesagt habe: „Wenn dieses ihre Meinung ist, meine Herren, so dürfen sie nur solche Gouverneure, wie die letzteren gewesen sind, dahin schicken; sie können kein besseres Mittel treffen."

Die Corsen ließen hierbei aufs neue ihren Entschluß in der Verteidigung der Freiheit blicken. Sie wurden wohl angeführt, und hatten viele glückliche Vorfälle mit den Genuesern.

Ihr edler Eifer dauerte immer noch fort, und es waren noch, ungeachtet vieler unglücklicher Trennungen unter sich selbst, in verschiedenen Gegenden der Insel unerschrockene Haufen, die durch das Beispiel heldenmütiger Anführer stets angefeuert und belebt wurden.

Ich muß hier etwas von dem Grafen Domenico Rivarola bemerken. Seine Familie war eine Linie von dem Hause Rossi in Parma, einem der ältesten und berühmtesten Häuser des italienischen Adels. Einer von seinen Vorfahren hatte das Lehen Rivarola, in dem Gebiete von Mantua, wegen der Kriege zwischen dem Kaiser und der Gräfin Mathilde verlassen, und sich in dem genuesischen Staate niedergelassen, woselbst er den Namen Rossi aufgab, und sich lieber von Rivarola nannte. Diese Familie Rivarola breitete sich sehr weit aus. Im fünfzehnten Jahrhundert wurde Franziskus Rivarola, von dem Kaiser Maximilian, wegen seiner vielen und treuen Dienste zu der Würde eines Pfalzgrafen erhoben; von welcher Zeit an dieser Titel beständig bei der Familie geblieben ist. Verschiedene Nachkommen dieses Rivarola setzten sich in Spanien, Sizilien und Sardinien fest; und drei davon ließen sich in Corsica an drei Orten, als zu Calvi, Ajaccio und Bastia nieder; von welchem letzteren Orte der Graf Domenico Rivarola Bevollmächtigter war.

Dieser Herr besaß die Ländereien von Chiaveri, an dem Meere von Genua. Er wurde als ein Freund der Republik angesehen, und man vertraute ihm das Amt eines Kommissars in Balagna; welches eine sonderbare Ehre für einen Grafen war.

Er bemühte sich damals, einen anständigen Vergleich zwischen den Corsen und Genuesern zu stiften; welches aber fruchtlos ablief, und ihn nur noch mehr überzeugte, daß die Republik entschlossen sei, in ihrer Tyrannei zu beharren. Er nahm daher die patriotische Partei an, und war nachmals der standhafteste und eifrigste Verteidiger der Freiheit. Er verließ die Insel und ging nach Livorno, damit er völlige Freiheit haben möchte, zum Besten seines Vaterlandes auf dem festen Lande etwas auszurichten.

Die Genueser zogen sogleich seine Güter zu Chiaveri ein. Er hatte noch andere Ländereien und Güter zu Oletta in Corsica, auf welche er seine Familie von Bastia ziehen ließ. Allein, er mußte bald eine harte Probe seiner Standhaftigkeit ablegen. Denn in ebendem Jahre ging sein Sohn Antonio, der auf der Akademie zu Siena studierte, nach Hause, um seinen Bruder Nicolaus mit sich zu bringen. Da sie aber nach

Livorno, in einem kleinen toskanischen Fahrzeuge, mit einem englischen Passe versehen, hinüberschiffen wollten, wurden sie von der Republik weggenommen und nach Genua geführt, wo man sie ins Gefängnis legte.

Die Republik glaubte, daß dieses den Grafen Domenico, den Vater, gewiß abhalten würde, es ferner mit den Patrioten zu halten. Sie boten ihm an, ihm seine Güter wiederzugeben, seine Söhne loszulassen, und ihn zum General der corsischen Truppen in ihrem Dienste zu machen, wenn er auf ihre Seite treten wollte. Allein, er antwortete hierauf mit vieler Standhaftigkeit und Großmut: „Sie sollen mir meine Söhne schon wieder zurückgeben, sie mögen wollen oder nicht; und ich achte alle ihre übrigen Anerbietungen für nichts gegen die gerechte Unternehmung, in welche ich mich eingelassen habe, und in welcher ich bis an mein Ende beharren will." Solche Beispiele patriotischer Gesinnungen verdienen angemerkt zu werden. Die Jahrbücher von Corsica können viele von dieser Art aufweisen.

Da die österreichischen Truppen Genua besetzten, so wurden die jungen Grafen Rivarola in Freiheit gesetzt. Der Graf Antonio, der älteste, mein sehr guter Freund, ist ein Major in dem Dienste des Königs von Sardinien, und Generalkonsul dieses Monarchen in Toskana. Der Graf Nikolaus, der jüngere, lebt zu Oletta, in Corsica; er ist aber von einer so schwächlichen Leibesbeschaffenheit, daß er seinem Vaterlande nicht so dienen kann, wie er es gern wünschte. Beide Brüder haben den Geist ihres Vaters.

Der Graf Domenico Rivarola bekam ein Regiment in sardischen Diensten, und bewirkte durch sein Ansehen zu Turin eine solche Hilfe, daß er würde imstande gewesen sein, sein Vaterland gänzlich zu befreien, wenn nicht das Haus Matra, in Corsica, zuwider gewesen wäre, so es mit der Republik hielt und Ansehen genug hatte, sich auf der Insel einen starken Anhang zu machen.

Unterdessen wurde der corsische Krieg mutig fortgesetzt.

Zuweilen hoffte man, daß der König von Spanien sich auf die eine oder andere Seite wenden würde. Allein, dieser König fand nicht für gut, sich in diesen Handel zu mischen. Er sah ohne Zweifel voraus, daß es ihn nur in eine Streitigkeit mit Frankreich verwickeln würde.

Da die Genueser und die Corsen auf solche Weise hitzig gegeneinander fochten, und die europäischen Staatskundigen verschiedene Mutmaßungen hegten, so ereignete sich, zu jedermanns Erstaunen, eine ganz außerordentliche Begebenheit. Dieses war die Erscheinung des Theodors, dessen sonderbare Geschichte so viel Aufsehen gemacht hat.

Da man bisher von diesem Manne so viele falsche Erzählungen verbreitet hat, so habe ich mir viel Mühe gegeben, die zuverlässigsten Nachrichten, die ihn betreffen, zu erhalten, welche ohne Zweifel meinen Lesern sehr angenehm sein werden.

Theodor, Baron von Neuhof, aus der Grafschaft Mark, in Westfalen, war die große Person, welche nach der Oberherrschaft von Corsica strebte. Er war im französischen Dienste erzogen, und ging nachher nach Spanien, woselbst er von dem Herzog von Riperda, und dem Kardinal Alberoni, mit vieler Achtung aufgenommen wurde. Allein, da er von einer sehr unschlüssigen und unruhigen Gemütsneigung war, so verließ er Spanien und reiste nach Italien, England und Holland, in der Absicht, überall neue Abenteuer auszuführen. Zuletzt richtete er seine Aufmerksamkeit auf Corsica, und machte sich einen Plan, wie er daselbst König werden könnte.

Er war ein Mann von vieler Einsicht und Geschicklichkeit. Daher, als er sich von allem, was diese Insel anging, völlig unterrichtet hatte; so ging er nach Tunis, woselbst er Mittel fand, sich Geld und Waffen zu verschaffen. Er kam hierauf nach Livorno, woselbst er einen Brief an die corsischen Oberhäupter Giafferi und Paoli schrieb, und der Nation

Theodor von Neuhof als König von Korsika (Aus: G. d'Angelis/ D. Giorgi: Guide de la Corse mystérieuse. Paris 1968, S. 87).

einen wichtigen Beistand versprach, wenn sie ihn zu ihrem Monarchen erwählen wollten.

Dieser Brief war an den Grafen Domenico Rivarola gerichtet, der damals als corsischer Bevollmächtigter in Toskana war. Er antwortete ihm, daß ihn die Corsen, wenn er ihnen die versprochene Hilfe leistete, gern zu ihrem König machen würden.

Hierauf ging er ohne Zeitverlust zu Schiffe, und kam im Frühling 1736 zu Tavagna an. Er war ein Mann von einer sehr schönen Gestalt, welche durch die türkische Kleidung, die er trug, noch ein größeres Ansehen erhielt. Er hatte wenige Bediente bei sich. Sein ganzes Betragen war so einnehmend, und sein Anerbieten so scheinbar, daß er zum Könige von Corsica ausgerufen wurde, ehe noch die Briefe des Grafen Rivarola anlangten, worin er den Oberhäuptern die Bedingungen anzeigte, auf welche er in sein Anerbieten gewilligt hätte. Er brachte, außer einigen Waffen und anderem Kriegsvorrat, über tausend Dukaten mit sich von Tunis, und redete so viel von einer fremden Hilfe, daß die Corsen, die sich ohnedies nach einer Unterstützung sehnten, gern in seine Vorschläge willigten; zumal da ihnen hieraus kein großer Schaden erwachsen konnte, daß sie einem Manne den Titel eines Königs beilegten, dessen Macht sie allzeit, nach Beschaffenheit der Umstände, wieder einschränken konnten.

Theodor nahm ein jedes Zeichen der königlichen Würde an. Er hatte seine Leibwache und seine Staatsminister. Er teilte Ehrentitel aus und ließ sowohl silberne als auch kupferne Münzen schlagen. Doch war die Anzahl der Silberstücke sehr gering, so daß man jetzt schwerlich einige mehr bekommen kann. Ich besitze eine von seinen Kupfermünzen, wo auf der einen Seite davon : *T. R. (Theodorus Rex),* nebst einem doppelten Balken kreuzweis gelegt, mit der Aufschrift: *Pro bono publico Re. Co.* (Regni Corsicae), auf der anderen Seite aber der bestimmte Wert des Stücks, nämlich *cinque Soldi,* zu sehen ist. Man war damals in ganz Europa so neugierig, die Münzen des Königs Theodor zu sehen, daß man für ein Stück von seinen Silbermünzen wohl vier Dukaten bezahlte. Ja es wurden bald darauf die zu Neapel nachgemachten Münzen, als die echten nicht mehr zu haben waren, wie die nachgemachten Antiken, zu einem hohen Preise gekauft und sorgfältig in den Kabinetten der Münzliebhaber aufbehalten.

Theodor fing sogleich an, die genuesischen Festungen zu belagern; und er selbst pflegte bald der einen, bald der anderen Belagerung beizuwohnen; und sich stets durch ein Fernglas umzusehen, als ob er der Hilfe, die er, seinem Vorgeben nach, erwartete, entgegensähe. Er brauchte überdies noch die List, daß er sich vom festen Lande beständig große Pakete zuschicken ließ, die er für Briefe von verschiedenen europäischen Königen ausgab, die seine königliche Hoheit erkännten, und ihm Hilfe verspräch

Die Genueser wurden durch diesen unerwarteten irrenden Ritter nicht wenig in Verlegenheit gesetzt. Sie ließen sogleich ein heftiges Manifest wider den Theodor bekannt machen, worin sie ihm mit großer Verachtung begegneten, aber auch zugleich zeigten, daß sie durch seine Erscheinung in Schrecken gesetzt worden. Theodor antwortete hierauf in einem Gegenmanifest mit aller Gelassenheit und anständigen Miene eines Monarchen. Er zeigte darin seine Gleichgültigkeit gegen das beleidigende Verfahren der Republik und schien ganz der Hoffnung seines Sieges gewiß zu sein.

Der genuesische Minister in London tat die dringendsten Vorstellungen wider die Corsen, und Seine Majestät, die regierende Königin von Großbritannien, ließ den 24. Juli 1736 eine königliche Verordnung ergehen, worin den Untertanen ausdrücklich verboten wurde, den Mißvergnügten in Corsica einigen Vorschub zu tun, oder auf andere Art beizustehen.

Theodor war ungefähr acht Monate lang in Corsica, als er merkte, daß das Volk anfing, gegen ihn kaltsinnig zu werden, und nicht mehr diejenige Bereitwilligkeit, die es vorher bewiesen hatte, gegen ihn äußerte. Er faßte daher den klugen Entschluß, die Insel auf einige Zeit zu verlassen und sein Glück wieder auf dem festen Lande zu versuchen. Aus diesem Grunde verließ er die Insel im Monat November, nachdem er vorher einen Plan entworfen und festgesetzt hatte, wie es während seiner Abwesenheit mit der Regierung des Landes sollte gehalten werden.

Er ging nach Holland, und war daselbst so glücklich, daß er bei verschiedenen Kaufleuten, insonderheit Juden, so vielen Kredit fand, daß sie ihm ganze Ladungen von Kanonen und anderem Kriegsvorrat, von einem hohen Wert, unter der Aufsicht eines über die Ladung gesetzten Schreibers (Supercargo) anvertrauten. Er kehrte damit im Jahre 1739 nach Corsica zurück; und ließ bei seiner Ankunft sogleich den Aufseher der Schiffsladung ums Leben bringen, damit er durch keine Forderungen, die man von dieser Seite an ihn machen könnte, fernerhin beunruhigt würde.

Unterdessen waren die Franzosen, wie wir hernach zeigen werden, auf der Insel so mächtig geworden, daß Theodor, ob er gleich den Kriegsvorrat zu seiner Verteidigung auf die Insel gebracht hatte, doch nicht geneigt war, seine Person in Gefahr zu begeben, zumal da er hörte, daß die Genueser eine ansehnliche Summe auf seinen Kopf gesetzt hätten.

Er hielt vielmehr für ratsam, seinen Thron zu verlassen und seine ehrgeizigen Absichten der Sicherheit aufzuopfern und durch sein Beispiel zu zeigen, wie weit es ein kühner und verwegener Kopf treiben kann. Hätte Theodor ein wenig mehr Klugheit und besseres Glück gehabt, so hätte er, nebst seinen Nachkommen, vielleicht die Krone unter dem anständigen Vorwande, die Insel von der Unterdrückung befreit zu haben, tragen können.

Man hat oft sagen wollen, daß Theodor durch einige europäische Mächte sei heimlich unterstützt worden. Allein, dieses ganze Gerücht ist, soviel ich habe erfahren können, völlig ungegründet. Es ist freilich etwas Seltenes, eine Privatperson zu finden, die sich aus eigenem Antriebe zu einer Unternehmung von dieser Art begeben sollte. Doch Theodor war ein ganz sonderbarer Mann, der durch die Abwechslung des Glücks so sehr in der Welt herumgetrieben war, daß er die gemeine Empfindung der Menschheit verloren hatte, und die Dinge in der Welt wie ein närrischer, oder betrunkener, oder rasender Mensch betrachtete. Er hatte nichts zu verlieren und sehr viel zu gewinnen. Seine Absicht war, die Corsen mit der Hoffnung einer fremden Hilfe zu unterhalten und sie unterdessen durch die Stärke dieser Hoffnung immer weiter zu führen. Er hätte hierin vielleicht glücklich sein und in diesem Falle leicht sagen können, daß die fremde Hilfe würde gekommen sein, wenn man ihrer benötigt gewesen wäre, da sie aber selbst so vielen Mut gehabt, so hätte es keiner Hilfe bedurft. Ja es ist wahrscheinlich, daß einige europäische Mächte, wenn er glücklich gewesen wäre, ihm wirklich würden beigestanden haben.

Die Corsen reden jetzt sehr verschieden von dem König Theodor. Einige von ihnen, die damals seinen schönen Reden am meisten geglaubt hatten, erheben ihn noch bis an den Himmel, um ihr eigenes Urteil von ihm zu behaupten; andere aber, die ihn für einen Betrüger gehalten und seine Maßregeln niemals gebilligt haben, stellen ihn als einen Lumpenkönig vor; doch die Vernünftigsten und Klügsten, und der General selbst, betrachten ihn mit mehr Mäßigung, als man ihn bisher abgemalt hat, und bekennen, daß er zur Auflebung des patriotischen Geistes der Nation, die nach einem so langwierigen Kriege schon anfing, den Mut sinken zu lassen, vieles beigetragen und das heilige Feuer der Freiheit aufs neue wieder angezündet habe.

Sie bedauern gar sehr, daß sein unglückliches Schicksal die Nation gleichsam lächerlich gemacht habe, da man ihren König in ein Gefängnis zu London eingesperrt hat, wie es wirklich der Fall mit dem armen Theodor war, der nach einem so außerordentlichen Glückswechsel für gut gefunden hatte, sein Leben auf unserer freien Insel zu endigen; aber Schulden wegen in den elenden Zustand eines Gefangenen geriet.

Herr Horaz Walpole nahm sich des Theodor auf eine großmütige Art an. Er machte eine Schrift bekannt, in welcher er das Publikum mit vieler Beredsamkeit um eine Beisteuer für einen unglücklichen Monarchen ersuchte, die man bei dem Herrn Robert Dodsley, dem Buchhändler, als seinem Schatzmeister, abgeben könnte. Dieses brachte ihm eine sehr große Summe zuwege, und er wurde wirklich aus dem Gefängnis losgelassen. Herr Walpole hat die Originalschrift, kraft welcher Theodor das Königreich Corsica seinen Gläubigern zu ihrer Sicherheit verschrieben hatte, in Händen. Ebenso besitzt er auch das große königliche Siegel.

Herr Walpole hat mir erzählt, daß er begierig gewesen sei,

den König Theodor selbst zu sehen, und deswegen auch mit ihm bei einer Dame von seiner Bekanntschaft in Gesellschaft gewesen sei, woselbst er aber, entweder aus Blödigkeit, oder aus Stolz, kein Wort geredet habe.

Ich vermute, daß ihn seine Unglücksfälle so niedergeschlagen und mißvergnügt gemacht haben, daß er darüber ganz mürrisch und unempfindlich geworden. Er starb bald darauf, als er aus dem Gefängnis losgelassen war, und wurde in der Sankt Annakirche zu Westminster begraben; woselbst man ihm ein ganz schlechtes und unansehnliches Monument mit folgender Grabschrift gesetzt hat:

„Nahe an diesem Orte liegt Theodor, König von Corsica, begraben; er starb in dieser Parochie am 11. Dez. 1756, nach seiner kurz vorher erfolgten Loslassung aus dem königlichen Bankgefängnis, und zwar durch Hilfe der Akte von der Unvermögenheit zu bezahlen; kraft welcher er sein Königreich Corsica zum Gebrauch seiner Gläubiger verschrieb. – Das Grab, der große Lehrer, macht Helden, Bettler, Galeerensklaven und Könige alle gleich; doch Theodor lernte diese Lehre noch vor seinem Tode; das Schicksal schüttete seinen Unterricht noch über sein lebendes Haupt aus; es gewährte ihm ein Königreich, und entzog ihm das Brot."

Doch wir wollen wieder zu den Begebenheiten in Corsica zurückkehren. Die Genueser, welche gern den Aufstand im Jahr 1734 unterdrücken wollten, nahmen einige Schweizer und Graubünder in Sold, damit sie, als Einwohner eines bergigen Landes, die corsischen Berge ebenfalls von Feinden reinigen möchten. Allein, diese Soldaten fanden bald, daß es keine leichte Sache sei, diejenigen Berge zu säubern, von welchen die Einwohner beständig auf sie feuerten, und durch unzählige Schlupfwinkel leicht entfliehen konnten. Sie sahen es ein, daß sie einen schlechten Handel getroffen hätten, und den Genuesern für ihr Geld zu viel Blut lassen müßten.

Genua nahm überdies zu dem hoffnungslosen Hilfsmittel des Marius und Sulla seine Zuflucht: Die Republik machte eine Amnestie für alle Mörder und Landesverwiesene mit der Bedingung bekannt, daß sie in Corsica für die Genueser fechten sollten. Dieses liederliche Gesindel lief sogleich aus allen Gegenden zusammen, und man errichtete daraus zwölf Kompanien, die den Schweizern und Graubündern beigefügt wurden.

Man kann leicht von selbst erachten, daß gedungene Truppen und vertriebene Missetäter einer Armee tapferer Männer, die für die große Sache der Freiheit fechten, und alles, was ihnen lieb war, wagen mußten, keinen starken Widerstand tun konnten.

Doch Frankreich, welches allzeit ein Auge auf diese Insel gerichtet hat, fing jetzt an zu befürchten, daß die Corsen endlich das genuesische Joch völlig abwerfen möchten, in welchem Falle sie entweder ein freier Staat werden, den die europäischen Mächte aus gemeinschaftlicher Eifersucht beschützen würden, oder sich vielleicht unter die Oberherrschaft einer anderen Nation begeben könnten. Es faßte daher den Entschluß, die Corsen wieder mit Gewalt unter die Botmäßigkeit von Genua zu bringen, weil Frankreich durch seine beständigen Unterhandlungen mit dieser Republik einen so starken Einfluß bei derselben hatte, daß es leicht alles, was es in diesem Stück verlangte, erhalten konnte.

Zu dem Ende wurde zu Versailles ein Traktat geschlossen, worin sich Seine Allerchristlichste Majestät anheischig machte, die Corsen zum Gehorsam zu bringen. Dieser Traktat war mit solcher Geschicklichkeit gemacht, daß es das Ansehen hatte, als ob er auf ernstliches Verlangen der Republik Genua geschlossen sei; obgleich im Grunde diese letztere nur allzusehr die Gefahr bei der Hilfe eines großen Staates erfahren hatte, als daß sie eben dieses Mittel aufs neue hätte ergreifen sollen.

Im Monat März 1738 wurde der Graf von Boisseux mit einem Korps französischer Truppen nach Corsica geschickt.

Dieser General war zwar ein guter Offizier, aber zu keiner großen Unternehmung aufgelegt. Er hatte hierbei den Herrn von Contades, nachherigen Marschall von Frankreich, der die französische Armee in der Schlacht bei Minden kommandierte, zu seinem Gehilfen. Nach verschiedenen Unterredungen mit den Oberhäuptern der Corsen, dem Giafferi und Paoli, nebst dem Luca di Ornano, der von einer Seitenlinie der großen Familie war, die Sampiero di Bastelica ehemals vorstellte, fand der Herr von Boisseux gar bald, daß die Corsen sich ihren alten Unterdrückern nicht unterwerfen würden, und fing deswegen seine Feindseligkeiten an.

Die Corsen taten Seiner Allerchristlichsten Majestät in einem Memoriale, worin sie ihre Beschwerden der Reihe nach erzählten, sehr rührende Vorstellungen, wie sie hofften, daß Frankreich, welches ihnen vormals seinen Schutz gewährt hätte, sie jetzt nicht zwingen würde, sich der abscheulichsten Tyrannei zu unterwerfen. Diesem Memoriale waren zugleich einige Vergleichsartikel beigefügt, die man dem Gutachten des Königs von Frankreich überließ.

Diese Artikel aber wurden bei dem Zustande eines Volkes, wie die Corsen waren, für zu verwegen angesehen; und die Artikel, welche die Genueser aufgesetzt hatten, wurden von Frankreich gebilligt, so daß kein Vergleich zustande kam. Giafferi und Paoli machten ihren Landsleuten ein lebhaftes Manifest bekannt, welches sie mit den edlen Gesinnungen des Judas Maccabäus beschlossen: „Uns ist leidlicher, daß wir im Streit umkommen, denn daß wir solchen Jammer in unserem Volke und Heiligtum sehen[56]."

Der Herr von Boisseux fügte den Corsen einen beträchtlichen Schaden zu, indem seine kriegerischen Unternehmungen zwar sehr langsam vonstatten gingen, aber sehr wohl ausgeführt wurden. Er nahm auch seine Zuflucht zur Kriegslist, indem er einen Teil seiner Truppen wie das einheimische Volk kleiden ließ, so daß durch diese Verkleidung viele Corsen ums Leben kamen, und eine so seltsame Verwirrung unter ihnen entstand, daß sie nicht eher, als bis die Parteien auf den Bergen und in den Wäldern sehr nahe aneinander kamen, unterscheiden konnten, ob es Freunde oder Feinde wären. Mittlerweile da Frankreich mehrere Truppen schikken wollte, wurden die Transportschiffe von einem schrecklichen Sturme ergriffen, und einige von denselben an den corsischen Küsten zerschmettert, wo die Patrioten die französischen Soldaten zu Gefangenen machten und sich ihrer Waffen bemächtigten. Der Herr de Boisseux überlebte nicht den Fortgang seiner Feldzüge; er wurde krank und starb zu Bastia im Februar 1739.

Die Genueser, die sehr stolz auf das Glück waren, welches der französische Monarch über die Corsen hatte, machten ein weitläufiges Memorial bekannt. Der Anfang davon ist in der Tat sehr lustig: „Die ganze Welt kennt sehr wohl die Sanftmut und Liebe, womit die Republik Genua ihr Volk regiert; und insonderheit was für Güte und Wohlgewogenheit sie allzeit den Einwohnern von Corsica hat angedeihen lassen.“[57] Sie hatten dabei wirklich die Absicht, daß es ganz Europa als eine gewisse Wahrheit aufnehmen sollte.

Doch die Corsen blieben, von der Gerechtigkeit ihrer Sache überzeugt, unbeweglich, und würden gewiß niemals nachgegeben haben, wenn es nicht eine höhere Macht gewesen wäre, der sie unmöglich hätten widerstehen können.

Im März 1739 schickten die Franzosen den Marquis von Maillebois nach Corsica, der zu einer solchen Unternehmung ein sehr geschickter General und ein Offizier von großem Scharfsinn und ungewöhnlichem Feuer war. Er sah wohl ein, daß Genua mit den Corsen bisher nur gespielt, und die Franzosen selbst nicht mit genugsamer Hitze wider sie gestritten hatten. Er fand, daß man notwendig einen kühnen Streich spielen müsse, wenn es einigen Eindruck bei den tapferen Einwohnern dieser Insel, die so lange an blutige Szenen gewöhnt waren, machen sollte. Da nun sein Monarch ihm aufgetragen hatte, dieses Volk völlig zu überwinden, so beschloß er, es wirklich ins Werk zu richten.

Es wurde daher alles zu dieser Unternehmung veranstaltet. Er hatte sechzehn Bataillone der besten französischen Truppen, nebst einigen Fuselieren und Béarnern bei sich, die in Ersteigung der Berge sehr erfahren waren. Er teilte seine Armee in zwei große Haufen und verschiedene kleine Korps, die alle mit Munition und anderen Kriegsbedürfnissen wohl versehen waren. Er drang damit in das Innerste des Landes ein, da seine Grenadiere unterdessen die schwere Artillerie durch die unwegsamsten Pässe nachführen mußten. Er ließ alles im Felde stehende Getreide, Wein und Oliven abhauen, steckte die Dörfer in Brand, und breitete überall Schrecken und Verwüstung aus. Er ließ viele Mönche und andere von den verwegensten Anführern der Empörung aufhängen, und zugleich überall, wo er hinkam, die Bedingung der Übergabe bekanntmachen, die man, bei einer so allgemeinen Verwüstung, anzunehmen für das Beste hielt. Man muß hierbei, ungeachtet der unedlen Sache, worin sich der Herr von Maillebois zeigte, dennoch seine große Erfahrung und Geschicklichkeit im Kriegswesen bewundern.

Wir haben oben gesehen, daß Theodor es nicht wagen durfte zu landen, indem die Hilfe, welche er zurückgelassen hatte, von keiner großen Wichtigkeit war. Ein so unerhörtes schreckliches Blutbad, wie jetzt erfolgte, und die Furcht für eine noch größere Rache von einer so mächtigen Nation, wie die französische ist, nötigte endlich die Corsen, ihre Waffen zu Ende des Feldzuges im Jahre 1739 niederzulegen. Man fand, daß über tausend Stück von diesen Waffen das genuesische Zeichen hatten. Die Republik forderte dieselben wieder zurück; ein Umstand, der ihr wenig Ehre macht.

Die Generale Giafferi und Paoli verließen die Insel und gingen nach Neapel, woselbst sie beide Oberste wurden, welches sie auch bis an ihr Ende blieben.

Es waren zwar noch einige wenige eifrige Patrioten übrig, die sich in die wildesten Gegenden der Insel begaben; doch wurden auch diese noch vor dem Ausgange des Jahres 1740 ebenso, wie der junge Baron Neuhof, der Enkel des Theo-

Giafferi als italienischer Oberst (entnommen aus: E. Rota: Pasquale Paoli. Bd. 8 der Serie „I Grandi Italiani". Turin 1941, S. 64).

dor, der, nebst einem kleinen Haufen verwegener Leute, der großen Wachsamkeit des französischen Generals lange entgangen war, völlig unterdrückt. Dieser letztere ergab sich unter der Bedingung, daß man ihn, nebst seinen Bedienten, sicher aufs feste Land bringen sollte, welches auch geschah.

Auf diese Art wurde Corsica von Frankreich völlig überwunden, worauf die Genueser so stolz waren, als wenn es ihr eigenes Werk gewesen wäre. Sie übergaben dem Herrn von

Maillebois einige Vorschläge, wie man die Insel in beständiger Ruhe erhalten könnte. Diese Vorschläge, welche der Herr Jaussin[58] aufbehalten hat, sind so beschaffen, daß sich ein jeder Staat derselben schämen sollte. Unter vielen anderen grausamen Anschlägen war auch einer, daß man eine beträchtliche Anzahl von Einwohnern wegführen, und dem Könige von Frankreich zur Bevölkerung seiner entfernten Kolonien überliefern sollte. Konnte wohl eine übereiltere und abgeschmacktere Maßregel als diese sein? Jaussin ist gar sehr auf der Seite von Genua, und er scheint in seinem ganzen Werke von Bänden nicht einen einzigen Funken von wahrer Freiheit bei sich empfunden oder die eigentliche Sache, für welche die Corsen fochten, eingesehen zu haben; doch muß er bei der Erzählung dieser Vorschläge bekennen, daß die Genueser dem Ansehen nach sich würden begnügt haben, „die Herren von den bloßen Felsen von Corsica ohne Untertanen zu sein“[59].

Frankreich, welches damals mit wichtigeren Gegenständen, als Corsica oder Genua waren, sich beschäftigte, hatte keine Zeit mehr, seine Aufmerksamkeit auf diese Insel zu richten. Ganz Europa war schon in Bewegung, als Frankreich für gut befand, seine Truppen aus Corsica zurückzurufen. Diesem zufolge verließen sie die Insel zu Ende des Jahres 1741, da sie dieselbe in eine so vollkommene Unterwürfigkeit und Ruhe gesetzt hatten, wie Galgacus ein alter schottischer Heerführer, in seiner berühmten Rede auf den grampianischen Bergen von den Römern sagte: „Sie nennen es Friede, wo sie eine Einöde machen[60].“

Die Franzosen kannten die Corsen zu wohl, als daß sie glauben sollten, daß sie sich selbst gelassen den Genuesern unterwerfen würden. Der Ausgang bestätigte dieses auch, indem die Franzosen kaum abgezogen waren, als die Corsen mehr als jemals wieder in Bewegung gerieten. Einige von ihren Landsleuten, die sich in verschiedenen Städten von Italien niedergelassen hatten, versahen sie mit Gewehren, und sie selbst nahmen, wie sie zuvor getan hatten, den Genuesern ihre Waffen ab. Sie brachen nach einer langen Unterdrükkung, wie ein stark gespannter Bogen, der seine Elastizität wieder bekommt, mit frischem Mute hervor. Männer, Weiber und Kinder waren dabei alle geschäftig; ja die jungen Knaben zogen ins Feld, und sogar einige von ihren Weibern, gleich denen von Sparta, zeigten ihren Mut in der Schlacht. Viele von den Geistlichen ergriffen ebenfalls die Waffen, und jedermann, gleichsam durch eine allgemeine Begeisterung angetrieben, war begierig wider die Tyrannen zu fechten.

Gaffori.

Gaffori und Matra erhielten jetzt die Regierung von Corsica unter dem Titel der Beschützer des Königreichs. Gaffori war ein Mann von ausnehmenden Talenten. Seine Beredsamkeit war vorzüglich merkwürdig, und die Corsen sprechen noch mit Bewunderung von seinen Reden. Er hörte einmal, daß ein Haufen von Meuchelmördern ihm entgegenkommen wollte; er ging hinaus und sah sie mit einer heiteren und ehrwürdigen Miene an, welches sie in Erstaunen setzte. Er bat, sie möchten ihm nur ein wenig zuhören; er machte ihnen hierauf eine so lebhafte und rührende Beschreibung von den corsischen Unglücksfällen, und reizte sie dadurch dergestalt wider alle diejenigen, die Ursache an der Unterdrückung waren, daß die Mörder ihm zu Fuße fielen, um Vergebung baten und sogleich seinen Fahnen folgten.

Da die Genueser die Festung Corte in Besitz hatten, so wurde dieselbe unter dem Kommando des Gaffori mit großer Hitze von den Corsen belagert. Es fügte sich hierbei, daß die Wärterin, die damals den ältesten Sohn des Gaffori noch als ein kleines Kind auf den Armen trug, sich aus Unachtsamkeit ein wenig zu weit von dem Lager entfernte. Die Genueser wurden es gewahr, taten einen geschwinden Ausfall, und bekamen die Wärterin nebst dem Kinde in ihre Gewalt, und führten sie beide in die Festung. Der General zeigte bei diesem unglücklichen Zufall, der die ganze Armee in die äußerste Bestürzung gesetzt hatte, eine wohlanständige Bekümmernis. Die Genueser bildeten sich ein, daß sie nunmehr dem Gaffori, da sie ein so teures Pfand von ihm in Händen hätten, alle möglichen Bedingungen vorschreiben könnten. Sobald er anrückte, und die Kanonen spielen ließ, hielten sie seinen Sohn gerade über den Teil der Mauer, gegen welchen die Artillerie gerichtet war, in die Höhe. Die Corsen fingen an, sich bei diesem Anblick zurückzuziehen; allein Gaffori trat mit dem Heldenmute eines Römers an ihre Spitze und befahl mit dem Feuer fortzufahren. Glücklicherweise wurde seine Standhaftigkeit durch einen Verlust seines Sohnes, der unbeschädigt davonkam, nicht unterbrochen. Ich hatte das

Die oben von Boswell erzählte Belagerungsepisode ist vielfach überliefert – nur: durchweg unter Hinweis auf die entscheidende Aufforderung der Frau Gafforis an ihren Mann, die Belagerung fortzusetzen. Der hier abgebildete Stich legt ihr den Satz in den Mund: „Auch wenn mein Kind stirbt – das Vaterland soll gerettet werden!“ – Die Rolle der korsischen Frauen hat Boswell aber nicht nur an dieser Stelle unterschätzt…

Vergnügen, den jungen Herrn, der seines Vaters Vermögen geerbt hat, zu kennen. Er erzählte mir selbst, nach den besten Zeugnissen, diese Geschichte, die seinem Vater so viel Ehre macht; und sie wurde auch von anderen, die dabei kein besonderes Interesse hatten, als gewiß bestätigt.

Matra, der andere General, war allzeit im Verdacht, daß er es heimlich mit den Genuesern hielte und die Uneinigkeit auf der Insel mehr beförderte, als daß er ein Beschützer der Freiheit wäre. Es ist auch in der Tat das große Unglück der Corsen vornehmlich dem Mangel von Einigkeit zuzuschreiben, indem sie ihre ganze Aufmerksamkeit auf Privatstreitigkeiten richteten, und ihren Eifer von der Verteidigung der Freiheit ablenkten.

Im Jahr 1745 kam der Graf Domenico Rivarola mit einigen englischen Kriegsschiffen zu Bastia an. Großbritannien hatte zwar den Untertanen verboten, den Corsen einige Hilfe zu leisten. Allein es ließ doch, bei den veränderlichen Plänen der politischen Verbindungen, einige Schiffe wider die Genueser auslaufen; nicht als ob es aus eigener Anregung, sondern vielmehr auf Verlangen seines Alliierten, des Königs von Sardinien, der sich der corsischen Sache angenommen hatte, geschehen wäre. Diese Schiffe beschossen Bastia und San Fiorenzo, die beide den Corsen in die Hände fielen. Der starke Beistand der britischen Kriegsschiffe und der große Dienst, den wir ihnen in ihrer Sache getan haben, sind bei den tapferen Einwohnern dieser Insel immer noch im frischen Andenken.

Der Graf Rivarola wurde zum Generalissimus des Königreichs erklärt. Gaffori und Matra waren bei dieser Wahl nicht zugegen, und taten alles, was in ihrem Vermögen war, sich derselben zu widersetzen, so daß man nichts als Haß und Uneinigkeit wahrnahm; und die Engländer zogen mit einer solchen Vorstellung von diesem Volke ab, als ob es ein Haufen halber Barbaren wäre.

Unsere Untersuchungen, in Absicht auf Corsica, sind bisher noch so unvollkommen gewesen, daß diese unglücklichen Vorstellungen immer noch geblieben sind, und in Großbritannien nur allzuviel Eindruck gemacht haben.

Rivarola, Gaffori und Matra kamen endlich unter sich zu einem erträglichen Vergleich, und die Sachen gingen etwas besser, obgleich die Genueser nicht lange darauf Bastia und San Fiorenzo wieder einnahmen.

Im Jahr 1746 schickten die Corsen zwei Abgesandte an den Grafen von Bristol, den damaligen Gesandten seiner großbritannischen Majestät am turinischen Hofe, mit neuen Vorschlägen. Die Absicht derselben war, daß Corsica sich gänzlich unter den Schutz von Großbritannien begeben sollte. Die Abgesandten warteten solange zu Turin, bis Mylord Bristol eine Antwort von den Ministern in London erhielt, die zwar ihre Zufriedenheit über diesen Vorschlag bezeugten, und hofften die Corsen würden allzeit eben diese gute Gesinnung beibehalten; es wäre aber jetzt keine Zeit sich in einen Traktat mit ihnen einzulassen.

Da der Graf Domenico Rivarola sah, daß er seinem Vaterlande in der Entfernung am meisten dienen könnte, so kehrte er nach Turin zurück, woselbst er die gütigen Gesinnungen Seiner Sardischen Majestät gegen Corsica beständig unterhielt und verstärkte. Er starb als Oberster im Jahr 1748 und hinterließ den Ruhm eines redlichen Mannes und tapferen Patrioten.

In ebendem Jahre führte das englische Schiff, die Nassau, unter dem Kapitän Holcomb außer einigen Transporten, auch zwei Bataillone nach Corsica, von denen das eine aus sardischen und das andere aus österreichischen Truppen bestand, und beide den Corsen zur Hilfe dienen sollten; allein da der allgemeine Friede zu Aachen geschlossen wurde, so konnte sich kein fremder Staat weiter dareinmischen; und die Corsen und Genueser wurden aufs neue sich selbst überlassen.

Mylord Hailes hat unter seiner schätzbaren Sammlung von historischen Handschriften zwei Stücke, die Corsica betreffen. Das eine, welches den Titel führt: *Information de l'état dans lequel se trouve présentément la Corse, et de ce qu'il faudrait pour la délivrer de l'esclavage du gouvernement Gênois* („Information über den gegenwärtigen Zustand Korsikas und über die Möglichkeiten, es aus der Sklaverei Genuas zu befreien" – Ü. d. Hrsg.), ist von dem Grafen Domenico Rivarola geschrieben. Das andere ist eine Beschreibung des corsischen Staats in italienischer Sprache; die von jemand verfertigt worden, der sehr wohl von der Sache unterrichtet gewesen zu sein scheint. Beide Schriften bestimmten die Vorteile, welche eine Seemacht aus einer Verbindung mit Corsica ziehen könnte. Der Herr Carret de Gorregne, der sardische Minister hat sie beide dem General Wentworth, dem britischen Gesandten am turinischen Hofe, mitgeteilt und ich glaube, sie haben vieles beigetragen, die Vermittlung von Sardinien und Großbritannien zum Besten der Corsen zustande zu bringen.

Matra ging zu Ende des Jahres 1748 in piemontesische Dienste, und ließ den Gaffori als den einzigen General auf der Insel zurück. Es wurden eben die hitzigen Gefechte, wie zuvor, so lange fortgesetzt, bis Gaffori am 3. Oktober 1753 durch eine Bande von Meuchelmördern, die von der Republik dazu bestellt waren, umgebracht wurde. Es ist wenigstens soviel gewiß, daß noch einige von diesen Bösewichtern in dem genuesischen Gebiete sind und ein geringes Jahrgeld zu ihrem Unterhalt bekommen. Man hat zu Corte an dem Orte, wo das Haus des Rädelsführers von dieser blutigen Szene stand, eine Schandsäule aufgerichtet. Das Haus aber ist verbrannt und der Erde gleichgemacht worden.

Die Corsen sind wegen ihrer Familienverbindungen und heftigen Parteien in ihren Nachrichten vom Gaffori gar sehr verschieden. Einige von ihnen behaupten, daß er zu eigennützig gewesen sei, und zur Beförderung seines eigenen

Interesses sich bemüht habe, einen sehr unanständigen Vergleich mit Genua zu treffen. Allein außerdem, daß ein edelgesinntes Gemüt den größten Widerwillen bei sich empfindet, solchen verleumderischen Erzählungen von einem Helden, dessen Größe der Seele so sehr hervorleuchtet, auf die Art wie ich erzählt habe, Glauben beizumessen, so bin ich sowohl durch dasjenige, was mir alle diese vom Gaffori gesagt haben, deren unparteiischem Urteile ich trauen kann, als auch durch die Achtung, in welcher sein Andenken bei dem größten Teil seiner Landsleute steht, von der Wahrheit seiner Tugenden völlig überzeugt worden.

Die Oberaufseher der Insel waren von dem General Gaffori so wohlgeordnet worden, daß Corsica imstande war, zwei Jahre lang ohne ein Oberhaupt zu bestehen, und den Krieg mit abwechselndem Glück fortzusetzen.

Man sagt, die Patrioten hätten sich damals mit einem feierlichen Eide verbunden, daß sie lieber wie die alten Saguntier sich ins Feuer werfen, als den Genuesern ergeben wollten. Diese Eidesformel, welche in sehr starken und heftigen Ausdrücken abgefaßt, und dem corsischen Stile nicht unähnlich, aber zu übertrieben ist, wurde damals in ganz Europa bekannt gemacht und fast durchgängig für echt gehalten. Doktor Smollet, der einen großmütigen Eifer für die Corsen zeigt, hat dieser Eidesformel einen Platz in seiner Geschichte[61] vergönnt; allein Paoli hat versichert, daß die ganze Sache erdichtet sei.

Ich komme nunmehr auf eine der merkwürdigsten Begebenheiten in den Jahrbüchern von Corsica, eine Begebenheit, von welcher künftig der Anfang der Glückseligkeit und des Ruhms dieser Insel vornehmlich wird gerechnet werden:

Pascal Paoli[62] war der zweite Sohn des alten Generals Hyacinto Paoli. Er war von seinem Vater, der ihm den Geschmack an den Wissenschaften beigebracht, und eine jede würdige und edle Gesinnung eingeflößt hatte, mit großer Sorgfalt erzogen worden. Er war in Corsica geboren, wo er

Pascal Paoli (nach einem Gemälde von Richard Cosway).

lange genug sich aufhielt, um eine Liebe und Neigung gegen sein Vaterland zu fassen und die Unterdrückung, worunter es seufzte, zu empfinden.

Da nun die Patrioten durch den Marquis von Maillebois gänzlich unterdrückt waren, so nahm der Vater den jungen Paoli zu sich nach Neapel, woselbst er nicht nur den Vorteil hatte, die Akademie zu besuchen, sondern auch bald eine Offiziersstelle erhielt, und sich bei Hofe sehr beliebt machte.

Hier lebte er zwölf oder dreizehn Jahre, und legte bei dem Wachstum seiner Talente, womit ihn die Natur begabt hatte, den Grund zu dem großen Plane, den er sich zur Befreiung seines Vaterlandes sehr frühzeitig gebildet hatte.

Sein Ansehen wurde bei den Corsen so groß, daß er die dringendsten Einladungen erhielt, zurückzukommen und das Kommando zu übernehmen. Er ging auch wirklich durch eine edelmütige Ehrbegierde gereizt, und bei der

Betrachtung der Gefahr, der Sorgen, und des ungewissen Glückes, denen er entgegengehen wollte, unerschrocken zu Schiffe, um das rühmliche Vorhaben auszuführen.[63]

Der Abschied von seinem Vater war insonderheit sehr rührend. Der alte Mann, ein Greis von vielen Jahren, fiel ihm um den Hals, küßte ihn, gab ihm seinen Segen und sprach ihm mit gebrochener schwacher Stimme noch Mut zu, in Absicht auf die Unternehmung, in welche er sich einlassen wollte: „Mein Sohn", sagte er, „ich werde dich vielleicht niemals wiedersehen; aber ich werde allzeit in Gedanken bei dir sein. Dein Vorhaben ist groß und edel, und ich zweifle nicht, Gott wird dich darin segnen. Ich will den geringen Überrest meines Lebens deiner Sache widmen, und mein Gebet und Flehen für dein Glück und deinen Schutz zum Himmel schikken." Hierauf umarmte er ihn nochmals, und so schieden sie voneinander.

Pascal Paoli war kaum auf der Insel angelangt, als er schon jedermanns Aufmerksamkeit und Achtung auf sich zog. Sein Betragen nahm die Corsen zu seinem Vorteil ein, und sein hoher Verstand und patriotischer Geist, der sich, nebst der ganzen Stärke der Beredsamkeit, deutlich zeigte, nahmen ihre Gemüter ganz ein. Ja all dieses, welches noch mehr durch Leutseligkeit, Gefälligkeit und Bescheidenheit erhöht wurde, gewann ihre Herzen völlig. Der Weg zu der höchsten Befehlshaberstelle war ihm offen, und er wurde durch die einmütige Stimme seiner Landsleute dazu erhoben; bei welcher Gelegenheit das folgende Manifest zum Vorschein kam:

Der höchste und allgemeine Rat
des Königreichs Corsica,
dem geliebten Volke dieser Nation.

Geliebtes Volk und Landsleute!

Die Uneinigkeiten und Trennungen, wodurch sowohl die öffentliche als Privatruhe unseres Landes bei der Erneuerung alter unversöhnlicher Feindschaft, unter denen, die Gott wenig fürchten und das allgemeine Beste nicht zu Herzen nehmen, bisher ist gestört worden, haben unsere Oberhäupter genötigt, uns zu dieser allgemeinen Beratschlagung zusammenzuberufen, um diejenigen nötigen Maßregeln in Erwägung zu ziehen, die zur Errichtung einer gemeinschaftlichen Einigkeit etwas beitragen könnten; und um zugleich dahin zu sehen, daß die schärfsten Gesetze wider solche, die sich unterstehen werden, diese Einigkeit durch ihren Privathaß oder unruhige Gesinnung zu stören, in Ausübung gebracht werden. Wir halten es daher, nach reiflicher Überlegung, für das beste und kräftigste Mittel, diesen unseren gewünschten Endzweck zu erreichen, wenn wir ein ökonomisches, politisches und allgemeines Oberhaupt von erleuchtetem Verstande erwählen, der dieses Königreich mit völliger Gewalt regiere, und nur darin eine Ausnahme gemacht werde, wenn es nötig sein sollte, über Staatssachen zu beratschlagen, die er ohne Zutun des Volks, oder der jedesmaligen Deputierten desselben, allein nicht entscheiden kann.

Zu dem Ende ist Pascal Paoli einmütig erwählt worden; ein Mann, dessen Tugenden und Geschicklichkeit ihn dazu vollkommen würdig machen.

Nach einer so allgemeinen Wahl ist dieser Herr von den Vorstehern des Kriegsrates, den Deputierten der Provinzen, und den Abgeordneten der versammelten Diözesen durch einen Brief eingeladen worden, zu kommen; und eine große Kommission von den vornehmsten Mitgliedern der Versammlung ist in sein Haus geschickt worden, die ihn ersucht haben, diese Stelle anzunehmen und sich hierher zu verfügen, damit er als unser Oberhaupt erkannt werde, und zugleich den feierlichen Eid ablege, daß er dieses Amt, womit er bekleidet sei, mit dem größten Eifer, Zuneigung und Redlichkeit verwalten wolle; und endlich den Eid der Treue und des Gehorsams von den Gemeinden annehme.

Über dies hat er zwar viele Gründe dawider angeführt und

eine große Abneigung bezeigt, ein so wichtiges Amt zu übernehmen; doch ist er, auf erhaltene Nachricht von unserem festen Entschlusse, im Fall eines Hindernisses oder abschlägiger Antwort, genötigt worden, nachzugeben, da er eingesehen hat, daß er es tun müsse. Er ist daher die vergangene Nacht hierher geführt worden, und hat die oben erwähnten Eide geleistet und angenommen.

Er soll die Regierung selbst übernehmen, und außer Staatsräten noch einen von den angesehensten Personen aus jeder Provinz zu Gehilfen bekommen, welche jeden Monat abwechseln werden.

Den dritten Tag des Monats August soll ein allgemeiner Umgang auf der Insel festgesetzt werden, um die Urheber großer Verbrechen, insonderheit Mörder, die man vor kurzem in verschiedenen Provinzen eingezogen hat, zu bestrafen. Dieser Umgang soll von dem erwähnten General, nebst den Deputierten, regiert werden. Die Anzahl der bewaffneten Leute wird man seinem Gutdünken überlassen.

Wir hoffen, daß diese unsere Entschließungen allgemeinen Beifall finden werden, da sie auf das gemeine Beste abzielen; und wir verordnen deswegen, daß alle Häupter und Kommissarien über die Diözesen, soviel als in ihrem Vermögen ist, zur Beförderung der öffentlichen Ruhe beitragen.

Gegeben zu San Antonio in Casinca den 15. Juli 1755.

Obgleich Paoli die Wichtigkeit des Amtes, welches er übernehmen sollte, schon lange vorher überdacht hatte, so wurde er doch bei der Annäherung dieser Übernehmung ausnehmend gerührt. Seine Einsichten hatten sich erweitert, seine Entschließungen waren großmütig, und das Amt selbst schien ihm jetzt wichtiger zu sein, als es ein anderer von geringerer Kenntnis und mäßigeren Einsichten sich würde vorgestellt haben.

Sein langes Bedenken und Mißtrauen bei dem Berufe zur

obersten Befehlshaberstelle war nicht gezwungen oder verstellt. Er hatte die Folgen erwogen und mußte daher notwendig im Ernst gerührt sein. Er konnte nicht mit Gewißheit den erstaunlichen Einfluß, den seine Regierung auf die Glückseligkeit seines Vaterlandes haben würde, vorhersehen. Doch die Vorstellungen, die man ihm machte, waren so dringend und gewissermaßen so entscheidend, daß er es selbst für seine Pflicht hielt, sich dieser schweren Arbeit zu unterziehen.

Da er hierauf den Zustand des corsischen Staats untersuchte, so fand er alles in der äußersten Verwirrung und Unordnung. Hier war weder Unterwürfigkeit, noch Mannszucht, noch Geld, und kaum einige Waffen und Munition; und was noch schlimmer war, wenig Einigkeit unter dem Volke anzutreffen. Er fing sogleich an, diesen Mängeln abzuhelfen. Sein Zureden und eigenes Beispiel hatten eine wunderbare Wirkung; und alle Stände beeiferten sich, alles, was zur lebhaften Fortsetzung des Krieges nötig war, anzuschaffen, so daß die Genueser in kurzer Zeit in die entferntesten Winkel der Insel getrieben wurden. Nachdem er auf diese Weise den Feind aus dem Innersten seines Vaterlandes getrieben hatte, so war er nunmehr darauf bedacht, die Landesregierung auf einen guten Fuß zu setzen, wobei er so viele Geschicklichkeit und Standhaftigkeit zeigte, die kaum ihresgleichen hatte. Er stellte unzählige Mißbräuche ab, die sich während der letzten Unruhen und Verwirrungen eingeschlichen hatten. Er baute seine neue Regierung auf die richtigsten Grundsätze einer demokratischen Vorschrift, die ihm allzeit am besten gefallen hatte.

Die Corsen hatten lange keine gesetzmäßige Justiz unter sich gehabt, sondern das Recht der Privatrache angenommen, so daß einer den anderen über die geringsten Kleinigkeiten ums Leben brachte. Er fand, daß es sehr schwer sei, sie von dieser Gewohnheit abzubringen, wobei man rechnete, daß der Staat jährlich über achthundert Untertanen verloren hätte. Dieses Staatsübel war so sehr eingerissen, daß es fast unheilbar schien. Allein, er wußte es sowohl durch heilsame Vermahnungen und Vorstellungen, daß diese Gewohnheit der Grund von dem Verluste der Freiheit sei, und zwar zu einer Zeit, da sie alle Hilfe, die sie einander leisten könnten, nötig hätten, als auch durch eine scharfe Beobachtung der Strafgesetze, nach und nach dahin zu bringen, daß sie einsahen, wie die Macht zu strafen dem Publikum (gemeint: der „Öffentlichkeit"; D. G.) zukomme, und daß sie ohne gehörige Unterwürfigkeit und ordentliche Staatsverwaltung niemals einem Feinde die Spitze bieten oder, eigentlich zu reden, einen Staat ausmachen könnten. Die Maßregeln, die er nahm, waren so kräftig und wirksam, daß ein Gesetz gemacht wurde, nach welchem die Ermordung, sie geschehe auch unter was für einem Vorwande sie wolle, ein Hauptverbrechen sei.

Die Corsen sind von Natur nicht unmenschlich; aber sie sind, wie die Italiener und andere südliche Nationen, von sehr hitzigem Temperamente. Dieses rührt ohne Zweifel von der warmen Gegend her, welche die menschliche Natur daselbst zu einem hohen Grade von Empfindlichkeit bildet. Die Vorteile, welche diese Empfindlichkeit verschafft, mögen beschaffen sein, wie sie wollen, so ist doch zu gleicher Zeit auch der Schaden davon unleugbar, indem sie auf gleiche Weise sowohl die Ungeduld als auch den Haß und die Rachbegierde veranlaßt, und auf die Zerrüttung der menschlichen Gesellschaft abzielt.

Paoli, der die menschliche Natur vollkommen kannte, führte die Corsen zur Ehre und zum Ruhme an, und bemühte sich, das Ungestüme und Heftige in ihren Gemütsneigungen, nebst ihrer Rachbegierde, auf die edlen Gegenstände der Freiheit und der Errettung ihres Vaterlandes zu lenken. Seine weisen Anordnungen hatten auch eine so gute Wirkung, daß man, ungeachtet ihres häufigen Verlustes in

Szene einer beginnenden Vendetta.

Die Schwester eines eben Ermordeten hat ein Tuch in dessen blutende Wunde gelegt und schwört ewige Rache. Ihr Verlobter, noch von einem Freund zurückgehalten, unterwirft sich ihrem Schwur: er wird die Fehde für die Familie des Ermordeten fortsetzen.

Schlachten, doch in wenig Jahren die Anzahl der Einwohner mit 16000 Menschen vermehrt sah.

Sobald als Paoli eine gute Regierungsform errichtet, und einige von den offenbarsten Mißbräuchen abgeschafft hatte; so fuhr er fort, auch die Sitten der Corsen zu verbessern. Dieses war an sich eine sehr schwere und bedenkliche Unternehmung. Die Corsen waren bisher sich selbst überlassen und ohne Gesetze gewesen, und sie hatten keine andere Tugend als Widerspenstigkeit gekannt. Es wurde daher die feinste Aufführung dazu erfordert, um ihnen den Unterschied zwischen einer heilsamen Einschränkung und tyrannischer Unterdrückung recht begreiflich zu machen. Paoli war kein Monarch, der zur Regierung geboren ist und eine Nation bloß als ein väterliches Erbteil erhält. Er konnte daher unmöglich daran denken, mit gleicher Gewalt, wie der Zar Peter gegen die Russen tat, zu verfahren. Es war auch in der

Tat seinen Absichten, eine freie Nation zu bilden, nicht gemäß, und er würde einen solchen Plan, wenn er geneigt dazu gewesen wäre, gewiß nicht haben ausführen können. Er hing gänzlich von der Nation ab, er war von derselben erwählt, und mußte ihr auch von seiner Aufführung Rechenschaft geben. Es war also gewiß keine leichte Sache, diejenigen einzuschränken, denen er seine Macht zu danken hatte. Doch Paoli führte dieses Vorhaben glücklich aus.

Er suchte die Corsen nach und nach zur Annahme der Gesetze vorzubereiten, indem er ihren Verstand besserte, und sie nach ihrem eigenen Antriebe dahinbrachte, daß sie die Errichtung verschiedener Anstalten, wovon er ihnen den großen Nutzen zeigte, selbst begehrten. Er errichtete eine Universität zu Corte; und war sehr bemüht, in jedem Dorf des Königreichs zum Unterricht der Kinder Schulen anzulegen.

Der letzte Schritt, den er tat, war dieser, daß er die Corsen antrieb sich auf den Ackerbau, auf die Handlung und andere bürgerliche Geschäfte zu legen. Der Krieg hatte bisher die Arbeitsamkeit auf der Insel gänzlich vertrieben; und die Corsen hatten dabei eine solche Verachtung gegen die Künste des Friedens gefaßt, daß sie nichts als die Waffen und kriegerischen Handlungen ihrer Aufmerksamkeit würdig hielten. Die großen und tapferen Taten, die viele von ihnen verrichtet hatten, erweckten bei ihnen einen gewissen Stolz, der alle geringeren und weniger rühmlichen Beschäftigungen verachtete. Helden konnten sich nicht herablassen ordentliche Bauern zu werden. Ihre Tugend war nicht so vollkommen, als die Tugend jener alten Römer, die von den Triumphen zurückkehren konnten, um ihren Pflügen zu folgen.

Um dieser Ursachen willen war das Land in Gefahr, ganz ungebaut zu bleiben und Einwohner zu bekommen, die einem gesetzlosen und unbändigen Haufen verruchter Bösewichter und Mörder ähnlich würden.

Paoli bemühte sich daher ernstlich, dieses Übel auszurotten; und brachte es auch endlich bei den Corsen so weit, daß

Zeitgenössische landwirtschaftliche Bearbeitungsmethoden: Pflügen und Dreschen.

sie die Arbeit mit weniger Widerwillen betrachteten, und sich wenigstens mit hinlänglicher Kleidung und Lebensunterhalt versorgten, und einen kleinen Handel trieben.

Seine Staatsverwaltung war so beschaffen, daß die Nation, ohne in Parteien geteilt zu sein, einig und standhaft wurde; und die corsischen Helden würden schon längst, wenn Frankreich sich nicht aufs neue dareingelegt hätte, die Genueser aus der Insel völlig vertrieben haben.

Die corsische Nation fing nunmehr an ihre eigene Stärke zu fühlen und faßte daher den Entschluß, die Genueser auch zur See nicht zu schonen, wie sie bisher aus bloßer Nachsicht gegen einzelne Mitglieder dieser Republik getan hatte, mit deren unglücklicher Verfassung sie vielmehr Mitleid gehabt, und sie beklagt hatte, daß sie unter einer tyrannischen Regierung leben müßten. Da man aber merkte, daß die Genueser die corsischen Fahrzeuge beständig angriffen und auch wegnahmen, so wurde es für billig angesehen, das Wiedervergeltungsrecht auszuüben; und dabei zugleich gegen andere Seemächte alle gehörige Achtung zu bezeigen. Zu dem Ende wurde auch im Jahr 1760 ein besonderes Manifest bekannt gemacht[64].

Diese schnellen und anhaltenden Vorteile der corsischen Nation brachten die Genueser endlich auf solche ernsthafte Gedanken, daß sie ebenfalls im Jahr 1761 ein Manifest in sehr gelinden und schmeichelhaften Ausdrücken bekannt machten, um zu versuchen, ob sie die Corsen nicht zu einer gütlichen Unterwerfung anlocken könnten[65].

Doch bald hierauf wurde in Corsica ein allgemeiner Staatsrat angeordnet, worin man die stärksten Entschließungen faßte, niemals einen anderen Vergleich mit der Republik als unter der Bedingung zu treffen, daß man Corsica in seiner Freiheit und Unabhängigkeit sicher stelle[66].

Die Corsen ließen auch ein Memorial an allen europäischen Höfen bekannt machen, worin sie dieselben nach den Rechten der Menschlichkeit anriefen, dieser Nation, welche so viel für ihre Freiheit getan habe, Frieden zu verschaffen[67].

Man findet in diesen verschiedenen Schriften eine solche Stärke der Beredsamkeit, und der Empfindung von Mut und Standhaftigkeit, welche dem Charakter dieser Nation Ehre macht.

Allein die Staatsminister zu Versailles waren der corsischen Sache nicht gewogen; und Frankreich ist allzeit bald die Zuchtrute, bald auch der Schild von Genua gewesen. Paoli hatte beinahe seinen großen Plan, die ganze Insel von den Genuesern zu befreien, vollkommen ausgeführt, als auf einmal (August 1764; D.G.) ein Traktat zwischen Frankreich und Genua geschlossen wurde, nach welchem sich das erstere anheischig machte, sechs Bataillone französischer Truppen zur Besatzung in den corsischen Festungen auf vier Jahre abzuschicken.

Da dieser Traktat zuerst in Europa bekannt wurde, so schien es, als wenn sich ein jedes edelmütiges Herz darüber betrübte, indem jedermann glaubte, daß Frankreich aufs neue entschlossen sei, Feuer und Schwert nach Corsica zu bringen und die Hoffnung der tapferen Einwohner dieser Insel wieder zu vernichten. Herr Rousseau schrieb darüber mit seiner gewöhnlichen Stärke des Ausdruckes an seinen und meinen Freund, den Herrn Leyre zu Parma, einen von den Verfassern der Enzyklopädie, der mit seiner großen Wissenschaft und vortrefflichem Genie das liebenswürdigste Herz verbindet: „Man muß bekennen, daß ihre Landsleute, die Franzosen, ein sehr knechtisches, der Tyrannei ganz unterworfenes, ausnehmend grausames, und in Verfolgung der Unglücklichen ganz unermüdetes Volk sind. Und ich glaube, wenn sie einen freien Menschen an dem anderen Ende der Welt zu finden wüßten, so würden sie bloß zum Vergnügen dahin gehen und ihn auszurotten suchen."

Allein man sah bald, daß dieser Plan von seiten Frankreichs mit vieler Staatsklugheit gemacht war. Frankreich war den Genuesern einige Millionen Livres schuldig, und die Finanzen desselben waren nicht so beschaffen, daß diese Summe bequem bezahlt werden konnte. Doch die französischen Minister sind niemals verlegen, einen vorteilhaften Traktat für ihren Monarchen zu schließen. Sie sagten den Genuesern frei heraus: „Wir können das Geld noch nicht schaffen. Wir wollen aber sechs Bataillone Hilfstruppen nach Corsica schicken, und diese sollen zur Tilgung unserer Schuld auf Abschlag gerechnet werden." Die Genueser, welche sich mit einem grausamen Vergnügen noch dessen erinnerten, was Frankreich ehemals wider die Corsen getan hatte, zweifelten nicht, daß die französischen Soldaten, wenn sie wieder auf die Insel kämen, beständige Scharmützel wider die Corsen halten würden. Auf diese Weise würde Frankreich aufgebracht werden, und ein blutiger Krieg würde gewiß darauf erfolgen, wodurch die Corsen aufs neue in den Stand der Sklaverei geraten könnten. Sie waren daher mit dem gemachten Plane ausnehmend wohl zufrieden.

Allein die Franzosen trugen Sorge, daß sie sich bloß zur Verteidigung anheischig machten, und den Traktat nur auf vier Jahre setzten, damit sie Zeit genug bekommen möchten, ihre Schulden zu tilgen. Sie schickten dem Traktat zufolge die Truppen im Monat Oktober 1764 nach Corsica ab, und der Graf von Marboeuf wurde zum General derselben ernannt.

Der Herr von Marboeuf war ein Offizier von Erfahrung

und Mäßigung; und hatte ohne Zweifel seine Anweisung sich gegen die Corsen sanftmütig zu bezeigen. Seine ganze Pflicht bestand darin, daß er Sorge tragen sollte, damit die Sachen für Genua nicht schlimmer würden und die Republik die Besatzungsplätze Bastia, San Fiorenzo, Calvi, Algajola und Ajaccio behalten möchte.

Die Corsen verhielten sich bei dieser Gelegenheit mit dem größten Anstande. Sie hielten eine allgemeine Versammlung und ließen ihre gefaßten Entschließungen öffentlich bekannt machen[68], woraus erhellt, daß sie kein Mißtrauen in die Franzosen setzten, welche, wie sie glaubten, keine Feindseligkeiten wider sie anfangen würden. Es wurde aber doch um besserer Sicherheit willen veranstaltet, daß die Regierung einen Kriegsrat bestimmen sollte, der auf alle gewaltsamen Eingriffe in Ansehung dessen, was Frankreich vermutlich den Genuesern heimlich versprochen hätte und nach dem Völkerrechte zu halten verbunden wäre, ein wachsames Auge haben könnte, ferner, daß man den französischen Truppen nicht erlauben sollte, in das Gebiet der Nation zu kommen, und daß der General an den Grenzen hinlängliche Wachen ausstellen, und im Fall ein französischer Offizier einen Paß verlangte, denselben zwar verwilligen, aber zugleich verbunden sein sollte, bei dem nächsten allgemeinen Kongreß Rechenschaft zu geben, was für Pässe er verwilligt habe, was ihn dazu bewogen, und was er mit den Franzosen bei der Unterredung abgehandelt habe. Ferner, daß man zwar, wie das Gerücht gehe, einige Friedensvorschläge mit der Republik anbieten werde, die man aber alle verwerfen sollte, wenn man nicht zuerst der Nation die Präliminarien verwilligte, die auf dem allgemeinen Kongreß zu Casinca festgesetzt worden. Desgleichen, daß der General im Namen der Nation, eine ehrerbietige Vorstellung an Seine Allerchristlichste Majestät, wegen des Verlusts, den sie bei der Ankunft der französischen Truppen erlitten haben, tun solle, weil die Genueser dadurch nur von den großen Unkosten, die sie auf den corsischen Krieg verwendet haben, würden befreit, und hingegen die Patrioten an der glücklichen Fortsetzung ihrer Unternehmungen und an der gänzlichen Vertreibung ihrer Feinde aus der Insel verhindert werden. Und endlich solle Seine Exzellenz, damit diese Vorstellung desto kräftiger sein möge, sich auch zu gleicher Zeit an die gegen Corsica freundschaftlich gesinnten Mächte wenden, damit sie ihre Vermittlung bei dem Könige in Frankreich zur Erhaltung der Gerechtsamen, der Freiheit und Unabhängigkeit der corsischen Nation anwenden möchten. Ebenso wurde auch noch verordnet, daß man allen denen, welche bisher ungescheut Bauholz in den corsischen Wäldern gefällt hätten, verbieten sollte, es fernerhin ohne Erlaubnis der Regierung zu tun.

Diese Entschließungen waren mit viel Weisheit und Mäßigung abgefaßt, indem sie, ohne den Franzosen zu nahe zu treten, die Patrioten vor unerwarteten Angriffen oder hinterlistigen Nachstellungen in Sicherheit setzten. Der Artikel, welcher das Fällen des Bauholzes anging, war vollkommen nötig, um die Franzosen von der Wegführung des Holzes nach Marseille und Toulon abzuhalten; welches sie allem Ansehen nach würden getan haben, wenn es nicht wegen dieses Edikts unterblieben wäre, wodurch den Corsen ein beträchtlicher Vorrat an Holz erhalten wurde, den sie entweder zu ihrem eigenen Nutzen, oder zum Dienste einer alliierten Seemacht anwenden konnten.

Die kriegerischen Unternehmungen in Corsica wurden zwar jetzt eingestellt; doch suchte Paoli von dieser Zeit der Ruhe den besten Gebrauch zu machen. Er bildete sich neue Pläne zu künftigen Siegen und verschaffte der bürgerlichen Einrichtung seines Vaterlandes Vollkommenheit und Festigkeit. Ja, er tat mehr, als was ganze Jahrhunderte nicht hatten zuwege bringen können, und gab dadurch ein merkwürdiges Beispiel von dem, was man ehemals von Epaminondas sagte: „daß er ein Mann von größerer Wichtigkeit als ein ganzer Staat gewesen sei“.[69]

Das dritte Kapitel

Der gegenwärtige Zustand von Corsica, in Absicht auf die Regierung, Religion, militärische Verfassung, Handel, Gelehrsamkeit, Genie und Charakter der Einwohner.

Nach einem kurzen Auszuge der merkwürdigsten Begebenheiten einer Insel, die so viele Veränderungen erlitten hat, wird es wohl nicht unangenehm sein, die Wirkung aller dieser kräftigen Bemühungen für die Erlangung der Freiheit zu betrachten. Ich werde daher mit Vergnügen meinen Lesern den gegenwärtigen Zustand von Corsica vorlegen.

Die corsische Regierung ist auf folgende Art beschaffen. Ein jeder Flecken oder Dorf erwählt durch die Mehrheit der Stimmen einen *Podesta* und zwei andere obrigkeitliche Personen, welche den ehrwürdigen Namen *Padri del Commune,* oder Väter der Gemeinde, führen. Diese Magistratspersonen werden jährlich erwählt. Sie können zwar, nach dem Willen der Gemeinden, verschiedene Jahre nacheinander in diesem Amte bleiben, es muß aber alle Jahre eine neue Wahl angestellt werden.

Der Podesta allein kann Sachen, zehn Livres am Wert, entscheiden, und mit Zuziehung der Väter der Gemeinden kann er Sachen, dreißig Livres am Wert, entscheiden[70]. Der Podesta ist der Deputierte von der Regierung, und an ihn werden alle Befehle des höchsten Staatsrats gerichtet. Die Väter der Gemeinde haben die Aufsicht über die Ökonomie und Polizei des Dorfes, sie berufen das Volk zusammen und beratschlagen mit ihnen über alles, was ihr Interesse angeht. In einigen Dörfern fügen die Einwohner dem Podesta und den Vätern der Gemeinde noch zwölf redliche Männer bei, in welche sie ihr Vertrauen setzen, und denen sie die Besorgung ihrer öffentlichen Angelegenheiten auftragen. Diese werden *Räte* genannt und sitzen als Beisitzer mit den drei obrigkeitlichen Personen des Dorfes. Die Namen dieser obrigkeitlichen Personen müssen gleich nach geschehener Wahl dem Magistrate der Provinz überschickt werden, der es alsdann in seiner Gewalt hat, sich der Wahl zu widersetzen und eine neue Wahl anzubefehlen. Dieses aber ereignet sich niemals, wenn die Gemeinde bei der Wahl übereinstimmend gewesen ist. Zuweilen erwählen sie zwei Podestas, und einen Vater der Gemeinde, und auch mehr oder weniger Räte. Diese Abweichungen von der ordentlichen Regel werden verstattet, um dem Eigensinne verschiedener Dörfer, bei einer noch neuen Einrichtung des Staats, nachzugeben, zumal da sie von keinen Folgen sind, indem doch nur eben der Grad von Macht und Ansehen bei einem jedem Amte bleibt. Er mag nun von einer geringeren oder größeren Anzahl verwaltet werden: Ebenso, wie in den Staaten von Holland diejenigen, welche zwei oder drei Deputierte schicken, doch nur eine gleiche Stimme mit denen haben, die einen abschicken. In einigen von den angesehensten Städten ist der Podesta dem Magistrate der Provinz nicht unterworfen, und wird angesehen, als ob er gleiche Macht mit ihm hätte.

Einmal des Jahres versammeln sich alle Einwohner eines jeden Dorfes und erwählen einen *Prokurator*, der bei dem allgemeinen Kongreß oder Parlament der Nation, welcher jährlich im Monat Mai zu Corte gehalten wird, als ihr Deputierter erscheint. Dieser Prokurator wird ebenfalls durch die Mehrheit der Stimmen erwählt. Er muß ein vom Notar unterschriebenes Beglaubigungsschreiben haben, welches er bei seiner Ankunft zu Corte dem Großkanzler des Königreichs überreicht, der es hernach in die Reichsbücher einzeichnet. Ein jeder Prokurator bekommt, zur Bestreitung seiner Kosten, von seiner Abreise an bis zu seiner Rückkunft von seiner Gemeinde täglich einen Livre. Diese verwilligte Summe aber ist zu gering und wird bald erhöht werden müssen.

Zuweilen erwählen die Prokuratoren aller Dörfer, die zu einer Pieve gehören, unter sich selbst einen, der als Deputierter von der ganzen Pieve abgeschickt wird, wobei die Dörfer einige Unkosten ersparen. Allein, dieses ist auch ein Mißbrauch, und wenn Sachen von Wichtigkeit sollen abgehandelt werden, so ist alsdann die Anzahl derer, die darüber beratschlagen, viel zu gering und unansehnlich. Man sollte in der Tat eine solche geringe Ausgabe, in Ansehung dessen, daß man bei der Gesetzgebung und bei der Bestimmung der wichtigsten Landesangelegenheiten eine Stimme hat, nicht ansehen; und je größer die Anzahl der Stimmen ist, desto mehr nähert sich eine solche Versammlung der Vorstellung von den *Comitiis* der alten Römer.

Der *allgemeine Kongreß* ist allerdings an sich eine sehr große und zahlreiche Versammlung; indem es gewöhnlich ist, außer den ordentlichen Prokuratoren auch verschiedene von denen, die ehemals Mitglieder des höchsten Staatsrats gewesen sind, wie auch einige von denen zu berufen, die ihre Väter oder nahen Anverwandten in dem Dienste des Vaterlandes verloren haben, damit man dem Blute der Helden durch öffentliche Ehrenstellen ein vorzügliches Ansehen verschaffen möge.

Die Magistratspersonen einer jeden Provinz schicken auch einen Prokurator auf den allgemeinen Kongreß; und wenn alle Prokuratoren, in Gegenwart des Generals und des höchsten Staatsrats, zu Corte versammelt sind, so wird den Prokuratoren einer jeden Provinz aufgetragen, zwei aus ihrer Mitte zu erwählen, welche, nebst dem Prokurator ihrer Obrigkeit, zu der Wahl eines *Präsidenten* oder *Sprechers* auf dem allgemeinen Kongreß schreiten mögen. Dem zufolge erwählen die Prokuratoren einer jeden Provinz zwei aus ihrer Mitte durch mündliche Stimmen, wenn sie einig sind, und durch Ballen (d.h. durch unterschiedlich gefärbte Stimmkugeln in geheimer Wahl; D.G.), wenn sie es nicht sind.

Diese zwei, nebst dem Prokurator der Obrigkeit einer jeden Provinz, kommen vor den höchsten *Staatsrat*, dem ein jeder von ihnen einen versiegelten Zettel übergibt, in welchem der Namen dessen enthalten ist, der, seiner Meinung nach, Präsident sein soll. Diese Zettel werden von dem höchsten Staatsrat angesehen, und diejenigen Personen, deren Namen auf den meisten Zetteln stehen, werden zur Wahl genommen, und derjenige welcher zwei Drittel der Stimmen für sich hat, wird zum Präsidenten gemacht.

Ein Prokurator kann auf dem Zettel den Namen seines Verwandten, oder eines anderen, den man ihm sehr empfohlen hat, einrücken; allein, bei den Stimmen mit den Ballen kann er seine Stimme ganz frei derjenigen Person geben, die er für die verdienteste hält, so daß es oft geschieht, daß derjenige, der zuerst die wenigsten Zettel für sich hatte, durch eine größere Mehrheit der Stimmen zum Präsidenten gemacht wird. Dieses scheint mir aber ein anderer Mißbrauch zu sein, indem ein Prokurator, wenn er den Namen eines, den er nicht billigt, auf den Zettel setzt, Gefahr läuft, daß derjenige, den er für den verdientesten hält, ganz und gar ausfällt. Überdies sollte er sich auch nicht durch Betrachtungen von Verwandschaft oder Empfehlungen bewegen lassen. Die Mitglieder des höchsten Staatsrats haben auch, bei Erwählung des Präsidenten, ihre Stimmen. Der Sprecher wird auf ebendiese Weise erwählt.

Der Präsident regiert während der Sitzung den allgemeinen Kongreß. Der Sprecher liest die verschiedenen Schriften ab, die zur Beratschlagung vorgelegt werden. Vorschläge von der Regierung werden an den Präsidenten, und das Anbringen des Volks an den Sprecher gerichtet. Wenn ein Vorschlag von der Regierung durch die Mehrheit der Stimmen gebilligt wird, so wird es sogleich zu einem Gesetz gemacht; allein ein Vorschlag des Volks, ob er gleich gebilligt ist, kann doch von der Regierung, ohne die Gründe davon anzugeben, aufgeschoben werden, wovon sie jedoch, bei dem nächsten allgemeinen Kongreß, die Ursachen anzugeben verbunden sind.

Diese aufschiebende Macht erregte in dem corsischen Parlamente heftige Streitigkeiten, und das Volk widersetzte sich derselben so sehr, daß man glaubte, sie würde nicht stattfinden. Allein Paoli, der allzeit fertig ist, seine Landsleute zu erleuchten, zeigte ihnen, daß die Regierung bei der gegenwärtigen Lage der Sachen viele Absichten haben könne, die man dem Publikum noch nicht mitteilen dürfe, und doch der Nation selbst zu einem wesentlichen Vorteil gereichen könnten, so daß es höchst billig sei, daß man ihnen das Vorrecht des Aufschubes eines Vorschlages, der mit diesen Absichten vielleicht nicht übereinstimmt, einräumte; überdies müßte man den höchsten Staatsrat, als die hohen Prokuratoren der Nation, denen man das größte Vertrauen erteilt habe, vorzüglich anhören, und man könne es wohl verstatten, daß ein Vorschlag, den sie für wichtig und bedenklich halten, solange aufgeschoben werde, bis er von allen Mitgliedern des Staats reiflich überlegt werden könne. Endlich werde dies auch keine üblen Folgen nach sich ziehen, indem das Volk zu einer anderen Zeit seinen Vorschlag zu einem Gesetz machen könne.

Die Prokuratoren einer jeden Provinz versammeln sich hiernächst in Gegenwart des Präsidenten von dem allgemeinen Kongreß, oder im Beisein eines anderen, der von dem Präsidenten dazu verordnet wird; und eine jede Provinz ernennt ihren *Deputierten in dem höchsten Staatsrat* auf das folgende Jahr. Einer von diesen wird zum *Großkanzler* erwählt. Der höchste Staatsrat kann unterdessen wider diese Wahl Vorstellungen tun, und die Wahl einer jeden Provinz muß durch die Mehrheit der anderen Provinzen bestätigt werden, weil diese Räte, nebst dem Generale des Königreichs, die regierende Macht der ganzen Nation ausmachen, und der allgemeine Kongreß oder die gesetzgebende Macht ihm diese hohe Kommission überträgt.

Der *General* behält sein Amt auf Lebenszeit. Er ist beständiger Präsident des höchsten Staatsrats, der aus neun Personen besteht. Er hat bei allen Fragen eine Stimme, und im Fall einer Gleichheit der Stimmen tut er den Ausspruch. Er ist unumschränkter Befehlshaber über die Truppen oder Miliz der Insel. Sein Amt ist der Würde eines Statthalters in Holland sehr ähnlich.

Die Prokuratoren einer jeden Provinz erwählen auch die Obrigkeiten in den Provinzen auf das folgende Jahr. Dieser *Magistrat* besteht ordentlich aus einem Präsidenten, zwei Konsulenten, einem Auditor und einem Kanzler, doch wechselt die Anzahl in verschiedenen Provinzen auf ebendie Art ab, wie bei den obrigkeitlichen Personen in verschiedenen Dörfern. Der Auditor und Kanzler haben ein geringes Gehalt; und die Magistratspersonen werden unter Bedekkung besoldeter Soldaten auf öffentliche Kosten gespeist. Der Magistrat in den Provinzen kann die Verbrecher verhören und ein Todesurteil über sie sprechen; allein es kann nicht vollzogen werden, bis die höchste Landesregierung es nicht bestätigt hat. In bürgerlichen Sachen kann er ein Endurteil bis auf fünfzig Livres abfassen; in Sachen aber, welche diese Summe überschreiten, können die Parteien an die bürgerliche *Rota* appellieren, welches ein Tribunal ist, das aus drei Rechtsgelehrten besteht, die von dem höchsten Rate erwählt werden, und ihr Amt nach eigenem Gefallen beibehalten. Dieses Tribunal richtet nach den bürgerlichen und Kirchenrechten, und nach den besonderen und eigenen Gesetzen von Corsica. Diese letzeren sind zum Teil in alten Zeiten gemacht und nachher von den Genuesern vermehrt und verbessert worden, die sie auch unter dem Titel: *Statuti Civili et Criminali del Isola di Corsica,* öffentlich bekannt gemacht haben. Sie sind aber sehr rar. Ich habe ein Exemplar davon in klein Folio, welches zu Bastia 1694 gedruckt ist. Es ist ein kleiner guter Codex, der Genua Ehre macht. Es gibt auch einige neuere Gesetze. Und obgleich das Urteil sowohl von den Obrigkeiten aus den Dörfern, als auch in den Provinzen bis auf den Wert der erwähnten Summe ein Endurteil ist, so kann doch ein jeder, dem dadurch Unrecht geschehen wäre, sich an den höchsten Staatsrat oder an den Syndikathof wenden, welches eine andere vortreffliche Anstalt ist, die man auf folgende Weise eingerichtet hat.

Auf dem allgemeinen Kongreß erwählen auch die Prokuratoren außer den bereits erwähnten noch einige Personen von hohem Range und Ansehen zu *Syndikatoren*. Diese reisen durch die verschiedenen Provinzen, wie unsere Richter in England bei ihren gewöhnlichen Umgängen tun. Sie hören die Klagen an wider die verschiedenen Obrigkeiten, und wenn jemand von denselben seine Pflicht übertreten hat, so werden sie geziemend bestraft. Diese Syndikatoren sind außerordentlich nützlich. Der General selbst ist meistenteils einer davon. Sie ersparen den armen Leuten die Mühe und Unkosten, nach Corte zu gehen und ihre Klagen bei dem Staatsrate anzubringen. Sie untersuchen alles, was die Provinzen angeht, suchen das Volk mit der heilsamen Schärfe der Gesetze auszusöhnen, ermuntern den Fleiß und eine jede gute Untersuchung und breiten den Geist der Ordnung und die Verbesserung der Sitten in der ganzen Insel aus.

So ist die Regierung von Corsica beschaffen, welche ein vollkommenes Muster einer wohleingerichteten Demokratie ist. *Man findet hier von dem Podesta und Vätern der Gemeinde an bis zu dem höchsten Staatsrat einen stufenweisen Fortgang der Macht, die von dem Volke herrührt, welches sie wieder nehmen und nach Gefallen zu Ende eines jeden Jahres anderen erteilen kann*; so daß es kein Magistrat oder Staatsbedienter wagen wird, sich auf eine so kurze Zeit bei seinem anvertrauten Amte zu überheben, indem er weiß, daß er von der Verwaltung desselben bald Rechenschaft geben muß; und sich selbst nur, wie sehr er auch das Ansehen seines Amts vergrößern wollte, ein eigenes Joch aufbinden würde, weil er sogleich darauf in den Stand eines ordentlichen Untertanen zurückkehren muß. Ja eine obrigkeitliche Person, die nicht gänzlich eine jede männliche Empfindung verloren hat, wird gewiß selbst nicht einmal verlangen, träge und müßig zu sein, sondern lieber ihre Kräfte zum Besten des Vaterlandes anwenden, damit sie sich selbst ihren Mitbürgern empfehlen, und mehrere Zeichen ihres Vertrauens erhalten kann.

Auf dem allgemeinen Kongreß im Jahre 1764 wurden verschiedene gute und weise Verordnungen in Absicht auf die Regierung festgesetzt, deren Hauptinhalt ich hier noch kürzlich anführen will:

- Keine Vorschläge, die man auf dem allgemeinen Kongreß machen wird, sollen die Kraft eines Gesetzes erhalten, sofern sie nicht durch zwei Drittel der Stimmen gebilligt sind.
- Vorschläge, die von der Hälfte der Stimmen gebilligt sind, können in ebender Sitzung zum zweiten- und drittenmale wieder vorgenommen werden; diese aber, welche die Hälfte der Stimmen nicht für sich haben, dürfen in ebender Sitzung nicht wieder vorgebracht werden, sondern müssen, mit Genehmhaltung der Regierung, bis auf die künftige Sitzung ausgesetzt bleiben.
- Der höchste Staatsrat soll aus neun Räten, nämlich sechs auf dieser Seite und drei auf der anderen Seite der Gebirge bestehen, und aus jeder Provinz einer dazugewählt werden. Drei von denselben sollen in den ersten vier Monaten zu Corte sich aufhalten; und während des zweiten und dritten Monats sollen jedesmal drei Räte dergestalt regieren, daß zwei davon diesseits, und einer jenseits der Gebirge sich aufhalten soll; und die drei Räte in der Residenz haben nur die vorzügliche Macht von allen neun Räten. Doch soll es dem General frei stehen, alle neun in die Residenz zu berufen, wenn er es wichtiger Angelegenheiten wegen für nötig erachten wird.
- Keiner von den drei regierenden Staatsräten soll sich von der Residenz um keiner Ursache willen ohne schriftliche Erlaubnis des Generals entfernen; und diese Erlaubnis soll auch nicht weiter als auf acht Tage und um der wichtigsten

Ursachen willen erteilt werden. Und wenn bei der Abwesenheit des Generals von der Residenz einer von den drei Räten abwesend ist, so sollen alle gerichtlichen Handlungen unterdessen aufgeschoben werden.

● Niemand soll zum Staatsrat erwählt werden, der nicht über fünfundreißig Jahre alt ist und vorher das Amt eines Präsidenten in einer Provinz, oder eines Podestas in einer Provinzstadt mit Beifall verwaltet hat. Doch kann auch desungeachtet eine verdienstvolle Person, die andere ansehnliche Chargen in dem Dienste des Vaterlandes gehabt hat, ob sie gleich keines von den erwähnten Ämtern verwaltet hat, zum Staatsrat erwählt werden, wenn sie nur das gesetzmäßige Alter erreicht hat.

● Niemand soll zu dem Amte eines Präsidenten einer Provinzialobrigkeit ernannt werden, der unter dreißig Jahren ist, und nicht bereits zweimal in dem Amte eines Konsulenten in dem besagten Magistrate gestanden, oder ein anderes ansehnliches Amt in dem Dienst des Vaterlandes verwaltet, oder die zu diesem wichtigen Posten nötige Kenntnis erlangt hat.

● Das Amt der Podesta in den Städten, die der Provinzialobrigkeit nicht unterworfen sind, soll nach ebendieser Verordnung besetzt werden.

● Im Fall aber die Charge eines Generals des Königreichs durch den Tod, freiwillige Niederlegung, oder auf andere Art ledig ist, so soll die höchste Gewalt in den Händen der übrigen Staatsräte bleiben, von denen der älteste im Staatsrate den Vorsitz haben und innerhalb eines Monats nach der Erledigung einen allgemeinen Kongreß zur Wahl eines neuen Generals ausschreiben soll.

● Die Staatsräte, die Präsidenten, der Magistrat und andere Offizianten und Richter sollen in ihren jedesmaligen Ämtern bleiben und den völligen Gebrauch ihres Ansehens behalten, bis sie durch ihre rechtmäßigen Nachfolger abgelöst werden.

● Die Staatsräte, die Präsidenten, die Provinzialobrigkeiten und die Podesta der größten Städte sollen zu ebendiesem Amte nicht eher wiedererwählt werden, als bis sie zwei Jahre außer denselben gewesen sind, und deswegen Beglaubigungsschreiben von den höchsten Syndikatoren beibringen können, die ihre gute und löbliche Aufführung in dem Amte, welches sie verwaltet haben, bezeugen.

Paoli ist ausnehmend glücklich gewesen, die Streitigkeiten der Lehnsherren beizulegen. Diese Herren taten bei der Regierung verschiedene Vorstellungen und suchten um die Wiedereinsetzung in ihre alten Rechte an. Dieses war eine sehr bedenkliche Frage. Denn wenn man diesen Herren die großen Freiheiten, welche sie vor alters gehabt, wieder eingeräumt hätte, so würde es ebensoviel gewesen sein, als wenn man eine unabhängige Herrschaft in Corsica errichtet hätte, und würde zum Umsturz der erweiterten und freien Verfassung, welche Paoli zur beständigen Glückseligkeit des Staats errichtet hatte, abgezielt haben.

Diese Herren hatten sich in den rühmlichen Kriegen eben nicht sehr hervorgetan. Sie hatten viel zu verlieren und trugen deswegen Bedenken, wider die Republik Genua die Waffen zu ergreifen, damit sie nicht ihre Güter verlieren möchten.

Die Bauern hingegen hatten sich auf einmal in die Gefahr begeben; diese hatten nichts als ihr Leben zu verlieren, und ein sklavisches Leben ist für nichts zu achten. Wenn sie also glücklich waren, so wurden sie durch die Hoffnung einer doppelten Befreiung von der entfernten Tyrannei der Republik, und von der näheren Unterdrückung ihrer Lehnsherren angefeuert. Diese Sache war so kläglich geworden, daß mir selbst ein vernünftiger Corse bekannt hat, daß, im Fall die Republik ihre Ansprüche auf Corsica hätte fahren lassen, und die Bauern nicht mehr nötig gehabt hätten, sich den Genuesern zu widersetzen, sie sich wider ihre eigenen Herren würden aufgelehnt haben.

Die Bauern wollten daher nicht mehr einwilligen, sich

aufs neue unter die willkürliche Herrschaft zu begeben, wovon sie sich selbst durch ihre Tapferkeit befreit hatten. Hätte man ihnen keine solchen Maßregeln vorgeschlagen, so würde es hinlänglich gewesen sein, einen Aufstand zu erregen, die Nation aufs neue in Parteien zu teilen und ihren Feinden eine Gelegenheit zu geben, Haß, Zwietracht und Mord wieder anzustiften, bis die Corsen selbst ebendas würden getan haben, was alle List und Macht der Genueser bisher vergeblich versucht hatte.

Auf der anderen Seite aber mußte man auch die Lehnsherren nicht zu sehr beleidigen, damit sie nicht mißvergnügt würden und sich den Absichten der Regierung widersetzten. Man sollte hierbei den Wahlspruch der Holländer: *Frangimur, si collidimur* (wir gehen zu Grunde, wenn wir aneinanderstoßen), bei jeder Nation den Gemütern der Menschen, in allen Ständen, einzuprägen suchen; bei einem neu eingerichteten Staate würde dieses doppelt nötig sein.

Paoli gab daher den Lehnsherren insoweit nach, daß sie für ihre Personen bei den Magistraten der Provinzen, in welchen ihre Gerichtsbarkeit befindlich war, keine Rechenschaft ablegen sollten. Er räumte ihnen die Macht ein, daß sie Streitsachen unter den Bauern auf ihren Lehnsgütern entscheiden könnten, ohne daß sie den Provinzialobrigkeiten von ihren Urteilen Rechenschaft zu geben nötig hätten, und nur unmittelbar unter dem Staatsrate und Syndikatgerichte stehen sollten.

Auf diese Weise haben die Lehnsherren den schmeichelhaften Vorzug eines gewissen Grades von Ansehen, indem sie den Ämtern der Gemeindeväter, der Podesta und Provinzialobrigkeiten nicht unterworfen sind. Da sie aber ebensowohl, wie diese, der höheren Gerichtsbarkeit unterworfen sind, so können sie ihre Macht nicht mißbrauchen, und stellen vielmehr, bei dem Genuß eines Vorrechts vor dem übrigen Adel, eine beträchtliche Menge von Richtern vor, die unter dem rohen und ungesitteten Volke die Verbesserung der Sitten befördern helfen.

Auf solche Art sind die erblichen Lehnsgerichte in Corsica, teils durch die Unruhen eines heftigen Krieges, teils auch durch kluge Maßregeln eines geschickten Gesetzgebers, in gemäßigte Schranken gesetzt worden. Ja dieses System, welches durch starke Barbaren von Norden aus in die meisten europäischen Länder gekommen war, woselbst es tiefe Wurzel gefaßt und sich so weit ausgebreitet hatte, daß zur Ausrottung desselben die äußerste Gewalt erfordert wurde, ist durch einen für die Insel heilsamen Sturm, und durch einsichtsvolle Bearbeitung gelinde, und für Corsica selbst nützlich gemacht worden.

Sobald als die Regierung zu größerer Reife gelangen, und mit der Zeit die heftige Begierde zu herrschen abnehmen wird, so werden die Lehnsherren selbst geneigt werden, einen Vorzug aufzugeben, der mit mehr Mühe, als Vorteil, verbunden ist.

Auf solche Weise wird die corsische Regierung immer weitergebracht werden, und man wird sie ohne Zweifel noch vollkommener zu machen imstande sein, ob ich sie gleich, wie sie jetzt ist, *schon als das beste Muster ansehe, welches jemals in der demokratischen Form vorhanden gewesen ist.*

Sparta war wirklich ein starker Staatskörper, aber es hatte zugleich, ohne Nachteil des Andenkens gegen den unsterblichen Lykurg, einen großen Mangel an artigen und guten Sitten. Jene gänzliche Umkehrung der menschlichen Affekte, und die Unterdrückung des feineren Gefühls, war ein so erzwungener und unangenehmer Zustand, daß man ihn gar nicht beneidete. Wir müssen zwar den erstaunlichen Einfluß ihres Gesetzgebers bewundern; allein, wir müssen doch bekennen, daß alles, was er dadurch erlangte, bloß die Errettung eines Staats war, und diese ist ohne Glückseligkeit für nichts zu achten. Der Herr Jacob Stuart hält dafür, daß die Lakedämonier, wenn sie bei den Grundsätzen ihrer Regierung und Staatsverfassung geblieben wären, vielleicht noch bis auf den heutigen Tag bestehen würden[71]. Ich glaube auch, daß es so hätte sein können; und wenn Lykurg vermögend gewesen wäre seine Spartaner in Menschen von Stein zu verwandeln, so würden sie noch länger gedauert haben.

Bei der Staatsverfassung von Corsica, wo man die nötigen Maßregeln zur Fortdauer des Staats genommen hat, genießen einzelne Personen alles, was dieses Leben angenehm macht. Die Corsen sind ebensowohl Menschen als Bürger, und wenn sie einmal von den Genuesern völlig befreit sein werden, so kann ich mir kein glücklicheres Land vorstellen. Mit dieser herrlichen Aussicht belebt, sucht Paoli die Herzen seiner Landsleute zu regieren. Ihre Liebe gegen ihn ist so groß, daß die Macht dieses Generals, ob sie gleich an sich eingeschränkt ist, doch keine Grenzen hat. Es ist schon ein Hochverrat, wenn man wider ihn redet oder ihn verleumdet. Eine Art von unumschränkter Herrschaft, welche wider die Grundsätze des Montesquieu auf die Liebe gebaut ist. Ich will jetzt meine Erzählung von der Regierung dieser Insel mit einer sehr merkwürdigen Anekdote beschließen.

Ein Corse, der ehemals in dem Dienste des Königs von Frankreich gewesen war, und den Ludwigsorden erhalten hatte, war bei seiner Zurückkunft in sein Vaterland in eine Lebensart geraten, die mit der Freiheit desselben nicht bestehen konnte. Man hatte ihn sogar im Verdacht, daß er dem General nach dem Leben trachte. Er wurde hierauf ins Gefängnis gebracht, woraus er jedoch nach einiger Zeit, auf Fürbitte des französischen Generals, der damals auf der Insel war, losgelassen wurde. Nicht lange hernach wurde er zum zweitenmal in einer heimlichen und verräterischen Handlung ergriffen, und aufs neue ins Gefängnis geschickt. Der französische General bat wieder für sein Leben und für seine Freilassung. Da ihm aber dieses abgeschlagen wurde, so verlangte er von dem Paoli zu wissen, was er mit dem Gefangenen machen wollte. „Mein Herr!“, sagte Paoli, „ich will es ihnen sagen: Wenn ich die Freiheit meines Vaterlandes werde vollkommen eingerichtet und auf einen solchen Fuß gesetzt habe, wobei ich glaube, daß es sich am besten erhalten kann, will ich die Landstände zusammenberufen und diesen Menschen vorführen lassen. Ich will ihm diejenige Freiheit, Regierungsform und Glückseligkeit zeigen, die er zerstören wollte. Hierauf will ich ihn auf ewig von der Insel verbannen." So ist die Denkungsart dieses berühmten Generals beschaffen.

Die Religion in Corsica ist der römisch-katholische Glaube, worin die Einwohner dieser Insel sehr eifrig sind. Vielleicht haben sie auch einen ziemlichen Grad von Aberglauben; welches noch besser ist, als das Gegenteil davon. Keine Nation kann ohne Religion glücklich sein, und wenn diese fehlt, so wird eine jede edle Gesinnung und Liebe für das Gemeinwesen bald abnehmen. Die Lehre von dem Vertrauen auf eine allgemeine Vorsehung, und von einem zukünftigen Stande der Belohnung und Bestrafungen, machte ehemals das römische Volk tugendhaft und groß. Und wie diese Lehren durch die falsche Philosophie des Epikur abnahmen, so wurde auch der Geist der Römer geschwächt, und auf ihre patriotische Gesinnung folgte eine weibische Eigenliebe, die sie bald in Verachtung und ins Verderben stürzte. Doch die Corsen, die sich fest an ihre Religion, als an die von Gott gesandte Offenbarung halten, hegen noch in geistlichen Sachen eben den kühnen und freien Geist, den sie in weltlichen Dingen so ausnehmend gezeigt haben. *Sie sind geschworene Feinde von der weltlichen Macht der Kirche*, und die letzteren heftigen Streitigkeiten zwischen der Nationalregierung und den Bischöfen hat ihre Vorurteile, in Absicht auf die Personen des Klerus, gar sehr vermindert.

Die corsischen Bischöfe, deren fünf an der Zahl sind, und alle unter dem Erzbischof von Pisa stehen, waren den Genuesern gar sehr ergeben, indem sie sich wegen einer Beförderung auf Genua verließen. Sie fanden es für gut, die niederträchtigsten Lehren von Unterwürfigkeit zu predigen

Marienstatue aus der Kirche von Casamaccioli.

(Aus: G. d'Angélis/D. Giorgi: Guide de la Corse mystérieuse. Paris 1968, S. 191).

Um die abgebildete Marienstatue ranken sich eine Fülle von Legenden. Sie sind den Korsen so wichtig, daß in Casamaccioli jedes Jahr ein dreitägiges Marienfest stattfindet (um den 8. September) – heute einer der wichtigsten Treffpunkte der Korsen (mit Markt und kulturellen Veranstaltungen). Die Frömmigkeit der Korsen ist insgesamt wenig von kirchlichen Konventionen geprägt; sie bezieht sich – bis hin zum Text der Nationalhymne – v.a. auf einen ausgeprägten Marienkult.

und die Patrioten als Rebellen zu verlästern. Die Regierung verlangte, daß sie sich in dem Gebiete der Nation aufhalten sollten, und versprach ihnen eine Wache zu ihrer Bedeckung wider alle Beschimpfung; allein, die Bischöfe wußten wohl, daß sie in dem Gebiete der Nation die Lehre von der Tyrannei nicht predigen konnten, und weigerten sich deswegen, daselbst zu wohnen; worauf die Regierung den Patrioten untersagte, daß sie mit den Bischöfen keine Gemeinschaft haben sollten, womit auch die meisten sehr wohl zufrieden waren.

Der Papst, dem es sehr nahe ging, die Corsen wie Schafe ohne Hirten zu sehen, faßte den Entschluß, ihnen einen apostolischen Visitator zu schicken, der die Stelle der Bischöfe vertreten sollte.

Die Genueser, welche diesen gewissermaßen als eine Verbindung mit den Mißvergnügten ansahen, übergaben dem Papste eine weitläufige Vorstellung, worin sie behaupteten, „daß sie von der richtigen Denkungsart Seiner Heiligkeit wohl überzeugt wären, und daher auch gern ihre unveränderliche Ergebenheit gegen den Heiligen Stuhl zeigen wollten. Sie bäten aber zugleich um Erlaubnis, zu sagen, daß keine Verfügung, welche der Papst wider die geistlichen Übel in Corsica treffen würde, ohne Zuziehung der Republik vollzogen werden könnte."

Die Corsen, welche glücklicherweise einen solchen Beistand von der Kirche erhielten, lachten über diese gezwungene und künstliche Vorstellung. „Hier ist die Statue des Nebukadnezar", sagten die Corsen, „das Haupt ist von Gold, und die Füße sind von Ton. Man fängt mit Komplimenten an und hört mit Drohungen auf."[72]

Der neapolitanische Hof befand es für gut, sich hierbei zum Vorteile für Genua zu erklären. Der Kardinal Orsini, der neapolitanische Minister am römischen Hofe, tat ebenfalls Vorstellungen, und ein tiefsinniger und schwermütiger genuesischer *Canonicus* ließ zu gleicher Zeit einen sehr langen und mit häufigen Zitationen angefüllten theologisch-kanonisch und politischen Diskurs drucken und bildete sich ohne Zweifel ein, daß sein Werk unwiderleglich sei. Allein, der Papst beharrte auf seinem gefaßten Entschluß, und schickte den Herrn Cäsar Crescentius de Angelis, Bischof von Segni, als apostolischen Visitator nach Corsica.

Die Corsen nahmen die Abschickung dieses Visitators mit der größten Aufrichtigkeit und Freude an. Der Herr Barbaggi, der mit einer Enkelin des Paoli[73] vermählt ist, empfing ihn bei seiner Ankunft auf der Insel mit einer sehr artigen Rede[74]. Er sollte nicht allein das Amt der Bischöfe verwalten, sondern auch General von allen Orden in Corsica sein und unter sich einen Provinzialvikar haben. Er war ein Mann von so vieler Frömmigkeit, großem Verstande und angenehmem Betragen, daß das Volk eine allgemeine Liebe und Hochachtung gegen ihn faßte.

Die Genueser setzten ihre ligurische Verstellung nicht länger fort, sondern zogen nunmehr die Maske ab. Sie machten ein Manifest bekannt, worin sie allen Untertanen in Corsica unter den schwersten Strafen verboten, den Befehlen des apostolischen Visitators zu gehorchen, und demjenigen 6000 römische Skudi versprachen, der ihn gefangen in eine von ihren Festungen bringen würde[75].

Der Papst hob dieses verwegene Edikt mit großer Feierlichkeit auf. Einige Jahrhunderte vorher würde er vielleicht eine schrecklichere Zeremonie ausgeübt haben. Die Regierung von Corsica bezeugte aufs neue ihr Mißvergnügen über die ärgerliche Verwegenheit der Republik Genua, „welche", wie sie sagte, „ein Edikt herausgegeben hat, wodurch sie nicht nur die gehörige Achtung gegen den Heiligen Stuhl aus den Augen gesetzt, sondern auch sich unterstanden hat, sich in die Sachen dieses Königreichs zu mischen, welches sie doch nicht weiter als seinen Fürsten erkennt. Daher erklären wir das besagte Edikt für schädlich, in Absicht auf die Religion und das apostolische Ansehen; als beleidigend gegen die Majestät des Statthalters Christi; als aufrührerisch und der Sicherheit und Ruhe unseres Staates gänzlich zuwider; und in Ansehung unserer Gesetze und guten Sitten höchst verderblich. Und wir haben es dazu verurteilt, daß es öffentlich durch die Hand des Scharfrichters zerrissen und verbrannt werden soll, und zwar zur Verhütung solcher unanständigen Memoriale von Genua aufs Künftige."

Dieses Urteil wurde in der Stadt Corte bei Trommelschlag unter dem Galgen auf ebendem Platze vollzogen, wo sonst das Haus des Bösewichts stand, der den Giafferi ermordet hatte.

Es war ein sehr politischer Schritt bei den Corsen. Sie empfahlen sich dem Papste; sie zeigten sich standhaft; gaben sich ein Ansehen und machten ihre Feinde verächtlich.

Da nunmehr die Corsen ihrer tyrannischen Bischöfe entledigt waren, so fingen sie sehr weislich an zu überlegen, daß sie nicht mehr nötig hätten, denen, die sich geweigert hatten, in Corsica zu wohnen, beträchtliche Summen außer Landes zu schicken; um sie nur in den Stand zu setzen, daß sie im Müßiggange und Schwelgerei zu leben vermögend wären, da man doch das Geld viel besser anwenden könnte. Sie hielten es daher für sehr vernünftig, daß die Zehnten der Bischöfe der öffentlichen Staatskammer zufallen sollten, und demzufolge wurde es auch so beschlossen[76].

Hierüber entstand eine erstaunliche Streitigkeit. Allein die Corsen verteidigten ihre Aufführung mit großer Stärke und Lebhaftigkeit:

Die Genueser sagten: „Sie haben die Zehnten an sich gerissen und die Güter der Bischöfe weggenommen.“ Die Corsen antworteten: „An sich reißen, ist nicht recht geredet. Wir wollen die Wahrheit ohne Schminke bekennen. Denn wer einfältig wandelt, der geht getrost fort. Die Regierung hat einen Teil der Zehnten und der Güter der Bischöfe genommen, und zwar deswegen: Erstlich, weil sie es nötig gehabt, und dieses ist ein Recht, welches allen anderen vorgeht. In dem Zustande, worin wir uns befinden, ist kein anderes Mittel übrig. Entweder die Freiheit, oder die schrecklichste Sklaverei. Um nicht in die Sklaverei zu fallen, ist der Krieg nötig. Den Krieg auszuhalten, braucht man Truppen. Diese zu bezahlen waren die Auflagen nicht hinreichend, die man auf die Weltlichen legte. Man setzte daher in einer Versammlung fest, von den Geistlichen, nach dem Beispiele des heiligen Petrus und aller Fürsten, Subsidien zu nehmen. Die Fürsten aber, sagt man, unterhalten keine rebellischen Truppen. Truppen, welche die Freiheit, das Leben, die Ehre und das Vaterland von den ungerechtesten Unterdrückungen befreien, sind heiliger, verehrenswürdiger und christlicher als die Truppen eines Kreuzzuges. Zweitens, weil eben deswegen, um die Genueser aus diesem Reiche zu verjagen, Benedikt der Elfte dem Könige Jakob von Arragon auf drei Jahre die Zehnten verliehen. Nun aber, wenn der Fall ebenderselbe, die Not noch größer ist, und die Umstände noch dringender sind, warum sollte es jetzt nicht erlaubt sein, was doch damals erlaubt war. Drittens, weil keiner von unseren Bischöfen zu den Unkosten dieses Krieges verbunden ist, wovon sie doch bisher allein Nutzen gehabt, indem sie eine heilige Mütze erhalten, die sie in tausend Jahren des Friedens nicht würden erlangt haben. Wie? Die Weltlichen haben einen ganzen Strom von Blut vergossen, um ihnen ein so schönes Kapital zu erwerben. Sie werden sich also auch zeigen, um einigen Nutzen davon zu haben; und zwar um desto mehr, da man alles nur dazu anwendet, um der Nation ebendiesen Vorteil zu erhalten, und ihr ein noch größeres Einkommen zu verschaffen. Viertens, weil unsere Bischöfe, anstatt sich dankbar zu zeigen, anstatt Hirten und Väter vorzustellen, sich als Feinde aufführen. Sie haben ihre Kirchspiele verlassen, sie sind zu unseren Feinden übergegangen, sie haben ihnen große Summen geliehen, womit sie den Krieg wider uns fortführen können. Ja sie selbst führen ihn wider uns mit geistlichen Waffen, und sind eigensinnig genug, niemals wieder zu ihrer Herde zurückzukommen. Unsere Regierung, um sie zur Rückkehr zu verbinden, hat das Mittel gebraucht, dessen sich Absalon bediente, um den Jaob zu bezwingen. Da sie aber noch eigensinniger sind als Jaob, wer wird Mitleid mit ihnen haben? Wer will die Aufführung unserer Regierung tadeln? Hierzu setze man noch, daß die Früchte eines solchen, der nicht bei uns wohnt, der dem Altar nicht dient, sondern was noch mehr ist, ihn auch verrät, den Armen heimgefallen sind. Wer ist aber ärmer als unsere Truppen und unsere Finanzen."

Die Zehnten überhaupt betragen ungefähr den zwanzigsten Teil von allen Landesprodukten. Die Regierung besitzt gegenwärtig einen großen Teil derselben, da sie nicht nur die Einkünfte der Bischöfe, sondern auch die Pfründen, womit keine Seelsorge verbunden ist, und alle Pensionen, die der Papst fremden Geistlichen davon zu erteilen pflegte, besitzt. Sollten aber die Sachen dieser Insel wieder auf einen festen Fuß gesetzt werden, so wird die Regierung ohne Zweifel auch den Bischöfen ihre Einkünfte wieder zurückgeben. Man wird aber dem Papste Vorstellung tun, die Anzahl der

Bischöfe zu vermehren, damit das bischöfliche Amt besser verrichtet, und der Geist der Gleichheit mehr und mehr erhalten werde; indem die Bischöfe, wenn sie im Besitz ihrer großen Einkünfte wären, wie Fürsten auf der Insel leben könnten.

Verschiedene Einwohner von Corsica haben wegen der Zehnten einen Vergleich mit der Kirche gemacht, und die Nachkömmlinge von den *Caporali*, welche dem Hugo Colonna bei Vertreibung der Sarazenen so viele Dienste leisteten, sind durch ein besonderes Vorrecht von der Bezahlung der Zehnten ausgenommen. Man hält dafür, daß ihnen dieses Vorrecht schon in alten Zeiten von dem Papste sei erteilt worden, weil es seine Sache gewesen, worin sie soviel Eifer bewiesen hätten. Die corsischen Geistlichen überhaupt sind jetzt eben nicht sehr gelehrt, da die barbarische Politik von Genua, um die Insel in Unwissenheit zu erhalten, und die vieljährigen Kriege und Unruhen das Wachstum der Künste und Wissenschaften verhindert haben. Doch findet man noch hier und da einige Geistliche, welche auf dem festen Lande erzogen worden, sehr wohl unterrichtet und alle fromm und von untadelhaften Sitten sind.

Es sind in Corsica fünfundsechzig Klöster von den Bettelorden. Nämlich vierunddreißig von der Observanz, und vierzehn von den Reformanten des Franziskanerordens, und siebzehn von den Kapuzinern. Ein jedes von diesen Klöstern hat bloß ein Gehölz zu abgesonderten Spaziergängen, einen Garten und einen kleinen Weinberg. Sie leben insgesamt von der Freigebigkeit des Volks. Es sind zwei Jesuitenkollegien, zwei Dominikanerklöster, fünf Klöster für Serviten, und eines für Missionarien (Kongregation der Mission, Lazaristen), die alle sehr gute Besitzungen haben. Es sind auch einige Ländereien, welche anderen Orden, insonderheit den Karthäusern zu Pisa, gehören, denen ihre strenge Heiligkeit bei jedermann die Hochachtung verschaffen und ihre Rechte, selbst in der Zeit der größten Verwirrung, unverletzt erhalten muß. Man sollte vermuten, daß auf dieser Insel die Nonnenklöster einiges Verhältnis gegen die Mönchsklöster haben würden; es ist aber in der Tat kein einziges Nonnenkloster in ganz Corsica. Um dieses zu begreifen, muß man erwägen, daß die Einrichtung der Klöster gar oft in weltliche Absichten ist verwandelt worden, so daß der Adel in katholischen Ländern, die ihre Familien gern bereichern wollen, ihre Töchter bloß deswegen zu Nonnen machen, damit ihr Erbanteil dem ältesten Sohne zufallen möge. Die Genueser, welche die Corsen in beständiger Unterwürfigkeit erhalten wollten, bemühten sich, alles abzuwenden, damit der Adel auf der Insel nicht zu mächtig werden möchte. Sie verboten daher die Nonnenklöster, um ihnen die Gelegenheit abzuschneiden, wodurch sie reicher werden könnten. Hingegen ermunterten sie die Mannspersonen, den Mönchstand zu erwählen, um dadurch die Bevölkerung zu vermindern und den Familien eine Menge unverheirateter Frauenspersonen zu überlassen, die ihnen nur zu einer großen Last sind, wie man leider in protestantischen Ländern aus der Erfahrung weiß.

Man sollte überhaupt die Klöster dergestalt einschränken, damit dasjenige, was eine feierliche und gottesdienstliche Einrichtung zur Absicht hat, nicht so gemein würde, daß es seine Wirkung verlieren und bloß als eine Profession für milzsüchtige oder faule Leute angesehen werden möchte.

Unter der gehörigen Einschränkung muß es der Religion zum Vorteil gereichen, wenn man einige wenige verehrungswürdige heilige Orte hat, worin diejenigen aufgenommen werden, die ihre Pflicht gegen die Gesellschaft beobachtet haben, und sosehr über die Welt erhoben sind, daß sie den Abend ihres Lebens frommen Betrachtungen und dem Gebete gänzlich widmen wollen; ohne derer zu erwähnen, die durch ihre Leidenschaften zu Vergehungen verleitet worden, für welche sie durch eine abgezogene Lebensart Buße tun und eine freiwillige Strenge erwählen wollen, um die ewige Gerechtigkeit Gottes dadurch zu versöhnen[77].

Es ist wahrscheinlich, daß Paoli durch seine Sorgfalt und Aufmerksamkeit auf die Wohlfahrt seines Vaterlandes die Anzahl der Klöster in Corsica vermindern werde. Die jetzigen Patres können sich, während ihres Lebens, einen ruhigen Besitz ihrer Güter versprechen; allein, man wird vielleicht Verordnungen machen, um dadurch viele Noviziate, besonders von jungen Leuten, zu verhindern.

Die corsische Geistlichkeit und vornehmlich die Mönche, haben sich eifrig für die Sache der Patrioten bewiesen. Der Pater Leonardo, ein Franziskaner und Professor auf der Universität Corte, hat eine kleine Abhandlung unter dem Titel: *Discorso sacro civile* drucken lassen, worin er behauptet, daß diejenigen, welche in einem Treffen für ihr Vaterland umkommen, als Märtyrer anzusehen sind. Diese Lehre hat eine große Wirkung gehabt. Wir wissen, wieviel dieselbe bei den Türken und Russen ausgerichtet hat. Ja, Cicero sagt es schon, daß der Patriotismus eine Tugend sei, welche den Himmel verdiene: „All diejenigen, welche die Wohlfahrt des Vaterlandes erhalten, befördern und vermehren, haben einen gewissen und bestimmten Platz im Himmel, wo sie eine immerwährende Glückseligkeit genießen".[78]

Geistlicher Segen für den Befreiungskrieg: Der korsische Klerus erklärt den Krieg nach langen Beratungen zu einem „gerechten Krieg".

Die Kriegsmacht von Corsica besteht vornehmlich in einer mutigen und tapferen Miliz. Ein jeder Corse bekommt sogleich eine Muskete in seine Hand, wenn er imstande ist, sie zu tragen. Sie sind auch wegen der beständigen Übung im Schießen vortreffliche Schützen und können mit einer einzigen Kugel in einer großen Entfernung ein sehr kleines Ziel treffen.

In jedem Dorfe ist ein Wachtmeister, und in jeder Pieve ein Kriegskommissar, welcher die Aufsicht über alle Wachtmeister seines Bezirks hat. Diese Offiziere werden von dem General mit Genehmhaltung des Volkes erwählt. Sie sind allzeit bereit, seine Befehle anzunehmen und soviel Mannschaft, als er zum öffentlichen Dienste fordern sollte, auszuheben.

Man hat in Corsica nur fünfhundert Soldaten, die im Solde stehen; dreihundert zur Leibwache des Generals; und zweihundert zur Wache für die Obrigkeit der verschiedenen Provinzen; und zur Besatzung einiger kleiner Festungen an besonderen Plätzen auf der Insel[79].

Die Miliz ist allerdings die wahre Stärke einer freien Nation. Rom hatte bis in das Jahr 347 nach Erbauung der Stadt keine Soldaten im Solde, und sie wurden alsdann erst von den Patriziern eingeführt, um sich zu einer Zeit, da der Senat wegen der Tribunen in großer Verlegenheit war, bei dem Volke in Gunst zu setzen[80].

Paoli erfand eine vortreffliche Methode, die Tapferkeit seiner Landsleute zu befördern. Er schrieb einen Brief an die Priester eines jeden Kirchspieles auf der Insel und verlangte von ihnen ein Verzeichnis von allen denen, welche in Schlachten für ihr Vaterland geblieben wären. Der Brief selbst war in folgenden Worten abgefaßt:

Pasquale de Paoli, General des Königreichs Corsica.

Hochehrwürdiger Herr Rektor!

Um der Welt die Tapferkeit und Frömmigkeit derer bekanntzumachen, welche ihr Blut in der Verteidigung der Rechte und der Freiheit unseres Vaterlandes vergossen haben, und um ihre Verdienste vorzüglich auszuzeichnen, und ihren Familien die gütige Neigung der Nation gegen sie zu zeigen, haben wir uns entschlossen, ein genaues und vollständiges Verzeichnis dieser Helden zu machen, und es drukken zu lassen, damit es auch bei der Verfertigung einer Geschichte unserer Nation nützlich sein möge. Da sie nun, mein Herr, als Rektor, besser als sonst jemand, die Umstände ihres Kirchspiels kennen, so vermutet man, daß sie die Mühe gern über sich nehmen werden, uns bei diesem Vorhaben behilflich zu sein, und sich deswegen bei den ältesten und verständigsten im Dorfe genau zu erkundigen, und sie zu ersuchen, daß sie ihnen die Namen und Familien derer anzeigen, die im Dienste ihres Vaterlandes vom Jahr 1729 bis auf die gegenwärtige Zeit getötet oder verwundet sind, und dabei den Ort, den Monat und das Jahr mit der größten Genauigkeit bemerken mögen.

Die Priester haben diesem Briefe die genaueste Folge geleistet, und es ist niemals eine Verordnung besser ausgeführt worden. Man sollte dieses bei jeder Nation einführen, weil es den Soldaten einen doppelten Mut einflößen würde, welche dadurch ihren guten Ruhm erhalten und zu gleicher Zeit ihren Anverwandten ein schätzbares Vermächtnis eines Anspruchs auf die Gütigkeit des Staats hinterlassen könnten.

Ich habe mich oft gewundert, wie die Liebe zum Ruhm die gemeinen Soldaten, bei unseren Armeen, mitten in die größte Gefahr führt, da doch alles, was sie tun, kaum ihren Anverwandten bekannt, und öffentlich gar nichts davon gehört wird. Die Corsen sind eben noch nicht sehr exerziert gewesen, da sie bisher mehr verteidigungsweise gefochten und eine Art von irregulären Kriegen geführt haben. Jetzt aber, da sie zum völligen Siege über ihre Feinde mit schnellen Schritten fortgehen wollen, ist ein gewisser Grad von Mannszucht allerdings nötig.

Ein Corse ist mit einer Flinte, einer Pistole und einem Dolche bewaffnet. Er trägt einen kurzen Rock von sehr schlechtem dunklen Tuche, welches auf der Insel gemacht wird, nebst einer Weste und Hosen von ebendiesem, oder von französischem und italienischem Tuche, vornehmlich von Scharlach. Er hat eine Patronentasche, die mitten um seinen Leib an einem Gehenke befestigt ist. In diese Tasche wird sein Dolch gesteckt, und auf der linken Seite des Gehenkes hängt seine Pistole, seine Flinte aber hängt quer über seine Schulter herab. Er trägt schwarzlederne Gamaschen, und eine Art Mütze von schwarzem Tuche, die mit rotem Fries gefüttert, und an der Stirne mit einem Stück von feinem und artig umnähtem Stoff geziert ist. Diese Mütze ist den Corsen besonders eigen und eine sehr alte Tracht. Sie ist auf allen Seiten aufgeschlagen, und wenn sie heruntergelassen wird, so hat sie die Gestalt eines Helms, wie diejenigen sind, die wir an der Säule des Trajan sehen. Die corsische Tracht ist überhaupt zum Durchstreichen in den Hölzern und Bergen sehr bequem und gibt den Menschen ein lebhaftes und kriegerisches Ansehen.

Die Soldaten tragen keine Uniform, und die Corsen haben weder Trommeln, Trompeten, Pfeifen noch andere Instrumente der kriegerischen Musik, als eine große Seemuschel, die am Ende durchstochen ist, womit sie einen so lauten Schall machen, daß man es in einer großen Entfernung hören kann. Diese Seemuschel würde zum Gebrauche auf der See noch bequemer sein. Virgil stellt den Triton vor, wie er damit das Meer in Bewegung setzte[81].

Alltägliche Bewaffnung und Tracht der Korsen, wie Boswell sie in Übereinstimmung mit dieser Abbildung aus einer späteren Quelle schildert.

Der Oberste Montgomery hat mir erzählt, daß dieses Instrument in Amerika, und insonderheit in Carolina, häufig gebraucht werde. Der Schall desselben ist nicht helltönend und durchdringend, sondern vielmehr matt und gedämpft, wie der Schall eines großen Hornes. Doch hat es einige Ähnlichkeit mit dem römischen *Lituus.* Der Herr John Cuningham von Caprinton hat mir einen *Lituus* gezeigt, dessen auch in Bläus' Atlas[82] erwähnt wird. Er war auf einem alten Schlachtfelde zu Coilsfield in Ayrshire ausgegraben worden, und hatte ehemals den alten Baronen zu Caprinton zur Zusammenberufung ihrer Anhänger gedient.

Da die Corsen immer mehr Verbesserungen zu machen suchen, so werden sie auch gewiß den Gebrauch musikalischer Instrumente zum Kriege annehmen, deren Wirkungen in alten Zeiten sehr groß gewesen sind, wie uns Polybios, ein verständiger und wichtiger Schriftsteller, ein sorgfältiger Forscher der menschlichen Natur, und ein Mann, der eben nicht leichtgläubig ist, versichert. Und bei den Armeen in neueren Zeiten sind die Wirkungen dieser Instrumente nicht unbekannt.

Die Corsen machen sehr viele Flinten und Pistolen, wovon die meisten vortrefflich gearbeitet sind. Sie verfertigen auch viel Pulver; doch fehlt es ihnen noch zur Zeit an einer Stückgießerei. Diejenigen Kanonen, welche sie jetzt führen, sind entweder von ihren Feinden erbeutet, oder auswärts gekauft, oder aus den Trümmern der gescheiterten Schiffe ausgefischt. Sie können auch ihre eigenen Kugeln noch nicht verfertigen; sondern sie bringen sie vom festen Lande herein, oder nehmen sie den Genuesern weg, auf deren Unkosten sie bisher den Krieg fortzusetzen gesucht haben. Ein Corse erzählte mir, daß sie eben nicht viel Kugeln brauchten, weil der Corse, wie er sagte, nicht eher schießt, als bis er das Ziel gewiß gefaßt hat.

Die Corsen sind ohne Zweifel schon von Natur dazu bestimmt, daß sie zur See stark sein sollen, indem sie viele gute Häfen und vortreffliches Bauholz haben; sie haben aber zur Zeit bei dem Schiffbau noch keine hinlängliche Einsicht, noch Geld genug, geschickte Arbeitsleute zu unterhalten. Es fehlt ihnen desungeachtet nicht an kleinen Schiffen, unter denen einige noch eine ziemliche Größe haben. Ihre Schiffsangelegenheiten werden durch den Grafen Peres, den man den Großadmiral von Corsica nennen kann, mit vieler Klugheit und Einsicht regiert.

Wir haben bereits oben bemerkt, wie reich Corsica an natürlichen Produkten sei, und es ist kein Zweifel, daß diese Insel einen beträchtlichen und ausgebreiteten Handel mit Öl, Wein, Honig, Wachs, Salz, Kastanien, Seide, Harz, Buchsbaum, Eichen, Fichten, Porphyr, Marmor von verschiedener Art, Blei, Eisen, Kupfer, Silber und Korallen treiben könnte. Gegenwärtig fängt der Handel erst an, unter den Corsen aufzublühen. Man findet bei ihnen eine große Menge von Korallen, und zwar von allen drei Arten, rote, weiße und schwarze. Den Juden zu Livorno, welche daselbst eine Korallenmanufaktur angelegt haben, ist es ausschließungsweise von den Corsen erlaubt worden, diesen Handel zu treiben; dagegen sind sie der Nation dadurch sehr nützlich, daß sie ihr Geld verschaffen und sie mit Kanonen versehen.

Die Corsen wären imstande, viele vortreffliche Weine zu bauen, indem ihre Trauben sehr schön sind. Sie machen zu Capo Corso zwei Arten guter weißer Weine, wovon die eine Art eine große Ähnlichkeit mit dem Malagawein hat: Ein Teil davon wird jährlich nach Deutschland geführt und für den letzteren verkauft; und ein anderer Teil wird zu Livorno aufgekauft und nach England geführt, wo man ihn ebenfalls für ein spanisches Produkt hält. Eine andere Art von diesen weißen Weinen hat etwas Ähnliches mit dem Frontignac.

Frauen aus Dörfern des Cap Corse, die ihre Produkte auf dem Markt in Bastia anbieten wollen.

Zu Furiani macht man einen weißen Wein, der dem syrakusischen gleich kommt, und zwar nicht so süß ist, im ganzen aber diesem letzteren noch vorzuziehen ist. Furiani ist auch in der corsischen Geschichte wegen einer hitzigen Belagerung berühmt, wo fünfhundert Genueser zurückgetrieben und von dreihundert Corsen geschlagen wurden.

In einigen Dörfern macht man einen sehr süßen Wein, der dem Tokaier sehr nahe kommt. Zu Vescovato und zu Campoloro baut man ebenfalls Wein wie Burgunder, und in der ganzen Insel findet man Weine von verschiedenen Sorten. Es ist in der Tat zu verwundern, was für einen Unterschied eine kleine Veränderung des Bodens oder der Gegend, sogar in einerlei Weinbergen, im Geschmack verursacht. Der Saft aus den corsischen Trauben ist so herrlich, daß er allzeit, ob er gleich noch auf eine ungeschickte Art bearbeitet wird, um seines natürlichen Geschmacks willen angenehm bleibt.

Ich halte dafür, man könnte in Corsica einen Wein von gesunder und gemäßigter Eigenschaft machen, der etwas von Cläret und Burgunder an sich hätte und für dieses Land sehr heilsam sein würde. Allein, die Corsen sind durch viele Kriege so sehr beunruhigt worden, daß sie keine Zeit gehabt haben, irgendeine Kunst oder Manufaktur zu verbessern. Man hat mich desungeachtet versichert, daß die Ausfuhr des Öls auf 2 500 000 französische Livres, und der Kastanien auf 100 000 Kronen, nach ebendiesem Gelde, jährlich betragen habe.

Vielleicht kann man es auch noch erleben, daß sich die corsische Nation im Handel hervortut. Der Handel hat in alten Zeiten allzeit am meisten in Republiken als zu Tyrus, Sidon und Karthago; und in neueren Zeiten zu Venedig, Genua, Lucca und den vereinigten Provinzen, geblüht. Dieses hat der große John de Witt, Pensionär von Holland[83], dessen Betrachtungen von Scharfsinn und langer Erfahrung zeugen, vollkommen erläutert.

Nichts hat wohl die Verbesserung in Corsica mehr verhindert, als die großbritannische Verordnung, worin den Untertanen verboten wird, mit der corsischen Nation eine Handelsgemeinschaft zu unterhalten. Ich kann nicht sagen, was die Staatsursachen einer solchen Verordnung mögen gewesen sein. Es kommt mir auch nicht zu, hinter den Vorhang zu schauen und die Geheimnisse der Regierung zu erforschen. Soviel getraue ich mir zu behaupten, daß ein gutes Vernehmen mit Corsica zu keinem geringen Vorteile, in Ansehung des Handels und des Interesses dieses Landes, sein würde; wenn es auch nur wegen unseres Fischhandels und unserer Wollmanufakturen wäre; nicht zu gedenken der verschiedenen anderen Artikel, die zu unserem gemeinschaftlichen Vorteil gereichen würden. Ich weiß gewiß, daß die Corsen, wenn es nicht wegen dieser Verordnung gewesen wäre, bei dem Ende des letzteren Krieges verschiedene von unseren besten Seekapers würden in ihren Dienst genommen haben, welche die Genueser mit Nachdruck hätten im Zaume halten, und den tapferen Einwohnern der Insel ein Ansehen zur See verschaffen können, dadurch sie gewiß achtungswürdig geworden wären. Und in der Tat, ein Volk wäre es wert, welches die Glückseligkeit der Freiheit so edelmütig gemacht hat, daß die Standhaftigkeit desselben ein Geschlecht von Helden geliefert hat, die soviel getan haben, um sich selbst ebendiese Wohltat zu verschaffen; zumal da die Großmut, welche wir ihnen dadurch erzeigten, mit dem Interesse des Handels beider Königreiche gar sehr übereinstimmen würde.

Man hat vorgegeben, daß der Herzog von Nivernois, der bei unseren Ministern genug vermochte, diese Verordnung, zum Vorteil der Genueser, ausgewirkt habe.

Einige staatsverständige Männer haben ihre Verwunderung darüber bezeugt, daß sich Großbritannien gegen die Genueser, die doch allzeit den Franzosen gar sehr ergeben sind, so günstig erwiesen habe, zumal da es bekannt sei, daß die Franzosen ohne ihre Hilfe die Flotte zu Toulon, die sie instandsetzte, Minorca wegzunehmen, nicht hätten ausrüsten können, und die Genueser, während des letzten Krieges, beständig Schiffe für sie gebaut und sie mit Seeleuten versehen haben; folglich die Corsen, als Liebhaber der Freiheit, natürlicherweise eine Hochachtung gegen die Briten haben müssen, wie es auch wirklich der Fall ist.

Doch kann man hoffen, daß andere Absichten in dem geheimen Staatsrate dieser Nation die Oberhand behalten werden. Ein Fürst, der jede Tugend besitzt, und von der wahren Empfindung der Freiheit belebt wird, und die Freude fühlt, sein eigenes Volk glücklich zu machen, wird gewiß auch wünschen, seine Gütigkeit weiter auszubreiten.

Der Ackerbau ist jetzt noch in einem sehr unvollkommenen Zustand in Corsica. Ihre Ackerwerkzeuge sind sehr schlecht gemacht, und sie wissen auch von dem, was sie haben, noch nicht den besten Gebrauch zu machen. Ihr Pflügen ist ein bloßes Kratzen über die Oberfläche der Erde, und sie wissen beinahe gar nichts von den Vorteilen der Düngung, ob sie gleich wegen eines hinlänglichen Vorrats davon nicht verlegen sein dürften. Diese allgemeine Bemerkung kann sehr wohl mit den häufigen Produkten, in verschiedenen Gegenden der Insel, bestehen, wo ein größerer Grad von Fruchtbarkeit und mehr Fleiß und Aufmerksamkeit auf den Ackerbau, als gewöhnlich, angetroffen werden.

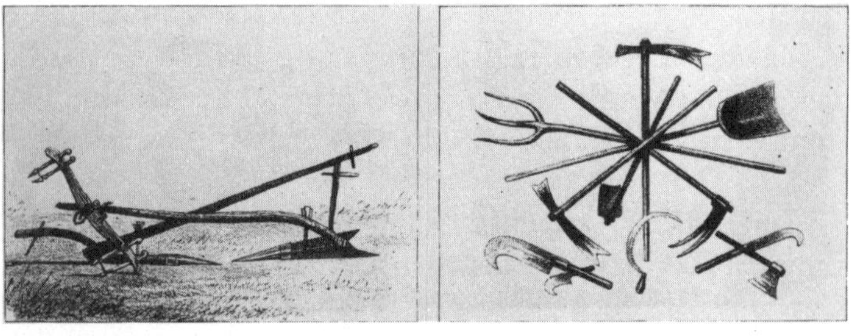

Zeitgenössische Ackerwerkzeuge der Korsen.

Der höchste Staatsrat bestimmt zwei oder mehrere Personen in jeder Provinz, welche die Aufsicht über den Anbau des Landes haben, und die dienlichsten Maßregeln zur Beförderung desselben ergreifen, und insonderheit zur

Pflanzung der Maulbeerbäume ermuntern, da es gewiß ist, daß Corsica eine große Menge Seide liefern kann. Der Gartenbau ist fast gänzlich verabsäumt worden; und man hat nur vor kurzem eine Verordnung gemacht, wodurch jedermann, der einen Garten besitzt, verbunden ist, jährlich Erbsen, Bohnen und alle Arten von Gartengewächsen zu pflanzen, und zwar nicht weniger als ein Pfund von jeder Art, unter der Strafe von vier Livres, welche der Podesta einfordern muß.

Ebenso hat auch der Staatsrat zwei Konsuln gesetzt, welche über die Beschaffenheit und den Preis der verschiedenen Arten von Waren auf der Insel die Aufsicht führen, und auf alles ein wachsames Auge haben, was zur Beförderung des Handels abzielt.

Die Lebensmittel in Corsica sind nicht teuer, und die Preise davon sind sehr mittelmäßig, wie man aus folgendem sehen wird.

Ein Zugochse kostet ungefähr 80 Livres.
Eine Kuh kostet ungefähr 20 bis 30 Livres.
Ein Pferd von der besten Art 100 bis 140 Livres.
Eine Stute kostet ungefähr 70 bis 80 Livres.
Ein Esel kostet ungefähr 20 bis 25 Livres.
Ein Schaf gegen 4 Livres.
Ein Rebhuhn kostet ungefähr 4 Sols.
Drosseln und Amseln, jedes 2 Sols.
Rindfleisch, das Pfund 2 Sols.
Schöpsenfleisch kostet ungefähr 2 Drittel Sols.
Der beste Fisch, das Pfund 2 Sols.
Der geringere Fisch, das Pfund 1 Sols.
Der Wein, eine Flasche zu 6 Pfund Wasser, 4 Sols.

Das corsische Geld ist von gleichem Wert mit dem toskanischen.

Öl wird in Fässern, dem Werte nach zu 40 bis 50 Livres, verkauft. Ein Faß hält 20 Maß, und ein Maß 4 Quartier.

Wein wird in Fässern von 12 Zuchas verkauft; die Zucha hält 9 große florentiner Flaschen.

Getreide wird nach Scheffeln verkauft; der Scheffel hält 12 Bacini; der Bacino wiegt ungefähr 20 Pfund. Der Preis eines Scheffels ist 18 Livres.

Das corsische Pfundgewicht ist mit dem toskanischen einerlei.

Die Regierung trägt jetzt Sorge, eine Gleichheit im Maße und Gewicht einzuführen.

Reisende Händlerfamilie aus der Balagne, der damals fruchtbarsten Gegend Korsikas.

Der Lohn eines Arbeitsmannes oder Tagelöhners beträgt einen Livre des Tages, nebst Essen und Trinken; wenn aber ein Arbeitsmann in seiner Hantierung geschickt ist, so bekommt er etwas mehr.

Die Schnitter haben keinen Lohn an Gelde, sondern ein jeder bekommt, außer seinem Essen und Trinken, einen Bacino von dem Getreide, welches er abschneidet.

Die corsischen Manufakturen sind jetzt ebenfalls noch sehr schlecht. Ich habe bemerkt, daß ihre Wolle ausnehmend grob und überhaupt schwarz ist, und daß sie daraus nur ein dickes und schweres Tuch verfertigen. Die ganz schwarze Wolle wird noch am meisten geschätzt, sobald aber, als ein wenig weiße Wolle damit vermischt ist, so wird das Tuch davon nicht sehr geachtet, weil es von einer dunkelgrauen oder schwarzbraunen Farbe ist. Sie müssen nur feine Tücher einführen, indem die Corsen, außerdem daß kein hinlänglicher Vorrat an Wolle zum Dienste der Insel vorhanden ist, auch nicht gelernt haben, etwas anderes, als erwähntes grobes Tuch zu verfertigen.

In Sardinien werden außer verschiedenen Zeugen zu Kleidern auch Bettdecken und Teppiche von mancherlei Farben verfertigt. Wenn die Corsen mehr Ruhe bekommen, so werden sie ohne Zweifel ihre Nachbarn in diesen Künsten nachahmen. Doch in dem größten Teile von Italien trägt niemand, als ein Landmann, inländisches Tuch; und wenn sie auch an manchen Orten ein feineres Tuch machen, so ist es aus fremder Wolle verfertigt, die man aus verschiedenen Ländern einführt.

In Corsica wächst sehr viel Flachs, und es ist gewiß, daß noch ein weit größerer Überfluß davon könnte gebaut werden. Ich vermutete daselbst, wo nicht feines holländisches, irisches und schottisches Gewebe, doch wenigstens einen beträchtlichen Vorrat von guter und starker Hausleinwand anzutreffen. Allein in der Tat, die Corsen sind darin noch sehr zurück, so daß sie kaum überhaupt einige Leinwand verfertigen, welches eine beschwerliche und teure Einfuhr dieser Ware verursacht.

Ein corsischer Herr sagte einstmals zu mir: „Wenn wir in unserem Königreiche eine solche Anstalt, wie die Gesellschaft zu Dublin ist, und einen D. Samuel Madden hätten, und denjenigen Prämien geben könnten, welche sich in Manufakturen hervortun, wie es in der Hauptstadt von Irland geschieht, so würden wir unsere Leinwand, sowohl als andere Fabrikwaren, zu einiger Vollkommenheit bringen können."

Die Corsen haben einen Überfluß an Öl für ihre Lampen, welches das Licht ist, dessen sie sich gemeiniglich bedienen. Sie machen auch Wachslichter, und wenige Talglichter, weil ihr Vieh, wie ich schon bemerkt habe, nicht so viel Fett liefert.

Es ist auf der Insel ein Überfluß an Leder. Viele von den Bauern lassen die Häute, insonderheit die wilden Schweinshäute, bloß in der Luft trocknen und hart werden und ihre Schuhe daraus verfertigen, ohne das Leder zu gerben. Sie tun dieses bloß aus Armut und Nachlässigkeit, da sonst die Kunst zu gerben in Corsica sehr wohl bekannt ist, und die Materialien dazu so überflüssig sind, daß man sehr viel Baumrinde nach Italien führt. Die Corsen bedienen sich einer Methode, mit den Blättern von wilden Lorbeeren zu gerben, die sie in der Sonne trocknen und zu Pulver schlagen. Dieses gibt dem Leder eine Art von einer grünlichen Farbe. Soviel ist gewiß, daß man viele Mittel brauchen kann, um das Gerben damit zu verrichten. Auf der Insel Sankt Kilda gerbt man mit Tormentillwurzel[84].

Man kann sich leicht vorstellen, daß der Zustand der Gelehrsamkeit in Corsica noch sehr schlecht sein müsse, indem es allzeit die Absicht von Genua gewesen ist, die Einwohner dieser Insel in der größten Unwissenheit zu erhalten, und überdies die Unruhen des Krieges ihnen wenig Zeit übriggelassen haben, das Studieren abzuwarten. Die alte Bemerkung, daß die Gesetze unter dem Geräusch der Waffen schweigen müssen, trifft auch hier ein, und man kann von den Musen mit Recht sagen, daß sie der Krieg aus jedem Lande vertreibt.

Paoli, und die Klügsten von der Nation, die er um Rat fragte, sahen sehr bald ein, daß es, um das corsische Volk in einen solchen Stand zu setzen, worin aller Hoffnung nach ihre Freiheit beständig dauern und unverfälscht auf die

Nachkommenschaft fortgepflanzt werden könnte, not sein würde, ihre Gemüter durch die Mitteilung der wahren Wissenschaft zu verbessern, und ihnen die gesunden und vernünftigen Grundsätze beizubringen, wodurch die Verfassung des Reichs dauerhaft erhalten werden könnte.

Demzufolge wurde endlich nach einer langen Beratschlagung im Jahr 1764 beschlossen, eine Universität in der Stadt Corte zu errichten; bei welcher Gelegenheit auch ein Manifest[85] bekanntgemacht wurde, worin man dem corsischen Volke die grausame Staatsklugheit von Genua, es in Unwissenheit zu erhalten, zu Gemüte führte, und ihnen die Stiftung anzeigte, welche die väterliche Sorgfalt der Regierung zu ihrem Unterricht gemacht hätte.

Dieses Manifest war kein eitles Vorgeben von einer Sache, die man nicht hätte ausführen können. Paoli hatte sich die größte Mühe gegeben, die gelehrtesten Männer auf der Insel zusammenzubringen, und viele gelehrte Corsen, die sich in fremden Staaten niedergelassen hatten, waren uneigennützig und patriotisch genug, die geringen Vorteile, welche ihnen Corte verschaffen konnte, anzunehmen. Sie hielten sich schon für belohnt genug, daß sie eine Gelegenheit erhielten, zur Glückseligkeit ihres Vaterlandes dadurch etwas beizutragen, daß sie es von der genuesischen Finsternis, die schlimmer war, als die Unwissenheit der Goten, befreien und diejenigen Helden erleuchten könnten, deren unverbesserlicher Patriotismus in einem so großen Glanze bereits geschienen hatte.

Die Professoren auf der Unversität zu Corte sind meistens Patres von verschiedenen geistlichen Orden. Sie sind in ihrer Arbeit unermüdet, und die corsische Jugend zeigt eben die Scharfsinnigkeit des Geistes in ihrem Studieren, welche sie im Kriege so vorzüglich an den Tag gelegt hat. Es sind zu Corte einige sehr gute Hörsäle, wo die Professoren ihre Vorlesungen halten. Man kann aber noch nicht erwarten, daß sie schon etwas haben sollten, welches den ordentlichen

Gebäuden unserer Kollegien gleich wäre. Die Studenten wohnen in der Stadt.

Bei Gelegenheit der Gelehrsamkeit muß ich noch bemerken, daß zu Corte auch eine Druckerei und ein Buchladen sind, welche beide ein Luccaner, ein Mann von vieler Geschicklichkeit in seinen Geschäften, unterhält. Er hat sehr gute Lettern; er druckt aber nichts anderes als die öffentlichen Manifeste, Kalender und kleine erbauliche Schriften, wie auch die corsischen Zeitungen, welche auf hohe Erlaubnis von Zeit zu Zeit, wenn sich etwas Neues ereignet, bekanntgemacht werden, und nichts anderes als die Neuigkeiten von auswärtigen Sachen oder Privatanekdoten, so daß bisweilen drei Monate vergehen, ehe ein Zeitungsblatt zum Vorschein kommt.

Es wird lange währen, ehe die Corsen zu einer solchen Verbesserung ihrer Zeitungen gelangen, die in London zu einer unvergleichlichen Vollkommenheit gebracht ist; und ich glaube immer, daß eine englische Zeitung die mannigfaltigste und außerordentlichste Art von Schriften ist, die jemals die Menschen gemacht haben. Eine englische Zeitung kann zu ebender Zeit, da sie die Verständigen von den wirklichen Begebenheiten in Europa unterrichtet, die ausschweifende Einbildung in erdichteten Begebenheiten vergnügen, und den veränderlichsten Geschmack mit Versuchen über jede Materie, und in einer jeden Schreibart, unterhalten.

Man hat in Corsica verschiedene Abhandlungen über politische Streitigkeiten, die dem Titel nach zu Corte gedruckt sind, sie sind aber in der Tat zu Lucca oder zu Livorno gedruckt. In einigen von diesen Abhandlungen, wovon ich eine zahlreiche Sammlung besitze, bemühen sich die Verfasser mit vielem Fleiße und Scharfsinn zu beweisen, daß die Corsen frei sein müssen. Ihre Schriften sind gutenteils in der Schreibart der tiefsinnigen Abhandlungen für und wider die erblichen und unfehlbaren Rechte der Könige geschrieben, womit alle Bibliotheken in vorigen Zeiten bei uns angefüllt waren. Man häuft darin Zeugnisse auf Zeugnisse, um die deutlichsten Sätze zu beweisen, und wie der Poet sagt: so führen sie den Aristoteles an, um zu beweisen, daß der Rauch in die Höhe steige und der Schnee weiß sei.

Die natürlichen und göttlichen Vorrechte der Freiheit bedürfen keiner Hilfe einer Vernunftlehre, die man mit so gutem Erfolg für die Sklaverei angewandt hat.

Das Genie und der Charakter der Einwohner von Corsica verdienen besonders bemerkt zu werden, weil sie einige Schriftsteller in alten Zeiten, und die genuesischen Anhänger in den neueren Zeiten sehr schlecht abgemalt haben.

Bei dem Muratori[86] finden wir den Petrus Cyrnäus, *De rebus Corsicis*, in 4 Büchern. Dieser Petrus war ein Priester in dem Kirchspiele zu Aleria, im fünfzehnten Jahrhundert. Sein Familienname war Felice. Er nahm aber die gelehrte Benennung Cyrnäus an, welche von Cyrnos, dem griechischen Namen seines Vaterlandes, hergeleitet ist. Er war sehr arm, und suchte seinen Unterhalt in verschiedenen Gegenden von Italien durch Kinderlehren, und hielt sich lange zu Venedig als ein Korrektor bei einer Buchdruckerei auf. Endlich schrieb er, nach seiner Zurückkunft in sein Vaterland, seine Geschichte, welche er bis auf das Jahr 1516 fortgeführt hat.

Die einzige Handschrift von diesem kleinen Werke ist in der Bibliothek des Königs von Frankreich. Und Muratori ließ es 1738 drucken, da die Corsen, wie er sagt, ein wildes, bäurisches und aufrührisches Volk, aufs neue eine Rebellion erregt, und nun schon lange der durchlauchtigsten Republik Genua viele Unruhe gemacht haben; wobei er hinzusetzt: „So wie Petrus Cyrnäus seine Nation beschreibt, daß sie beständige Zänkereien und Unruhen unterhalte, ebenso lernt man sie auch jetzt kennen."

Petrus verteidigt gar sehr die Ehre dieser Insel. Er beharrt darauf, daß ein Sohn des Herkules daselbst regiert habe. Strabo erzählt uns[87], daß ein Sohn des Herkules sich in Sardinien niedergelassen habe, welches vermutlich zu der erwähnten Nachricht, in Absicht auf Corsica, Gelegenheit gegeben hat. So wie Livius sagt[88], daß man es dem Altertume verzeihen müsse, wenn es den Ursprung der Staaten weit herrlicher vorstellt, als er in der Tat gewesen ist.

Petrus ist ein sehr ausschweifender Patriot. Er kann den Strabo gar nicht leiden, der, ungeachtet der günstigen Nachricht, welche Diodorus Siculus (Diodor) von Corsica gegeben hat, doch lieber die schlimmste Abbildung, sowohl von dem Lande, als von dessen Einwohnern, macht und Petrus sagt ausdrücklich, daß die vornehmste Ursache, warum er schreibe, diese sei, weil er wahrnehme, „daß die Lügen des Strabo überall ausgebreitet werden." Wobei er mit der völligen Heftigkeit eines wahren Sohnes des Herkules ausruft: „Sollen wir nicht unwillig sein, da er die ganze Insel verlästert hat? Sollen wir nicht klagen? Sollen wir nicht aufgebracht werden? – Doch wenn ich schweigen wollte, würden nicht die Mauern des Hauses, worin ich geboren, würde nicht die Stadt, worin ich erzogen bin, laut schreien?"

Es ist in der Tat zu verwundern, daß zwei Schriftsteller, wie Strabo und Diodor, in ihren Nachrichten so weit unterschieden sind, und einander, dem Ansehen nach, widersprechen. Strabo sagt[89]: „Cyrnos wird von den Römern Corsica genannt. Es ist sehr schlecht bewohnt, steinig, und an den meisten Orten fast unzugänglich, so daß diejenigen, welche auf den Bergen wohnen und vom Raube leben, schlimmer als die wilden Tiere selbst sind. Daher wenn die römischen Generale in ihr Land fallen, ihre Festungen angreifen und eine Menge von diesen Leuten wegführen, so kann man in Rom mit Verwunderung sehen, wie wild und viehisch diese Geschöpfe, dem Ansehen nach, sind. Denn sie sind entweder des Lebens überdrüssig und tun sich selbst Gewalt an, oder wenn sie leben, so geschieht es in einem solchen Zustande der Dummheit und Unempfindlichkeit, daß diejenigen, welche sie als Sklaven kaufen, einen sehr schlechten Handel treffen, ob sie gleich nur sehr wenig Geld für sie bezahlen, und es bedauern, daß sie ihnen in die Hände gefallen sind."

Diodor hingegen sagt[90]: „Die corsischen Sklaven scheinen

wegen ihres Nutzens zu den Verrichtungen des Lebens, wozu sie durch eine besondere Gabe der Natur geschickt sind, von allen anderen unterschieden zu sein. – Diese Einwohner der Insel leben unter sich mit mehr Menschlichkeit und Gerechtigkeit, als alle anderen Barbaren – Ja, sie zeigen in allen anderen Verrichtungen, die im gemeinen Leben vorkommen, eine bewundernswürdige Achtung gegen die Billigkeit."

Der Herr Burnaby hält dafür, daß man diese so sehr verschiedenen Nachrichten miteinander vereinigen könne, wenn man annehme, daß die Schriftsteller von den Corsen in verschiedenen Betrachtungen reden; und daß sie Strabo als Feinde, Diodor aber als Freunde ansehe, wodurch man sie nicht allein miteinander vereinigen, sondern auch in eine genaue Übereinstimmung in Ansehung des jetzigen Charakters der Corsen bringen könne. Im Kriege sind sie so wütend wie Löwen. Der Tod selbst wird bei ihnen für nichts geachtet, und es ist keine Macht vermögend, etwas wider ihre Neigung auszurichten; sie werden erhitzt und leiden keinen Zwang[91]. Hingegen sind sie im Frieden und im bürgerlichen Leben im höchsten Grade sanftmütig und gerecht, und besitzen alle diese liebenswürdigen Eigenschaften, welche ihnen Diodor beilegt. Und auch da, wo sie freiwillig dienen, oder ihren Herren um einer liebreichen und artigen Begegnung willen ergeben sind, haben sie ebenfalls die übrigen Vollkommenheiten, welche er ihnen beimißt.

Mylord Hailes meint, daß eigentlich kein Widerspruch zwischen diesen berühmten Schriftstellern sei; indem Strabo die Corsen überhaupt nicht mißhandelte, sondern nur von der Grausamkeit derer unter ihnen in starken Ausdrücken geredet habe, welche auf den Bergen wohnen und vom Raube leben; eben so, als wenn er Schottland nach den ehemaligen gesetzlosen Zeiten beschrieben und gesagt hätte, daß die Hochländer daselbst eine sehr wilde Art Menschen wären.

Nach der Meinung des Mylord Monboddo wird nichts

mehr erfordert, um diese verschiedenen Charaktere der corsischen Sklaven miteinander zu vergleichen, als daß man zum Grunde setzt, daß diejenigen, welche Diodor zu bemerken Gelegenheit gehabt habe, sehr wohl gehalten worden; und daß man hingegen denen, welche Strabo bemerken konnte, sehr übel begegnet sei; indem eine gute oder schlimme Begegnung hinreichend gewesen, den Corsen das Ansehen des einen oder des anderen Charakters zuwegezubringen; so wie wir es noch heutzutage an vielen barbarischen Nationen wahrnehmen.

Allein, ich will doch lieber eine allgemeine Wildheit von den Corsen annehmen, und ich glaube desungeachtet, daß sich dieses wohl rechtfertigen lasse, wenn man die Begegnung betrachtet, welche dieses tapfere Volk von seinen Unterdrückern hat erfahren müssen. Und der Philosoph von Malmsbury sagte mit Recht: „Um der Gottlosen Bosheit willen müssen auch die Guten bei ihrer Selbstverteidigung ihre Zuflucht zu den kriegerischen Tugenden, nämlich zur Gewalt und List, oder zu der Raubbegierde der wilden Tiere nehmen."[92]

Petrus Cyrnäus nimmt es als einen festen Grundsatz an: „Alle Corsen sind frei, und leben nach ihren eigenen Gesetzen", und erteilt seinem Vaterlande diesen schönen Lobspruch: „Corsica ist allzeit eine Ernährerin der Armut, gastfrei gegen die Tugend, barmherzig gegen jedermann, und erhält diejenige Demut und Freigebigkeit, welche sie von ihrer strengen Lebensart, wozu sie gewohnt ist, einmal angenommen hat."

Das vierte Buch des Petrus Cyrnäus besteht gänzlich aus einer Nachricht von seinem eigenen unglücklichen Leben, und ist mit lauter seltsamen und lächerlichen Anekdoten angefüllt. Der Anfang davon ist sehr ernsthaft. „Weil ich einmal soweit gekommen bin, so wird es nicht unschicklich sein, von dem Leben und Sitten des Petrus, der dieses geschrieben hat, einige Nachricht zu erteilen." Er legt sich selbst einen vortrefflichen Charakter bei, und man kann

Gastfreundschaft der Korsen: ein Hirte lädt einen Fremden zum Essen ein.

wohl sagen, daß er die Wahrheit geschrieben habe. Doch ist seine Erzählung in Kleinigkeiten so umständlich, daß er sich sogar die Mühe gibt, der Nachwelt zu sagen, daß er einen sehr unordentlichen Gang gehabt und lieber süßen als herben Wein getrunken habe. Kurz, er war ein Mann von guten Talenten, die aber mit einer großen Einfalt und Unbeständigkeit des Charakters verbunden waren.

Doch ich will nunmehr den ehrlichen Petrus verlassen, mit welchem vielleicht einige von meinen Lesern eine nähere Bekanntschaft zu unterhalten wünschen.

Die Corsen sind von Natur geschwind und lebhaft, und haben eine besondere Neigung zur Beredsamkeit. Hieronymus de Marinis[93] legt ihnen diesen Charakter bei: „Ihre Berge sind voll von Bienenschwärmen, und fließen ganz von Milch und Honig über; welches mit dem Genie der Corsen sehr wohl übereinstimmt, die unter ihrer Zunge Milch und Honig, aber auch zugleich einen Stachel haben, und daher zur Beredsamkeit vor dem öffentlichen Gerichte gleichsam geboren sind."

Ich besitze zwei corsische Abhandlungen, oder vielmehr Reden an das Volk, welche einen trefflichen Beweis von ihrer Beredsamkeit abgeben können. Die eine Rede führt die Aufschrift: *La Corsica a suoi figli,* oder: „Corsica an ihre Söhne." Die andere: „*Corsica a suoi figli fleali,* oder: „Corsica an ihre ungetreuen Söhne."

In der ersten Rede werden die Patrioten unter anderem ermuntert, in der Verteidigung ihrer glorreichen Sache fortzufahren: „Folgt daher dem Beispiele derer, die ihr Vaterland errettet haben, und seid versichert, daß die Freiheit der Lohn eurer Bemühungen sein wird; und daß ihr unter dem angenehmen Schatten der Freiheit die lieblichen Früchte der Sicherheit, des Friedens, des Überflusses, des Vergnügens und des Ruhmes einsammeln werdet. Früchte, die euch desto süßer sein werden, je länger ihr derselben durch die Bosheit eurer Unterdrücker ohne Ursache seid beraubt gewesen."

In der zweiten Rede werden diejenigen von der Nation, welche einige Zaghaftigkeit oder Furchtsamkeit blicken ließen, auf folgende Art wider die Genueser angereizt: „Seht nur die Macht an, die euch in Furcht setzen wollte. Ihr habt sie schon verachtet und zur Zeit eurer größten Schwachheit über sie gesiegt, und zwar zu einer Zeit, da ihr noch gar nicht mit Gewehren, Munition, Schiffen, Häfen, Finanzen und Soldaten versehen wart; ja, zu der Zeit, da eure Oberhäupter in der Staats- und Kriegskunst und in der bürgerlichen und häuslichen Regierung noch unerfahren waren, und ihnen also die Regierungsarten noch beschwerlich fielen; zu einer Zeit, da die Parteien auf eine verwegene Art ihr Haupt emporhoben und überall Unkraut ausstreuten; da die Partei jenseits der Gebirge noch von der diesseitigen getrennt und unabhängig war; und die Herrschaft der Nation noch nicht festgesetzt und sicher war. Jetzt aber, da ihr durch eine glückliche Veränderung überflüssig mit Waffen und Munition versehen seid; Schiffe und Häfen genug besitzt; da ihr Soldaten errichtet, und die Summen zu ihrer Unterhaltung bestimmt habt, und nunmehr von den Beschwerlichkeiten und Unordnungen befreit seid, welche bei den Unternehmungen von einem zusammengelaufenen Haufen verursacht wurden; da ihr eure Finanzen in Ordnung gebracht habt; da eure Oberhäupter besser unterrichtet sind; und die Regierung des Landes nicht mehr beschwerlich ist; da die Parteien unterdrückt sind, und die Nationalregierung von allen Ständen des Reichs geehrt, von den Feinden gefürchtet, und von Auswärtigen als rechtmäßig erkannt wird; da die Parteien jenseits und diesseits der Gebirge insgesamt unter einem Oberhaupte vereinigt sind, (ich will es nur dem Neide zum Trotz sagen), welches an Weisheit und Scharfsinn, an Eifer und Redlichkeit, an Mut und Tapferkeit, und an Rechtschaffenheit der Gesinnungen, der Absichten und der Maßregeln, keinem von den berühmtesten Helden weicht; jetzt, sage ich, werdet ihr wohl in einem Zustande, der für euch noch niemals so blühend gewesen ist, und der euch, bei einer fortdauernden Beobachtung eurer Verbindlichkeiten, einen unsterblichen Ruhm und eine gänzliche Unabhängigkeit verspricht; werdet ihr euch noch vor einer eitlen, kläglichen und geringen Macht der Republik fürchten?“

Die Sprache der Corsen ist vorzüglich gut italienisch, die noch mit einigen Überbleibseln der barbarischen Mundarten, und mit wenigen genuesischen verdorbenen Wörtern vermischt, aber viel reiner als in manchen italienischen Staaten selbst ist. Ihre Aussprache ist nur noch etwas schlecht und nachlässig. Sie geben insonderheit dem Vokal „e“ einen sehr vollen und gedehnten Klang, der mir sehr unangenehm zu sein schien. Die Corsen schreiben auch das Italienische ziemlich vollkommen und zierlich, wie man sowohl aus den angeführten Stellen der beiden Reden, als auch aus ihren Manifesten sehen kann.

Die Corsen haben insgesamt eine Neigung zu den Künsten und Wissenschaften. Ich kann zwar noch nicht sagen, daß die Malerei unter ihnen schon geblüht habe; allein in der

Musik und Dichtkunst sind sie sehr glücklich. Es gibt wenige unter ihnen, die nicht auf der Zither, einem alten maurischen Instrumente, spielen, welches sie für die Kythara der Alten halten. Es hat dieses Instrument einen angenehmen und gefälligen Klang, und viele von ihren Arien sind rührend und schön.

Sie haben zwar zur Zeit auch noch kein großes und vollkommenes Gedicht aufzuweisen. Sie haben aber viele kleine und artige Stücke, die meistenteils auf den Krieg und auf die Liebe verfertigt sind. Der alte Hyacinto Paoli, der Vater des jetzigen Generals, hat verschiedene Sonette hinterlassen, die mit großem Feuer und Witz gemacht sind. Ich besitze selbst einige davon, und werde deswegen hier eines beifügen. Es wurde zum Lobe seines Nebengenerals, des Giafferi, bei Gelegenheit eines von ihm erfochtenen Sieges über die Genueser, bei der Belagerung von Cordona, verfertigt. Es kann sowohl als eine Probe von den großen Talenten dieses verehrungswürdigen Oberhauptes dienen, als auch zu gleicher Zeit einen Beweis von der edelmütigen Zufriedenheit mit dem Glücke eines anderen, der für ebendiese glorreiche Sache focht, abgeben:

Sonetto.

A coronar l'Eroe di Cirno invitto
  Morte discenda e se l'inchini il fato;
  E li sospiri del Ligure sconfitto
  Diano alla tromba della Fama il fiato
Fatto appena di Golo il bel tragitto
  Del nemico espugna forte steccato;
  Spezzò perigli, e al disugual conflitto,
  Virtù prevàlse, ov' ei comparve armato.
Cirno lo scelse, e'l suo destin l'arrise;
  E'l gran litigio à cui l'Europa è attenta
  Al suo valor, al brando suo commise
Il brando, ch'anche il destin spaventa
  All' ingrata Liguria il crin recise
  E à Cirno il scetro la sua man presenta.

„Den unüberwindlichen Helden von Cyrnos zu krönen, steige der Tod selbst herab, und neige sich das Schicksal; und der geschlagene Ligurier gewähre auch bei seinen Klagen der Trompete der Fama seinen Odem. – Kaum war der Held über den Golo gegangen, so eroberte er schon die starke Festung des Feindes; er achtete der Gefahr nicht; und seine Tapferkeit siegte, wo er bewaffnet erschien, im ungleichen Streit. – Cyrnos erwählete ihn, und sein göttliches Geschick billigte die Wahl; und der große Streit, auf dessen Ausgang ganz Europa aufmerksam war, wurde bloß seinem Mute und seinem Degen überlassen. – Dieser Degen, für welchen das Schicksal selbst zittert, überwand das treulose Ligurien, und Cyrnos erhielt aus seiner Hand das Zepter."

Die Corsen haben auch viele Balladen und Madrigals, die voll Scherz sind und eine feine Satire wider die Genueser enthalten; ja sie haben Versuche in ernsthaften und allegorischen Stücken, die sie selbst und ihre Feinde betreffen. Man findet daselbst vornehmlich eine Umschreibung des Vaterunsers, wo alle Bitten auf eine seltsame Art in harte Anklagen gegen die Genueser verwandelt sind.

Der Charakter der Corsen ist bereits bei der Vergleichung des Strabo und Diodorus Siculus berührt worden. Sie sind ohne Zweifel Leute sowohl von starken Leidenschaften, als auch von lebhafter und munterer Gemütsart. Dieses sind die Materialien, woraus die Menschen im hohen Grade entweder gut oder böse gebildet werden. Ich erinne mich immer noch der artigen Bemerkung, welche einstmals der Herr Rousseau machte, da wir über die verschiedenen Charaktere der Nationen sprachen, und er zu mir sagte: „Mir gefallen diejenigen Charaktere am besten, bei denen man viel Stoff findet." Dieses war sehr wohl gesprochen. Ein armer schwacher Geist ist unfähig, das Gewicht großer Tugenden zu tragen. Und wir können nur da, wo Stärke und Feuer miteinander verbunden sind, hoffen, daß sich würdige Charaktere erzeugen werden.

Die Einwohner dieser Insel besitzen zu allen Dingen viel Geschicklichkeit; allein ihr Glück ist so veränderlich gewesen, daß sie bloß wegen ihrer schweren und kühnen Unternehmungen berühmt geworden sind. Sie haben keine Gelegenheit gehabt, da sie von den Nationen, die sie umgeben, der Unterdrückung einer grausamen Republik überlassen worden, ihr Genie zur Gelehrsamkeit und zu den Künsten, wie auch ihre Gastfreiheit, ihre Höflichkeit und ihre übrigen lobenswürdigen Tugenden eines gesitteten Lebens zu zeigen. Hingegen haben sie auch in allem was sie von ihren Eigenschaften zu zeigen Gelegenheit gehabt, einen vorzüglichen Ruhm erworben.

Die Verfasser der Enzyclopädie sagen: „Die Corsen sind aufrührerisch, rachgierig und kriegerisch." Allein ihre beständigen Kriege wider die Tyrannen konnten sie in keinem anderen Licht zeigen.

Ein Schriftsteller *von höchstem Range* beschreibt sie also: „Die Corsen sind eine Handvoll Leute, die ebenso tapfer und entschlossen als die Engländer sind. Ich glaube, man wird sie nicht anders als durch Klugheit und Güte bezwingen. Man kann an ihrem Beispiel sehen, wieviel Mut und Tapferkeit die Liebe zur Freiheit den Menschen gibt; und wie gefährlich und ungerecht es ist, sie zu unterdrücken".[94]

Die Sitten der Corsen haben eine große Ähnlichkeit mit den Sitten der alten Deutschen, wie sie vom Tacitus beschrieben sind. Doch haben sie nicht ebendie große Neigung zum Trinken, indem sie sehr mäßig sind. Ihr moralisches Betragen ist in einem ungewöhnlichen Grade streng und sittsam, welches teils von den guten Grundsätzen, die noch nicht durch Schwelgerei verdorben sind, teils auch von der Ausübung der Privatrache gegen alle diejenigen herrührt, welche die Ehre ihrer Weiber verletzen.

Dieses letztere wird vielleicht einigen sehr rauh und grausam scheinen; allein ich halte es für sehr weise und edel. Ein zufälliger Mord ist doch besser als häufiger Ehebruch. Es ist besser, bisweilen einen verdorrten Zweig abzuschneiden, als

So sehr den Korsen die Ehre der Frauen (bis heute) über alles geht, so streng waren auch die Hochzeitssitten und -rituale: stammte die Braut beispielsweise aus einem anderen Dorf als ihr zukünftiger Ehemann, so wurde sie am Hochzeitstag von jungen Männern bis an die Gemarkungsgrenze ihres neuen Wohnortes begleitet und dort dem Bräutigam übergeben.

daß die ganze Gesellschaft verderben sollte. Wenn die moralischen Handlungen mit den Begriffen von der Ehre aufs genaueste verbunden sind, und die Laster von einer reizenden Art nicht ungescheut begangen werden, so kann man hoffen, daß die Menschen in einer gebührenden Ehrfurcht und in den Schranken ihrer Pflichten erhalten werden. Und wofern es uns an den törichten Zieraten und vergänglichen Vergnügen einer ausschweifenden Galanterie fehlt, so sind wir auch von ihren weibischen Sorgen, und ihren fieberhaften Leidenschaften, und von ihrer Falschheit und Verstellung befreit; solange die wohlanständigen Grundsätze und natürlichen edelmütigen Neigungen in ihrer völligen Kraft erhalten werden.

Diejenigen, welche glauben, daß das Duellieren notwendig sei, damit der feine Wohlstand der Höflichkeit erhalten werde, sollten die Privatrache als die strenge Beschützerin der Tugend, welche die Stütze eines jeden Staats ist, nicht tadeln.

Was Tacitus von den alten Deutschen sagt, kann man auch von Corsica sagen: „Niemand lacht daselbst über die Laster; und das Verführen oder Verführtwerden heißt daselbst nicht der Lauf der Welt".[95]

Die Corsen sind wie die alten Deutschen sehr träge und unempfindlich. Die Weiber verrichten daselbst den größten Teil der schweren und mühsamen Arbeit, wie es auch unter den schottischen Hochländern üblich ist. Doch sind sie im Kriege sehr emsig und munter wie die Deutschen, von welchen Tacitus sagt: „Es geschieht durch eine wunderbare Verschiedenheit der Natur, daß ebendiese Menschen die Faulheit lieben, und auch die Ruhe hassen".[96] Sosehr sich auch Paoli deswegen bemüht hat, die Corsen zur Arbeit zu gewöhnen, so bleiben sie doch immer noch träge und verabscheuen die Arbeit. Daher alle Jahre noch 800 bis 1 000 Sarden und Lukeser als Handwerksleute und Tagelöhner auf der Insel unterhalten werden.

Der Herr von Montesquieu bemerkt, daß alle trägen Nationen auch stolz sind. Dieses ist in der Tat der Fall bei den Corsen, wozu, wie ich vorher schon angemerkt habe, ihr Glück im Kriege ebenfalls viel beigetragen hat.

Der Herr von Montesquieu schlägt hierbei ein sehr gutes Mittel vor: „Man könnte vielleicht die Wirkung wider die Ursache richten und die Trägheit durch den Stolz vertreiben. In dem südlichen Europa, woselbst die Leute sosehr von der Ehre gerührt werden, würde es gut sein, wenn man den Arbeitsleuten, die ihren Fleiß am weitesten getrieben hätten, gewisse Prämien austeilte. Diese Methode ist zu unseren Zeiten in Irland von gutem Erfolg gewesen; indem man daselbst auf diese Weise eine der beträchtlichsten Leinwandfabriken, die in Europa sein können, errichtet hat".[97]

Die Corsen sitzen gern um ein Feuer herum. Diese

Korsische Hirten am Lagerfeuer.

Gewohnheit scheint ebenfalls den rauhen und wilden Nationen eigen zu sein. Die Indianer in Nordamerika tun es, und die alten Deutschen taten es auch. „Sie bringen ganze Tage am Feuerherde zu“, wie Tacitus sagt[98]. Die Skythen hatten nach Virgils[99] Ausspruche ebendiese Gewohnheit.

Man hat sonst sehr viel seltsame Gebräuche in Corsica gehabt. Diodor erzählt uns, daß die Männer sogleich, wenn die Weiber mit einem Kinde niedergekommen, für dasselbe gesorgt und sich ins Bett gelegt hätten, als wenn sie selbst krank wären, und überhaupt die Kinder so gewartet, daß die Mütter weiter keine Mühe mit denselben gehabt, als sie gesäugt hätten[100]. Eine so große Achtung gegen eine Frau, die für das Gemeinwesen so viel ausgestanden hat, zeigt in der Tat viel Menschenliebe an; ob wir gleich gegenwärtig über eine solche Einfalt lachen müssen. Man kann wohl sagen, daß die neue Höflichkeit und Artigkeit jener Menschenliebe gar nicht gleich kommt. Allein diese löbliche Gewohnheit wird heutzutage auch nicht mehr beobachtet.

Petrus Cyrnäus sagt, daß zu seiner Zeit der Ehestand unter den Corsen so geehrt und angesehen gewesen, daß wenn ein junges Frauenzimmer so arm gewesen, daß sie niemand verlangt, die Nachbarn eine Beisteuer zusammengelegt hätten, um derselben einen Mann zu verschaffen. Die Großmut konnte auf diese Weise wohl niemals besser ausgeübt werden. Epaminondas pflegte auf solche Art seine Großmut auch zu zeigen[101].

Es sind außerdem einige Gebräuche, die in Corsica noch beobachtet werden. Insonderheit haben sie verschiedene wunderliche Zeremonien bei dem Tode ihrer Anverwandten. Wenn ein Mann stirbt, zumal wenn er ist ermordet worden, so begleitet seine Witwe nebst allen verheirateten Weibern im Dorfe den Toten zu Grabe, woselbst die Weiber nach einem abwechselnden Geheule und anderen Ausdrücken der Betrübnis über die Witwe herfallen, und sie auf eine erbärmliche Art hin- und herzerren und schlagen. Sobald sie alsdann auf solche Weise ihrer Betrübnis ein Genüge getan, so führen sie dieselbe ganz mit Blut und Beulen bedeckt wieder in ihre Wohnung zurück. Ich habe zwar während meines Aufenthaltes auf der Insel keine Gelegenheit gehabt, dieses selbst zu sehen, ich habe es aber von glaubwürdigen Zeugen für gewiß gehört.

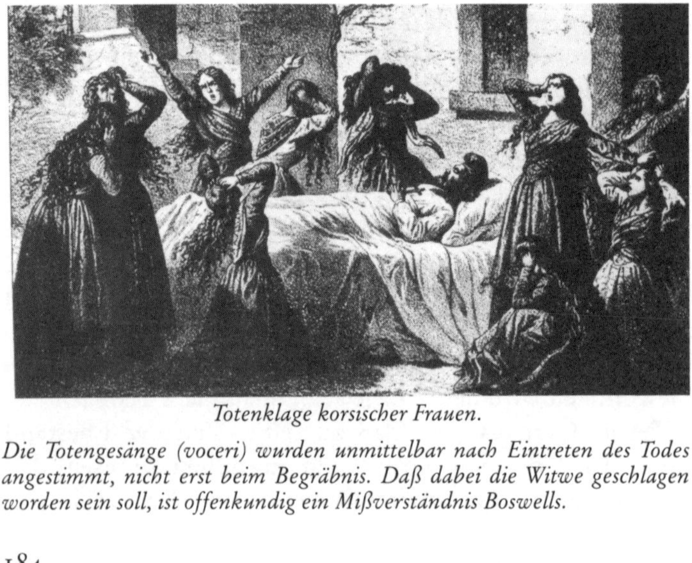

Totenklage korsischer Frauen.

Die Totengesänge (voceri) wurden unmittelbar nach Eintreten des Todes angestimmt, nicht erst beim Begräbnis. Daß dabei die Witwe geschlagen worden sein soll, ist offenkundig ein Mißverständnis Boswells.

Da ich nun bisher von dem Genie und Charakter der Corsen etwas gesagt habe, so muß ich noch mit Erlaubnis meiner Leser einen vorzüglich schönen corsischen Charakter an dem Beispiele des Herrn Clemens Paoli, dem Bruder des Generals, berichten.

Dieser Herr ist der älteste Sohn des alten Generals Hyacinto Paoli. Er ist ungefähr fünfzig Jahre alt, von mittelmäßiger Größe und finsterer Miene, seine Augen sind sehr beweglich und durchdringend, und er hat etwas in der Bildung des Mundes, welches ihm ein sonderbares Ansehen gibt. Er besitzt von Natur viel Verstand, und er hat ihn auch nicht unbearbeitet gelassen. Er war verheiratet gewesen, und hat eine einzige Tochter, welche jetzt die Gemahlin des Herr Barbaggi, eines der vornehmsten Herren auf der ganzen Insel, ist.

Der Herr Clemens ist viele Jahre her ein Witwer und wohnt zu Rostino als dem Stammorte der Familie der Paoli. Er lebt daselbst sehr eingezogen. Er hat ein veränderliches Temperament, und seine Begriffe von der Religion sind sehr streng und dunkel. Er bringt seine ganze Zeit, außer dem was er seinen Andachtsübungen widmet, mit Studieren zu. Seine Andacht dauert gemeiniglich des Tages sechs bis acht Stunden; er ist während dieser ganzen Zeit in der Kirche, wo er vor dem Altar mit aufgehobenen Händen und Augen in einer gewissen und steten Stellung und mit feierlicher Inbrunst betet.

Er hat sich selbst eine enthaltsame und strenge Lebensart zur Vorschrift gemacht, als wenn er die Gelübde einiger geistlicher Orden abgelegt hätte. Er hält sich viel bei den Franziskanern auf, die ein Kloster zu Rostino haben. Er trägt die gemeinste und schlechteste Kleidung des Landes, und es ist schwer, ihn von dem Geringsten unter dem Volke zu unterscheiden.

In Gesellschaft spricht er sehr wenig, und nur bei wichtigen Gelegenheiten erscheint er öffentlich, oder besucht seinen Bruder in Corte. Doch ist er bei drohender Gefahr der erste, der zur Verteidigung seines Vaterlandes erscheint. Er stellt sich an die Spitze des ganzen Haufens, und wagt sich in das hitzigste Gefecht; weil die Gottesfurcht mit dem größten Heldenmute bestehen kann, wie schon der fromme Racine in einer Stelle gesagt hat: „Ich fürchte Gott, mein lieber Abner, und weiß sonst von keiner anderen Furcht."

Im Anfang eines Treffens ist er gemeiniglich ganz ruhig und gelassen; und man sieht oft, daß er noch für den Menschen, auf welchen er schießen soll, betet. Er sagt selbst, es sei ihm leid, daß er in die Notwendigkeit gesetzt sei, ihm das Leben zu nehmen; da er aber ein Feind von Corsica sei, und die Vorsehung ihn hierher habe kommen lassen, damit er außerstande gesetzt werde, ferner Schaden zu tun, so hoffe er, daß Gott ihm sein Verbrechen vergeben und zu sich nehmen werde. Sobald er aber wahrnimmt, daß zwei oder drei von seinen Landsleuten neben ihm fallen, so ändert sich auch gleich seine ganze Gemütsverfassung. Seine Augen fangen an, von Zorn und Unwillen zu entbrennen, er wird wütend und teilt rund um sich herum Rache aus.

Sein Ansehen im geheimen Rate ist nicht geringer als seine Tapferkeit im Felde. Seine starke Beurteilungskraft und seine ausgebreitete Kenntnis, die mit einer besonderen Heiligkeit des Charakters verbunden sind, geben ihm bei den öffentlichen Beratschlagungen einen großen Vorzug; durch seinen Einfluß auf den Staat leistet er seinem Bruder, dem General, einen beträchtlichen Dienst.

Da wir nun auf solche Weise die Corsen haben kennen lernen, wie sie so rühmlich nach den besten Rechten der Menschlichkeit streben, und unter der Anführung eines berühmten Generals und klugen Staatsmannes ihre Freiheit befestigen, und eine tugendhafte und glückliche Nation bilden wollen: ist es wohl möglich, daß wir noch bei ihrem Glücke gleichgültig sein können? Und muß ein Brite nicht ihre Tapferkeit und ihre Weisheit bewundern? Ein englischer Dichter, den ich nicht kenne, hat Corsica erhoben? Ich danke ihm für die gute Gesinnung, die er dadurch an den Tag gelegt hat, und füge hier, mit seiner Erlaubnis, eine Stelle aus diesem schönen Gedichte bei[102].

Die Corsen sind meistenteils von kleiner und unansehnlicher Statur, wie die schottischen Hochländer, doch findet man unter diesen ebensowohl wie unter den Corsen viele Leute von ziemlicher Größe und gutem Ansehen.

Die Anzahl der Einwohner in Corsica ist schon seit langer Zeit nicht genau bestimmt worden; man kann sie aber doch füglich auf 220000 Seelen rechnen; indem vor dem ersten Aufstand daselbst im Jahre 1729 auf 40000 Familien gezählt wurden, welche an Genua Steuern bezahlten, so daß damals die Anzahl der Einwohner, wenn man fünf auf jede Familie rechnet, 200000 Seelen betrug.

Nun ist es gewiß, ob es gleich unglaublich zu sein scheint, daß die Anzahl der Einwohner während des Krieges zugenommen hat, wie man aus folgenden Bemerkungen deutlich sehen wird.

Der Pater Canecelloti, ein jesuitischer Missionar, der ganz Corsica durchreist hat, und sich genau danach erkundigt hat, rechnet, daß die Insel in dreißig Jahren unter der genuesischen Regierung durch Meuchelmord und andere Ursachen über 28000 Seelen verloren hat.

Hingegen hat die Insel in den dreißig Jahren des Krieges nicht über 10000 Menschen verloren, wozu noch diejenigen gerechnet sind, die wegen der Unruhen ihr Vaterland verlassen und ihr Glück auf dem festen Lande versucht haben.

Daher ist die Berechnung der Anzahl von den Einwohnern, wie sie gegenwärtig ist, vollkommen richtig.

Doch ist jetzt die Anzahl der Corsen viel geringer als sie in alten Zeiten war. Und ein vortrefflicher Schriftsteller hat wohl angemerkt, „daß die Entvölkerung vieler Länder von den großen Verwüstungen der Römer herzurühren scheint, die sie in den kleinen Staaten und einzelnen Städten angerichtet haben, ehe sie ihre unumschränkte Herrschaft völlig festsetzen konnten".[103] Eine solche Entvölkerung konnte auch in keinem Staate mehr stattfinden als in Corsica, weil die Einwohner in keinem Lande sich schwerer überwinden ließen. Fügt man hiernächst den römischen Verwüstungen noch die häufigen Empörungen bei, welche viele Jahrhunderte hindurch die Insel erschüttert haben, so kann man bei der Rechnung in Ansehung der Abnahme ihrer Einwohner gar nicht fehlen.

Man rechnet ferner, daß von den 220000 Seelen, die in Corsica sein sollen, ungefähr 10000 in Bastia, und 25000 Menschen in dem übrigen Gebiete der Genueser sind; so daß man nach dieser Rechnung ungefähr 200000 Mann zu der patriotischen Nation zählt, von welchen Paoli auf 40000 Mann bewaffnet ins Feld stellen kann.

Es ist daher auch gar nicht wahrscheinlich, daß die Genueser jemals eine so ansehnliche Nation zu einer niederträchtigen Unterwürfigkeit bringen sollten, da die meisten von diesem tapferen Volk in den unruhigen Zeiten geboren und in den Gesinnungen des heftigsten Hasses gegen die Republik erzogen worden. Es ist kein Kind in Corsica, welches nicht, wenn es ein wenig Schießpulver bekommen kann, dasselbe sogleich anzünden, und bei Losbrennung desselben ein Freudengeschrei erheben, und dabei nicht anders, als ob es den Feind in die Luft gesprengt hätte, ausrufen sollte: „Da sind die Genueser".

Ich glaube, die weisesten und besten von dem genuesischen Adel halten jetzt selbst dafür, daß die Republik ihre Ansprüche auf die Herrschaft über ein Volk sollte fahren lassen, welches durch eine lange Erfahrung gezeigt hat, daß es gegen die genuesischen Waffen unüberwindlich sei, und jeden Versuch, den die Republik wider dasselbe gemacht, völlig vereitelt, und sich doch zuletzt noch zu einem Staat gebildet hat, der einen gegründeten Anspruch auf die Unabhängigkeit machen kann. Allein die weisesten und besten in Genua werden daselbst auch wie in anderen Staaten durch die Mehrheit der Stimmen überwältigt; und die Republik fährt immer noch fort, ihren Schatz auszuleeren, und opfert ihre Soldaten vergeblich auf, um Corsica wieder zu erobern.

Der Abt Richard[104] hat hiervon eine sehr richtige und lebhafte Beschreibung erteilt:

„Das Königreich Corsica, wovon die Republik einige Seeplätze besitzt, kostet dieselbe erstaunliche Summen; sie zieht daraus nicht den geringsten Nutzen, und muß immer noch wider ein unregelmäßiges Volk streiten, welches für die Freiheit bewaffnet ist. Allein da die genuesischen Nobili sich insgesamt für Könige halten, so wird sie dieser Grund, der bei ihnen sehr viel vermag, allzeit antreiben, wenigstens zur Erhaltung dieses Titels nichts zu sparen. Dieses ist der Gegenstand des Ehrgeizes, der sie am meisten rührt. Sie halten nichts für so wichtig als die Nachrichten aus diesem Lande, zumal wenn das Gleichgewicht auf die Seite der Rebellen (oder vielmehr Patrioten,) sich zu neigen scheint. Eine genuesische Dame, die einstmals durch einige glückliche Vorfälle beunruhigt war, welche eine gänzliche Veränderung zum Besten der Einwohner dieser Insel anzukündigen schienen, und bald darauf vernahm, daß die Hoffnung der Republik wieder auflebe, sagte mit entzückender Freude: ‚Dem Himmel sei Dank, wir sind also noch ein wenig Königinnen'."

Da ich noch mit der Verfertigung dieser Beschreibung von Corsica beschäftigt war, so faßten die tapferen Corsen den Entschluß, einen kühnen Streich zu spielen und die Insel Capraia zu erobern.

Capraia oder Caprara, liegt an der östlichen Küste von Corsica, ungefähr fünfundzwanzig Meilen von Capo Corso, der toskanischen Küste gegenüber. Diese Insel war ehemals mit dem Königreich Corsica verbunden, indem sie ein Stück von dem Lehnsgebiete der adeligen Familien der Damari ist, denen es die Genueser genommen hatten.

Capraia hält ungefähr fünfzehn Meilen im Umfange. Die ganze Insel ist ausnehmend bergig und hat einen dürren und steinigen Boden. Sie ist ringsherum so sehr mit Felsen umgeben, daß sie fast auf allen Seiten unzugänglich ist und vielen Schiffen, die über das Mittelmeer fahren, zur Bedeckung und Sicherheit dient. Sie hat gegen 3000 Einwohner, die insgesamt in einer Stadt an dem Ende der Insel gerade über den Hafen herauf beisammenwohnen.

Die Mannspersonen von Capraia sind alle stark und gesund. Sie gehen alle zur See, und man hält sie in dieser Gegend für die verwegensten und erfahrensten Schiffer. Die Weiber beschäftigen sich vornehmlich mit dem Weinbau, der auf dieser Insel ziemlich gut gerät. Es ist hier eine starke Festung auf einem hohen Felsen angelegt, welche die Stadt und den Hafen bestreichen kann. Sie ist sehr wohl mit Artillerie versehen, und die Genueser halten daselbst eine Besatzung. Es sind hier auch noch zwei andere feste Türme an den beiden äußersten Enden der Insel, die aber mehr gebaut sind, um die barbarischen Seeräuber abzuhalten, als das Land selbst zu verteidigen, welches durch die Natur so wohl befestigt ist.

Im Monat Dezember 1766 reiste der Herr Paul Mattei von Centuri in seinen eigenen Privatangelegenheiten nach Frankreich und ging auf seiner Rückreise bei Capraia ans Land, woselbst er sich viele Mühe gab, sowohl den Zustand der Besatzung, als auch ihren Hafen und Küste, den Mangel an Provision, und die geringe Sorgfalt, womit die Insel verteidigt wurde, auszukundschaften.

Bei seiner Rückkunft nach Corsica tat er dem Paoli den Vorschlag, eine Landung auf Capraia zu unternehmen. Sein Vorschlag wurde sogleich gebilligt, und die Ausführung dieser Unternehmung wurde dem Herrn Achilles Murati, dem Kommandanten zu Erbalonga, wie auch dem Herrn Johann Baptista Ristori, dem Kommandanten zu Furiani aufgetragen, der auch wirklich am 16. Februar 1767 gegen Abend in Begleitung des Herrn Mattei und verschiedener mutiger Herren aus den vornehmsten Familien in den Provinzen Capo Corso und Nebbio, die als Freiwillige mitgingen, aus

Macinaggio absegelten. Sie hatten einige wenige Einwohner von Capraia bei sich, die ihnen als Wegweiser dienten.

Sie landeten in der Nacht zu Capraia an. Die corsischen Befehlshaber kündigten sogleich den Capraesern an, daß sie in keiner feindlichen Absicht zu ihnen gekommen wären, und nur die Genueser aus ihrem Lande vertreiben wollten, damit die Einwohner von Capraia die herrlichen Früchte der Freiheit mit ihren alten Freunden, den Corsen, gemeinschaftlich genießen möchten; sie hofften daher auch, daß man sie anstatt eines Widerstandes freundschaftlich aufnehmen würde. Hierauf vereinigten sich gleich viele Einwohner mit ihnen, und fingen an, die Festung zu belagern.

Eroberung Capraias durch die Korsen (1767).

Die Genueser wurden hierdurch im höchsten Grad erbittert, da sie sahen, daß die Corsen, welche sie für einen Haufen von Rebellen ausgeschrien hatten, so kühn waren, aus ihrem Lande zu gehen und ihnen die Oberherrschaft über eine andere Insel auf dem Mittelmeere zu nehmen: Eine Begebenheit, die in ganz Europa bekannt ist, und sowohl zu dem Ruhme der Corsen als auch zur Schande der Republik vieles beitragen mußte. Sie sparten daher weder Mühe noch Unkosten, diese Unternehmung zu vereiteln.

Sie schickten eine ansehnliche Flotte ab, unter dem Kommando des Herrn Augustin Pinello, eines Mannes von vieler Lebhaftigkeit und Mute, und eines wirklichen Senators von Genua.

Ebenso ließen sie den Obersten Antonio Matra, mit einem Korps auserlesener Mannschaft dahin abführen, der durch Hilfe eines capraesischen Galeerensklaven eine Landung bewirkte, und zwar an einem Orte, den die Corsen für unzugänglich gehalten und also gar nicht geachtet hatten.

Matra griff die Corsen zu Lande, und der Herr Pinello zu Wasser an zwei verschiedenen Orten an, so daß sie ein sehr hitziges und hartnäckiges Treffen aushalten mußten. Desungeachtet wurde Pinello zurückgetrieben, und das Korps des Matra gänzlich geschlagen.

Ich wollte gern die verschiedenen besonderen Umstände dieser Unternehmung erzählen, und ich besitze auch Materialien genug dazu; wenn ich nicht befürchten müßte, daß es wider den Plan meines Werks wäre. Das Kastell von Capraia ergab sich endlich am 29. Mai.

Die Corsen haben durch diese Eroberung ihre Herrschaft beträchtlich vermehrt; sie haben einen Zuwachs von einem sehr nutzbaren Volke erhalten; und sie sind nunmehr imstande, die Gemeinschaft zwischen den Genuesern und ihren Besatzungen in Corsica zu verhindern oder doch wenigstens sehr schwer zu machen.

Der Herr Jakob Stuart hat die Corsen eben nicht zum besten geschildert. Seine Worte sind diese: „Die Corsen haben den besten Teil ihrer Insel an Genua verführt oder vielmehr verkauft, und nunmehr, da sie das Geld dafür in Damast und Samt vertan haben, so wollen sie es wieder dadurch zurückbringen, daß sie das Eigentum der Genueser einziehen, die sowohl für die Insel bezahlt, als auch den Wert derselben durch den Wechsel ihres Handels gegen die Corsen wieder zurückgegeben haben".[105]

Es war aber mit Erlaubnis dieses angesehenen Schriftstellers nicht der Handel, sondern der Wechsel des schlechten Glückes, welches Corsica den Genuesern unterwürfig machte; und der größte Teil, wo nicht vielmehr das ganze Eigentum des genuesischen Adels auf dieser Insel, war bloß durch Gewalt oder List erworben worden. Der ausschweifende Staat der Corsen in Damast und Samt ist gänzlich erdichtet.

Corsica ist vielleicht das einzige Land auf der ganzen Erde, wo die Verschwendung und Pracht niemals ist eingeführt worden. Die Genueser können auch nicht vorgeben, daß sie sich selbst durch ein besonderes Übergewicht ihres Handels zu Herren von Corsica gemacht hätten; indem diese Republikaner von den Einwohnern dieser fruchtbaren Insel viele Lebensmittel erhielten, welche ihnen ihr eigenes schmales Gebiet in hinlänglicher Menge nicht verschaffen konnte.

Es ist überhaupt töricht, wenn die Genueser noch länger behaupten wollen, daß die Corsen als Rebellen anzusehen sind. Ein corsischer Schriftsteller hat sich diesem Vorwurfe auf eine edle Art widersetzt. Ich will mit seinen Worten auch meine Beschreibung von Corsica beschließen:

„–Wie? Rebellen? Schämen sie sich nicht, uns diesen Titel zu geben? Uns, die wir den Krieg mit so vieler Gelindigkeit und Sanftmut führen, daß man auf nichts anderes denkt, als das Blut zu sparen, um die Güter und die Ehre unserer Mitbürger zu erhalten? Uns endlich, die wir nichts anderes suchen, als das Vaterland von dem größten unter allen Übeln zu befreien, und uns daher auch kein anderer Titel zukommt, als der Name der Erretter. Da wir nun, Gott, dem Geber alles Guten, sei es gedankt! unseren Endzweck schon erreicht; da wir nach und nach eine höchste, freie, unabhängige und uneingeschränkte Regierung aufgerichtet, welche Herr über Leben und Tod vieler tausend Untertanen ist, die sie erkennen, und derselben Treue und Gehorsam leisten. Da wir ferner auch Gerichte, Richter und Obrigkeiten, Minister und Diener der Gerechtigkeit, Sekretariate und Kanzleien, öffentliche Buchdruckereien, ordentliche Gesetze und Statuten, Truppen und Finanzen errichtet, und verordnet; da wir unter unserer Regierung Festungen und Besatzungen, Kastelle und Gefängnisse, Waffen und Kanonen, Häfen und Schiffe haben; da wir durch gerichtliche Prozesse und Urteile lossprechen und verdammen, Gaben und Steuern auflegen, unsere Siegel führen, unsere Flaggen aufstecken, Freiheiten erteilen, Notarien machen, Kriege ankündigen, Belagerungen vornehmen, Übergaben und Waffenstillstände schließen, welches alles Zeichen der Oberherrschaft sind; wie können sie uns noch Privatleute nennen? – Ist das alles zusammen nicht hinlänglich, zu erweisen, daß wir keine Privatleute sind, daß unsere Oberherrschaft erkannt worden, und daß wir also keine Rebellen gegen die Fürsten sind?

Doch, die frommen und eifrigen Herren von Genua werden uns vorwerfen, daß wir Rebellen gegen die Kirche sind. Dieses ist aber völlig umgekehrt. Wer hat Weiber und Kinder von den heiligen Altären weggerissen, um sie ins Gefängnis zu werfen? Wer hat verehrungswürdige Kapuziner an den Pranger gestellt, weil sie die Wahrheit und das Gewissen nicht haben verletzen wollen? Wer hat einen Bischof, der von Rom aus nach einem fünfjährigen Gefängnis für unschuldig erklärt worden, in der Verzweiflung und durch Gift sterben lassen? Wer hat auf dem Boden eines hohen Turmes eine große Menge Geistlicher und Religiöser umkommen lassen, ohne daß man jemals gewußt, was sie für ein Verbrechen begangen? Wer hat die Rekurse nach Rom verhindert? Wer hat die Canonici umgebracht, und die Mönche hängen lassen? Wer hat die Leichname aus den Gräbern herausnehmen und sie durch den Henker mißhandeln lassen? Wer hat die Verteidiger des Vaterlandes aus der Kirche und aus den Gräbern auf dem Felde als verbannte Leute ausgraben lassen? Wer hat die Kirchen geplündert? Und um ihren Grimm zu stillen, eine Pfarrkirche, eine Canonica und andere Kirchen auf dem Lande in die Luft fliegen lassen? Wer hindert die weltlichen und Ordenspriester, nicht nach ihrer eigenen Herde zu sehen? Wer verbietet den eifrigsten Arbeitern ihre heiligen Missionen zu verrichten, und andere zu schicken, welche die Pest ausbreiten, die Empörungen befördern, und die Verschwörungen rechtfertigen, die ganze Ströme von Blut kosten? Wer macht, daß die weitläufigsten Pfarren lange Zeit ohne Priester und Sakramente bleiben? Dieses sind alles unleugbare Dinge, die wir nach allen besonderen Umständen ausführlich beschreiben könnten, wenn es nötig wäre. Und diese sind es noch, die uns als Rebellen gegen die Kirche schelten? Uns, die wir nicht das Geringste von alldem begangen haben."

Tagebuch

einer

Reise nach Corsica,

nebst

merkwürdigen Nachrichten

vom

Pascal Paoli.

Tagebuch

einer Reise nach Corsica.

Da ich mich einmal entschlossen hatte, zu meinem Unterrichte und Vergnügen mich einige Jahre in fremden Ländern aufzuhalten, so faßte ich auch den Vorsatz, die Insel Corsica zu besuchen. Ich wünschte aber etwas mehr, als die gewöhnliche Reise zu machen, welches man gemeiniglich die europäische Tour nennt; und dabei schien mir Corsica ein Land zu sein, welches noch niemand sehr bereist habe, und woselbst ich noch vieles, was man sonst nirgends antrifft, finden würde, nämlich ein Volk, das wirklich für die Freiheit ficht, und sich selbst aus einer armen unansehnlichen Nation zu einem blühenden und unabhängigen Staat erhoben hat.

Als ich in die Schweiz kam, so besuchte ich den Herrn Rousseau. Er lebte damals in einer seltsamen Einsamkeit, wobei es vielleicht für ihn würde besser gewesen sein, wenn er niemals herausgekommen wäre. Solange er entfernt war, erfüllte seine ausnehmende Beredsamkeit unsere Gemüter mit hohen Vorstellungen von dem einsamen Philosophen; sobald er aber unter die Menschen kam, so wissen wir, leider! schon aus der Erfahrung, wieviel diese Vorstellungen von ihm verloren haben.

Er empfing mich sehr höflich, weil mich mein Freund, der Graf von Marschall, ihm empfohlen hatte, mit welchem ich vorher das Glück gehabt hatte, einen Teil von Deutschland zu durchreisen. Ich hatte gehört, daß Herr Rousseau einen Briefwechsel mit den Corsen unterhielte, und daß sie ihn gebeten hätten, ihnen bei der Abfassung ihrer Gesetze beizustehen. Ich erzählte ihm, daß ich gesonnen wäre, sobald ich meine Reise durch Italien würde gemacht haben, die Corsen zu besuchen, und ich ersuchte ihn, daß er mir ein Empfehlungsschreiben geben möchte. Er versprach mir, dieses sogleich zu tun, sobald ich ihm nur die Zeit melden würde,

Jean Jacques Rousseau.

(Aus: P. Noack: Was ist Politik? München / Zürich 1963, S. 67).

wenn ich dahin gehen wollte; indem er wohl sah, daß meine Neigung gegen die tapferen Bewohner dieser Insel ebenso heftig als die seinige war.

Diesem zufolge schrieb ich ihm von Rom im April 1765, daß ich den Monat September zu meiner corsischen Reise festgesetzt hätte und ihn daher ersuchte, mir das Empfehlungsschreiben zu schicken, und im Fall er mir dieses versagte, ich desungeachtet dahin gehen, und, allem Ansehen nach, als ein Spion würde gehangen werden, welches er alsdann zu verantworten hätte.

Der einsame Philosoph hielt sein Wort als ein redlicher Mann, und ich empfing, bei meiner Ankunft zu Florenz im Monat August, folgenden Brief:

Dem Herrn Boswell. *Zu Moutiers, den* 30. Mai 1765.

Die unruhige Verfassung, in welcher ich mich seit Ihrer Abreise befinde, hat mir keine Zeit verstattet, Ihren ersten

Brief zu beantworten, und läßt mir jetzt kaum soviel Zeit, Ihr zweites Schreiben mit wenig Worten zu beantworten. Damit ich mich nun bloß an dasjenige halte, was so dringend ist, nämlich die Empfehlung, die Sie nach Corsica verlangen, so melde ich Ihnen, daß, weil Sie so begierig sind, die tapferen Einwohner dieser Insel zu besuchen, Sie sich nur zu Bastia nach dem Herrn Buttafoco, einem Hauptmann des königlich italienischen Regiments, erkundigen dürfen. Er hat sein Haus zu Vescovato, wo er sich oft aufhält. Er ist ein sehr würdiger Mann, der viel Einsicht und Verstand hat. Sie dürfen ihm nur diesen Brief zeigen, so können Sie versichert sein, daß er Sie wohl aufnehmen und Ihnen Gelegenheit verschaffen wird, die Insel und ihre Einwohner nach Ihrem Belieben zu besehen. Wenn sie den Herrn Buttafoco nicht antreffen, und geradenwegs zu dem Herrn Pascal Paoli, dem General der Nation gehen wollen, so können Sie ihm ebenfalls diesen Brief zeigen, und ich weiß gewiß, da ich seinen edelmütigen Charakter kenne, daß Sie mit seiner Aufnahme sehr wohl zufrieden sein werden. Sie können ihm auch noch sagen, daß Mylord Marschall aus Schottland ihr guter Freund ist, und daß ebendieser Herr einer der eifrigsten Anhänger der corsischen Nation ist. Übrigens haben Sie keine andere Empfehlung bei diesem Herrn nötig, als Ihr eigenes Verdienst. Die corsische Nation ist von Natur so höflich und gastfrei, daß alle Fremden, die zu ihnen kommen, sehr wohl aufgenommen werden. Ich wünsche Ihnen glückliche Reise, Gesundheit, Vergnügen und eine baldige Rückkunft: Ich umarme Sie von ganzem Herzen.

J.J. Rousseau.

Mit diesem Beglaubigungsschreiben versehen, brannte ich vor Begierde, bei dem berühmten General zu sein. Die Reizungen des angenehmen Siena hielten mich länger auf, als wohl billig hätte geschehen sollen. Ich trug ein Verlangen, mit den Vergnügungen von Toskana die rauhe Luft von Corsica zu verwechseln.

Ich erinnere mich noch mit Erstaunen, wie wenig der wirkliche Zustand von Corsica denjenigen bekannt war, die doch gute Gelegenheit hatten, es zu kennen. Ein angesehener Offizier von der englischen Flotte, der in verschiedenen Häfen der Insel gewesen war, sagte mir, daß ich mein Leben in Gefahr setzte, wenn ich unter diese Barbaren gehen wollte, indem der Geselle seines Wundarztes, da er ans Land gegangen, um sich mit Schießen zu belustigen, alle Augenblicke von einigen Eingeborenen, die mit geladenen Flinten aus den Büschen hervorkommen, sei beunruhigt worden und gewiß sein Leben würde verloren haben, wenn ihn nicht seine corsischen Führer noch geschützt hätten.

Ja selbst zu Livorno, welches nur eine Tagesreise von Corsica liegt, und eine beständige Gemeinschaft damit hat, fand ich Leute, die mir es widerrieten, dahin zu gehen, weil es gefährlich sein möchte.

Ich empfand desungeachtet nicht die geringste Furcht, nach Corsica zu gehen. Der Graf Rivarola, der sardische Konsul, der selbst ein Corse ist, versicherte mir, daß jetzt die Insel in einem sehr gesitteten Zustande sei, und daß, selbst in den unruhigsten Zeiten, kein Corse jemals einen Fremden angreifen würde. Der Graf war so gütig, daß er mir die verbindlichsten Briefe an viele Personen auf der Insel mitgab. Ich war nun schon in verschiedenen fremden Ländern gewesen und hatte erfahren, daß ich mich nach meinen Nebengeschöpfen, von verschiedenen Sprachen und Gesinnungen, bequemen könnte. Ich befürchtete also nicht, daß es mir schwerfallen würde, mich mit den aufrichtigen und großmütigen Corsen zu vertragen.

Die einzige Gefahr, die ich dabei sah, war diese, daß mich vielleicht einige barbarische Seeräuber wegnehmen könnten, und daß ich hernach eine Probe der Sklaverei unter den Türken zu Algier ablegen müßte. Ich redete deswegen mit dem Admiral Harrison, der über die britische Flotte im Mittelmeer gesetzt war, und damals mit seinem Schiffe, der Centurion, in dem Hafen zu Livorno lag. Dieser versicherte mir, daß mich die Türken, wenn sie mich wegnähmen, nicht lange behalten sollten. Doch war er so gütig, um auch dieses zu verhindern, daß er mir einen sehr ausführlichen und eigenen Paß mitgab; und wie dieser mir nichts nütze war, wenn ich keine Seeräuber antraf, so sagte er auch zu mir im Scherze, da er mir den Paß gab: „Mein Herr, ich hoffe, daß sie ihn nicht brauchen werden."

Ehe ich Livorno verließ, so bemerkte ich, daß die italienischen Staatskundigen meine Reise auf einer sehr ernsthaften Seite betrachteten, nicht anders, als ob ich wirklich von meinem Hofe einen Auftrag hätte, einen Traktat mit den Corsen zu schließen. Je mehr ich alle diese Dinge abzulehnen suchte, desto mehr beharrten sie darauf, daß es gewiß sei, und jedermann sah mich für einen sehr geheimen jungen Herrn an. Ich mußte es daher geschehen lassen, daß sie einen Minister aus mir machten, bis die Zeit sie eines anderen belehren würde.

Ich fuhr von Livorno in einem toskanischen Schiffe ab, welches nach Capo Corso gehen und daselbst Wein laden wollte. Ich zog dieses einem Schiffe vor, welches nach Bastia abging, weil ich nicht wußte, wie der französische General gegen die Corsen gesinnt war, und deswegen befürchtete, daß er mir nicht erlauben möchte, zu dem Paoli zu gehen. Ich faßte daher den Entschluß, auf dem Gebiete der Nation anzulanden, und alsdann nach meiner gemachten Bekanntschaft mit dem berühmten General den Franzosen meine Aufwartung zu machen, wenn ich sehen würde, daß es sicher geschehen könnte.

Ob man gleich von Livorno nach Corsica gewöhnlicherweise in einem Tage segeln kann, so war doch damals eine so große Windstille, daß wir zwei Tage auf dieser Fahrt zubrachten. Der erste Tag war der verdrießlichste. Doch es waren zwei oder drei Corsen auf dem Schiffe, und einer von ihnen spielte auf der Zither, welches mich ungemein vergnügte. Bei Sonnenuntergang sangen alle Leute auf dem Schiffe das Ave Maria mit großer Andacht und guter Melodie. Es war angenehm, den Geist ihrer Religion kennenzulernen und zu hören, wie sie ihr Abendopfer darbrachten.

Am zweiten Tage wurden wir besser miteinander bekannt, und waren munter und fröhlich. Die würdigen Corsen glaubten, daß es sehr dienlich wäre, einem jungen Reisenden, der eben aus Italien käme, gute Lehren zu geben. Sie sagten mir, daß man mich in ihrem Vaterlande mit der größten Gastfreiheit aufnehmen würde. Wofern ich es aber wagen würde, eine von ihren Weibern zu schänden, so könnte ich auch auf einen schleunigen Tod Rechnung machen.

Ich beschäftigte mich verschiedene Stunden mit vielen Betrachtungen, die mir großen Mut einflößten. Die Annäherung zu der Insel, welche in meiner Einbildungskraft eine ungewöhnliche Größe erhalten hatte, ward mir immer angenehmer. Solange als ich zurückdenken kann, habe ich immer gehört: „Von den Mißvergnügten in Corsica, und von dem Paoli an ihrer Spitze." Nun war es ein artiger Einfall, daß ich eben im Begriff war, sie zu besuchen.

Gegen sieben Uhr des Abends kamen wir glücklich in dem Hafen zu Centuri an. Hier erfuhr ich, daß der Herr Giaccomini an diesem Orte, dem mich der Graf Rivarola empfohlen hatte, eben gestorben war. Er hatte sich in Ostindien ein schönes Vermögen erworben; und wie er in seinem ganzen Leben einen besonderen Eifer für die Sache der Freiheit gehabt hatte, so bewies er ihn auch auf die stärkste Art in seinem Testamente. Er vermachte der Nation eine beträchtliche Summe Geldes, nebst einiger Artillerie, und legte es seinem Erben als eine Pflicht auf, in Corsica zu leben und in der Verteidigung der patriotischen Sache standhaft zu sein; und im Fall die Insel jemals wieder unter die Botmäßigkeit der Genueser kommen sollte, so verordnete er, daß er sich, nebst seinem Hab und Gute nach Livorno begeben sollte. Auf diese Bedingungen allein konnte der Erbe sein Vermögen genießen.

Ich wurde hierauf in das Haus des Herrn Antonio Antonetti, eines Vetters des Herrn Giaccomini, zu Mersiglia, ungefähr eine Meile hinauf ins Land, geführt. Der Anblick der Berge, die mit Wein und Oliven besetzt waren, erweckte in mir ein großes Vergnügen; und der Geruch von Myrten und anderen wohlriechenden Gewächsen und Blumen, die rund um mich herumstanden, war sehr erquickend. Als ich immer weiter ging, so sah ich viele corsische Bauern, die eilends aus ihren Hütten herausliefen; und weil sie alle bewaffnet waren, so konnte ich auch nunmehr begreifen, wie die erschrockene Einbildungskraft des oben erwähnten Gesellen des Wundarztes sich so viele Meuchelmörder hat vorstellen können.

Der Mann selbst, der mein Reisegerät trug, war bewaffnet, und würde mich gewiß, wenn ich furchtsam gewesen wäre, in Unruhe gesetzt haben. Allein, wir waren beide sehr gute Gesellschafter. Da es dunkel ward, so erinnerte ich mich an die Verse aus einer schönen Stelle im Ariosto:

E pur per selve oscure e calli obliqui
Insieme van, senza sospetto aversi.
Ariosto, Cant. I.

(„Und auch durch dunkle Wälder und abgelegene Pfade gehn sie gemeinsam, ohne Furcht zu haben" – Ü. d. Hrsg.)

Ich übergab dem Herrn Antonetti den Brief an seinen verstorbenen Vetter. Er las ihn und empfing mich mit unverstellter Aufrichtigkeit, und entschuldigte sich wegen der ländlichen Bewirtung; versicherte aber, daß ihm mein Zuspruch sehr angenehm wäre. Seine wahre und gütige Gastfreundschaft zeigte sich auch darin, daß er für meinen Bedienten, einen ehrlichen Schweizer, der gern aß und trank, Sorge trug.

Ich hatte mir eine seltsame Vorstellung gemacht, daß ich in Corsica alles von dem, was ich in anderen Ländern gesehen hatte, ganz verschieden antreffen würde. Ich wunderte mich daher gar sehr, als ich sah, daß das Haus des Herrn Antonetti ganz italienisch, und mit gutem Hausrat, Kupferstichen und Kopien einiger der berühmtesten Gemälde versehen war. Insonderheit erstaunte ich, als ich hier eine kleine Kopie des Raphaels vom heiligen Michael und dem Drachen antraf. Es war hierbei eben nicht nötig, daß die Kopie gut gemacht war, sondern dieses setzte mich schon in Erstaunen, daß ich die Sache überhaupt hier erblickte.

Ein korsisches Bauwerk mit italienischen Stilmerkmalen: Kirche mit freistehendem Glockenturm in La Porta.

Der Herr Antonetti gab mir eine vortreffliche Abendmahlzeit und ein sehr gutes Bett. Er redete mit großer Stärke von der patriotischen Sache und sprach mit großer Ehrfurcht von dem General. Ich war nunmehr ganz ruhig, und der Anfang meiner corsischen Reise gefiel mir ungemein wohl.

Am folgenden Tage, als an einem Sonntage, regnete es sehr

stark; und da bemerkte ich, daß die Corsen bei aller Unerschrockenheit sich fast auf eine weibische Art vor dem schlimmen Wetter fürchteten. Ich erhielt hiervon eine lustige aber richtige Nachricht von einem, der zu mir sagte: „Mein Herr, wenn sie so arm wie ein Corse wären und nur einen Rock hätten, so daß sie alsdann, wenn dieser naß geworden, keine trockenen Kleider anlegen könnten, so würden sie sich ebenfalls fürchten." Der Herr Antonetti wollte nicht zugeben, daß ich während des Regens ausgehen sollte, indem er zu mir sagte: „Wenn man sich zu der Zeit schon außer Hause befindet, so muß man Geduld haben, aber mit Fleiß außer Haus zu gehen, ist sehr schlimm."

Da sich das Wetter ein wenig wieder aufgeklärt hatte, so begleitete ich den Herrn Antonetti und seine Familie zur Anhörung der Messe in die Kirche, welche ein ganz kleines artiges Gebäude, und ungefähr eine viertel Meile von seinem Hause war.

Des Herrn Antonetti sein Dorfpriester sollte uns zugleich eine Predigt halten, welches mir sehr wohl gefiel, indem ich begierig war, eine corsische Predigt zu hören.

Unser Priester hielt sich noch gut genug. Sein Text war aus den Psalmen. Nachdem er sich bemüht hatte, unsere Leidenschaften mit einer Beschreibung von den Schrecken der Hölle zu bewegen, so sagte er uns: „Die heilige Katharina von Siena wünschte, daß sie sich auf die Öffnung dieses schrecklichen Pfuhls legen und ihn dergestalt verstopfen könnte, damit keine unglückliche Seele mehr hineinfallen möchte. Ich bekenne es, meine Brüder, ich habe zwar nicht den Eifer der heiligen Katharina; aber ich tue, was ich kann, ich warne euch, wie ihr ihn vermeiden sollt." Er gab uns hierauf noch einige gute Lebensregeln und beschloß also seine Rede.

Sobald das Wetter sich völlig aufgeklärt hatte, so nahm ich bei diesem würdigen Herrn, bei welchem ich ein Gast gewesen war, Abschied. Er gab mir einen Brief an den Herrn

Damiano Tomasi, den Gemeindevater zu Pino, als dem nächsten Dorfe. Ich bekam zugleich einen Mann, nebst einem Esel, der mir das Reisegerät trug. Allein, eine solche Straße, wie diese war, habe ich niemals gesehen. Man mußte notwendig über einen Felsen klettern, der über die See hervorragte, und zwar bisweilen über einen Fußsteig, der nicht viel über einen Fuß breit war. Es schien mir, als wenn der Esel mich vielmehr aufhielt; daher bewog ich den Mann, daß er meinen Mantelsack und andere Sachen auf seinen Rücken nahm.

Hätte ich mir von Corsica nach demjenigen, was ich diesen Morgen sah, einen Begriff machen wollen, so würde ich vielleicht ebensowenig damit zufrieden gewesen sein, als es Seneca war, dessen Betrachtungen in Prosa eben nicht schlechter als seine Sinngedichte sind: „Ist wohl irgend etwas, das so kahl und auf allen Seiten so steil ist, als dieser Felsen? Was ist dürrer und unfruchtbarer? Was ist selbst gegen die Menschen, die es bewohnen, rauher, und in Absicht der Lage des Ortes selbst, abscheulicher? Und gleichwohl wohnen hier mehr Fremde als Einheimische, und insofern ist die Veränderung des Ortes nicht so unangenehm, daß dieser Ort selbst einige ihrem Vaterlande entzogen hat".[106]

Zu Pino wunderte ich mich gar sehr, als ich einige muntere junge Menschen antraf, die als englische Matrosen gekleidet waren, und ziemlich gut englisch sprachen. Sie waren aber oft mit Weinladungen zu Livorno gewesen, wo sie alles, was sie von unserer Sprache wußten, aufgefangen und anstatt der Bezahlung für ihre Waren zum Teil Kleider genommen hatten.

Ich wurde in dem Hause des Herrn Tomasi sehr liebreich bewirtet. Es ist in ganz Corsica, außer in Städten, wo Besatzungen liegen, kaum ein Wirtshaus zu finden. Ich traf eines ungefähr acht Meilen von Corte an. Ehe ich mich an die corsische Gastfreiheit gewöhnte, so vergaß ich mich bisweilen selbst, und bildete mir ein, daß ich in einem öffentlichen Hause wäre, und dasjenige, was ich brauchte, mit einer solchen Stimme forderte, die man bei dem Rufen der Aufwärter in Wirtshäusern zu brauchen pflegt. Ich machte es einstmals so zu Pino und verlangte viele Dinge zugleich; die Frau Tomasi ward meinen Irrtum gewahr, sah mich an, lächelte, und sagte zu mir: „Mein Herr, eine Sache nach der anderen."

Doch, indem ich dieses Tagebuch schreibe, so will ich meinen Lesern nicht mit der Erzählung der Begebenheiten eines jeden Tages beschwerlich fallen; und es wird ihnen vielleicht angenehmer sein, wenn ich ihnen von dem, was ich überhaupt als merkwürdig gesehen oder gehört habe, eine ungezwungene und ununterbrochene Nachricht erteile.

Einige Zeitlang hatte ich eine sehr artige Reise, meistens zu Fuße, und in Begleitung zweier starker Weiber, die mein Reisegerät auf ihren Köpfen trugen. Ich mußte allzeit lachen, wenn ich aus einem Dorfe abreisen wollte und sah, wie die guten Leute sich bemühten, meine Sachen zu packen, und dabei beständig schrien: „Die Weiber her, die Weiber her."

Typisches korsisches Haus, wie man es in den Gebirgsdörfern bis heute findet.

Ich hatte Zeit und Gelegenheit genug bei meiner Reise durch die Insel, alles zu beobachten. Ich logierte bisweilen in Privathäusern, bisweilen auch in Klöstern, und hatte allzeit von Ort zu Ort die besten Empfehlungen bei mir. Das erste Kloster, wo ich einkehrte, war zu Canari. Es kam mir im Anfang daselbst ein wenig seltsam vor. Sobald ich mich aber in mein Schlafzimmer zu schicken gelernt hatte, so war mir alles so natürlich und leicht, als wenn ich schon sieben Jahre ein Mönch gewesen wäre.

Die Klöster sind kleine wohlanständige Gebäude, die sich zu der mäßigen Lebensart ihrer frommen Bewohner sehr wohl schicken. Die Religiosen, welche sich bemühen, „mit Gott zu wandeln", werden oft von denen verspottet, welche das Vergnügen oder die Geschäfte abhalten, an die zukünftigen und erhabenen Gegenstände zu denken. Eine kleine Erfahrung von der Heiterkeit und Ruhe des Gemüts, die man in Klöstern finden kann, würde sehr nützlich sein, die Hitze der Weltmenschen zu dämpfen.

Zu Patrimonio fand ich den Sitz einer Provinzialobrigkeit. Der vornehmste Richter war daselbst, und nahm mich sehr wohl auf. Bei meiner Ankunft kam der Hauptmann von der Wache heraus und fragte mich, wer ich wäre? Ich antwortete, ein Engländer. Er sah mich ernsthaft an und alsdann sagte er zu mir in einem Tone, der halb Verdruß und halb Vorwurf anzeigte: „Engländer! Diese waren unsere Freunde; sie sind es aber nicht mehr." Ich fühlte dieses für mein Vaterland und schämte mich vor diesem ehrlichen Soldaten.

Zu Oletta besuchte ich den Grafen Nicolaus Rivarola, den Bruder meines Freundes zu Livorno. Er empfing mich mit vieler Gütigkeit, und tat alles, was in seinem Vermögen war, mir den Aufenthalt angenehm zu machen. Ich fand hier einen Corsen, der besser von den Engländern dachte, als der Hauptmann von der Wache zu Patrimonio. Er redete von unserem Bombardieren vor San Fiorenzo zum Besten der Patrioten und war bereit, mir sein Pferd auf den Nachmittag zu geben, welches er, wie er sagte, keinem Menschen von einer anderen Nation würde gegeben haben.

Da ich nach Morato kam, so hatte ich das Vergnügen mit dem Herrn Barbaggi, der mit der Enkelin des Paoli vermählt ist, bekannt zu werden. Ich fand, daß er ein sehr verständiger, einsichtsvoller und artiger Mann war. Die corsische Münze war in seinem Hause. Ich bekam einige Stücke von ihren verschiedenen Münzsorten in Silber und Kupfer, und man sagte mir, daß sie in ein oder zwei Jahren hofften, Goldmünzen zu schlagen. Man besserte eben das Haus des Herrn Barbaggi, so daß ich im Kloster bleiben mußte, doch des Morgens kam ich zum Frühstück und bekam Schokolade. Zu Mittag hatten wir nicht weniger als zwölf wohlzugerichtete Schüsseln, Meißner Porzellan, nebst Nachtisch von verschiedenen Arten von Weinen, welche alle in Corsica gebaut waren. Der Herr Barbaggi sagte mir mehr als einmal, daß die Corsen ein rauhes und unbearbeitetes Land bewohnten und wie die Spartaner lebten. Ich bat um Erlaubnis ihn zu fragen, in was für einem Lande er mir eine größere Verschwendung zeigen könnte, als ich in seinem Hause gesehen hätte, und sagte ihnen, daß ich es gewiß überall erzählen würde, wie die Corsen ungeachtet ihres Anspruchs auf Armut und Mäßigkeit sehr gute Tafeln hielten. Wir hatten hierüber einen langen Scherz untereinander. Seine Gemahlin war eine artige Frau und schien auch ganz angenehm zu sein, ob sie gleich sehr zurückhaltend war.

Von Morato nach Corte reiste ich durch ein rauhes, bergiges und felsiges Land, worin jedoch einige große Täler abwechselten. Ich bekam hier kleine Tiere für mich und meine Bedienten, bisweilen Pferde, aber noch öfter Esel oder Maulesel. Wir hatten keine Zäume, sondern es waren Stricke rund um ihren Hals befestigt, womit wir sie so gut als wir konnten, regieren mußten.

Zu Corte machte ich den höchsten Staatsräten meine Aufwartung und überbrachte einem davon, dem Herrn Bocco-

Alando – ein typisches korsisches Gebirgsdorf in der Nähe von Corte.

ciampe, einen Brief vom Herrn Barbaggi: Man empfing mich sehr höflich und führte mich in das Franziskanerkloster, wo mir das Zimmer des Paoli angewiesen wurde, der eben damals auf einige Tage jenseits der Gebirge verreist war und ein Syndikatgericht in jenem Dorfe Sollacaro hielt.

Da der General sich bisweilen in diesem Kloster aufzuhalten pflegte, so hatten auch die Patres ein besseres Ansehen als ich auf der ganzen Insel bemerkt habe. Ich war hier größtenteils in der Begleitung des Priors, eines mutigen Gottesgelehrten, der ehemals bei der Armee gewesen war, und des Pater Julio, eines sehr geschickten Mannes, der mich noch immer mit seinen Briefen beehrt.

Diese Religiosen haben einen guten Weinberg und einen vortrefflichen Garten. Sie hatten überdies auf 30 bis 40 Bienenhaufen in langen hölzernen Behältnissen oder Stöcken von Bäumen, die mit Baumrinde zugedeckt sind. Wenn sie Honig brauchen, so brennen sie ein wenig Wacholderholz an, dessen Rauch die Bienen vertreibt. Sie nehmen alsdann ein eisernes Instrument mit einem scharfen Haken an dem einen Ende desselben, ziehen damit den größten Teil des Honigs heraus, und lassen nur ein wenig davon für die Bienen übrig, welche sodann den ganzen Stock wieder vollarbeiten. Durch diese Art den Honig auszunehmen wird keine Biene getötet. Sie schienen übrigens sehr ruhig und in Frieden und Überfluß zu leben. Ich hatte daher meinen Scherz mit ihnen über den Ausspruch, den sie auf ihren Orden deuten: „*Nihil habentes et omnia habentes*", als diejenigen, die nichts haben und doch alles haben.

Ich ging mit ihnen in den Chor. Ihr Gottesdienst wurde mit vielem Anstand verrichtet, und der Pater Julio spielte auf der Orgel. Bei dem großen Altar ihrer Kirche ist ein Tabernakel, welches ein Religiose in Holz geschnitzt hat. Es ist ein Stück von vortrefflicher Arbeit. Ein genuesischer Herr hat ihnen ein silbernes dafür angeboten; sie haben es aber nicht vertauschen wollen.

Diese Religiosen haben keine Bibliothek, die etwas bedeutet; hingegen ist ihr Kloster groß und wohl gebaut. Ich sah mich sorgfältig um, ob ich vielleicht einige Aufschriften entdecken könnte; allein ich fand nur eine einzige und zwar an einem kleinen sehr nötigen Gebäude:

Sine necessitate non intrate,
Quia necessaria sumus.
(„Tretet nicht ein ohne Notwendigkeit,
weil wir Notwendige sind." – Ü. d. Hrsg.)

Ein solcher gereimter lateinischer Gedanke an einem solchen Orte schien mir in der Tat sehr abgeschmackt zu sein.

Ich verweilte mit Fleiß einige Zeit zu Corte, teils um von meiner beschwerlichen Reise auszuruhen, teils auch um alles Merkwürdige um Corte herum in Augenschein zu nehmen.

Den anderen Morgen nach meiner Ankunft verlangten drei französische Deserteure mit mir zu sprechen. Die närrischen Kerle hatten sich eingebildet, daß ich hierher gekommen wäre, Rekruten für Schottland anzuwerben; sie baten mich daher, daß ich ihnen die Ehre erlauben möchte, mit mir dahin zu gehen; ich vermute aber bloß aus der Absicht, damit sie auch die Ehre haben möchten, wieder von mir zu laufen, wie sie bereits bei ihren eigenen Regimentern getan hatten.

Ich genoß zu Corte viele Höflichkeiten von dem Herrn Boccociampe und dem Herrn Massesi, dem Großkanzler, dessen Sohn Ludwig, ein junger Herr von vieler Lebhaftigkeit und natürlicher Artigkeit, so gütig war, mich beständig als mein Führer zu begleiten. Ich pflegte ihn deswegen meinen Hofmeister zu nennen. Er gefiel mir überaus wohl, weil seine Vorstellungen, da er niemals aus der Insel gekommen, noch ganz corsisch waren.

Ich bemerkte, daß diejenigen Mitglieder des höchsten Staatsrats, die sich während meines Aufenthalts zu Corte befanden, sehr scharfsinnig und gründlich, und Männer von Einsicht und Geschicklichkeit waren, die man wohl ausgelesen hatte, dem General in der Entwerfung seiner politischen Pläne beizustehen und die Macht und Unternehmungen des Volks zum allgemeinen Besten anzuwenden.

Die Universität hatte damals Ferien, so daß ich bloß die Zimmer sehen konnte, die mir der Abt Valentini als Prokurator der Universität zeigte. Die Professoren waren alle bis auf einen Kapuzinerpater, den ich in seinem Kloster besuchte, abwesend. Das Universitätsgebäude ist in ziemlich gutem Zustande und mit einer schönen und zahlreichen Sammlung von Büchern versehen. Es ist hier in der Kirche ein in Holz geschnitztes Tabernakel, nach Art dessen, welches die Franziskaner besitzen, aber bei weitem nicht so gut gearbeitet.

Ich ging auf das Kastell zu Corte. Der Kommandant zeigte mir mit vieler Höflichkeit alle Teile darin. Wie ich nun alles in Corsica zu sehen wünschte, so hatte ich auch ein Verlangen, die unglücklichen Gefangenen zu besuchen. Es saßen damals drei im Kastell: ein Mann wegen der Ermordung seiner Frau; ein verheiratetes Frauenzimmer, welche einen von ihren Bedienten gedungen hatte, eine Frau, auf welche sie eifersüchtig war, zu erdrosseln; und der Bediente, welcher diese grausame Tat wirklich ausgeübt hatte. Man brachte sie aus ihren Zellen heraus, damit ich mit ihnen reden könnte. Der Mörder von seiner eigenen Frau hatte ein dummes und verhärtetes Ansehen und sagte mir, er habe es auf Anstiften des Teufels getan. Der Bediente war ein armer nichtswürdiger Bösewicht. Er hatte zuerst seine Hausfrau angeklagt, da man ihn aber hernach bewogen hatte, seine Anklage zu leugnen, so wurde er auf die Marter gebracht, und man hielt ihm angezündeten Schwefelfaden zwischen seine Finger. Dieses verursachte, daß er seine vorige Aussage wieder bestätigte, und also ein starkes Zeugnis wider seine Hausfrau ablegte. Seine Hände waren so erbärmlich verbrannt, daß man es ohne Mitleiden nicht ansehen konnte. Ich fragte ihn, warum er ein solches Verbrechen begangen habe, worauf er antwortete: „Weil ich keinen Verstand hatte.“ Das Frauenzimmer schien von einer kühnen und unerschrockenen Gemütsart zu sein. Sie sprach mit großer Standhaftigkeit und leugnete ihre Schuld, indem sie mit einem verächtlichen Lächeln sagte und auf ihren Bedienten wies: „Sie können diese arme Kreatur zwingen zu sagen, was ihnen beliebt.“

Der corsische Henker war ebenfalls eine artige Seltenheit. Er war in der größten Verachtung und durfte nicht wie ein anderer Einwohner der Insel leben. Er mußte seine Zuflucht zu dem Kastell nehmen, woselbst er in einem kleinen Türmchen im Winkel nur eben soviel Platz zu einem schlechten Bette und zum Feuer hatte, daß er sein Essen, welches kaum hinlänglich war, ihn beim Leben zu erhalten, selbst zurichten konnte, weil niemand mit ihm einige Gemeinschaft haben wollte, und ihm jedermann den Rücken zukehrte. Ich ging hinauf und besah ihn; und niemals habe ich was Unflätigeres und Erbärmlicheres gesehen. Er schien seinen eigenen

Das Kastell von Corte: heutiger Zustand. Bis vor wenigen Jahren waren hier Soldaten der französischen Fremdenlegion untergebracht.

Zustand zu fühlen und hielt seinen Kopf wie ein Verabscheuter und Verlassener beständig nieder.

Man konnte lange Zeit zuvor keinen Henker in Corsica bekommen, so daß die Strafe des Galgens kaum bekannt war, und alle Missetäter erschossen wurden. Endlich kam diese Kreatur, die ich sah, ein Sizilianer, mit einem Boten zum Paoli. Der General, welcher eine bewundernswürdige Gabe hat, die Gesichtsbildung zu beurteilen, sah den Menschen und sagte sogleich zu einigen, die bei ihm waren: „Hier ist der Henker". Er befahl, den Menschen zu fragen, ob er dieses Amt annehmen wollte, und seine Antwort war: „Mein Großvater war ein Henker, mein Vater war ein Henker. Ich bin selbst ein Henker gewesen und will es auch gern fernerhin sein". Er wurde auch sogleich in sein Amt eingesetzt, und die schändliche Todesstrafe, die durch seine Hände verrichtet wurde, machte mehr Eindruck, als zwanzig Hinrichtungen durch Erschießen.

Es ist merkwürdig, daß kein Corse auf keine Weise sich zu einem Henkersdienst begeben wollte. Nicht die größten Missetäter, die doch vielleicht unter dieser Bedingung ihr Leben hätten erhalten können. Ja sogar der Bösewicht, der um einen geringen Lohn eine Frau erdrosselt hatte, wollte sich lieber hinrichten lassen als diese Handlung wie ein Scharfrichter an anderen vollziehen.

Da ich alles um Corte herum besehen hatte, so machte ich mich zu meiner Reise über die Gebirge fertig, damit ich zum Paoli kommen möchte. Den Abend vorher, ehe ich abreiste, besann ich mich, daß ich vergessen hatte, mir einen Paß geben zu lassen, welches bei der gegenwärtigen Verfassung von Corsica noch eine nötige Vorsicht ist. Ich ging daher nach dem Abendessen mit dem Prior nach Corte in das Haus des Großkanzlers, welcher sogleich befahl, daß man mir einen Paß unverzüglich schreiben sollte, und während der Zeit, daß der Sekretär ihn schrieb, unterhielt er mich mit Vorlesung einiger besonderer Umstände der allgemeinen Beratschlagung. Da der Paß fertig war und untersiegelt werden sollte, so bemerkte ich mit Vergnügen eine schöne und natürliche Handlung. Der Kanzler sagte zu einem kleinen Knaben, der in dem Zimmer, wo wir waren, spielte, daß er zu seiner Mutter laufen und das große Reichssiegel holen sollte.

Ich bildete mir hierbei ein, daß ich in dem Hause eines Cincinnatus wäre.

Am nächsten Morgen reiste ich in guter Ordnung ab und hatte vortreffliche Maulesel und muntere treffliche Führer. Die würdigen Väter des Klosters, die mich auf die liebreichste Art als ihren Gast bewirtet hatten, wollten mir auch einen Vorrat an Speisen auf die Reise mitgeben, und sie packten mir auch wirklich einen Kürbis voll ihres besten Weines und einige wohlschmeckende Granatäpfel auf. Meine corsischen Führer schienen so aufrichtig zu sein, daß ich oft abstieg und mit ihnen ging, und eben das tat, was ich sah, daß sie taten. Da wir hungrig wurden, so warfen wir Steine unter die dikken Zweige der Kastanienbäume, die uns überschatteten, und brachten auf diese Weise einen ganzen Platzregen von Kastanien herunter, womit wir unsere Taschen anfüllten und sie im Fortgehen mit großem Appetit verzehrten, und wie dieses uns durstig machte, so legten wir uns bei dem ersten Bache nieder, und hielten unsere Mäuler in den Strom und tranken. Es sah beinahe ebenso aus, wie bei den ersten Menschen, die in den Hölzern herumliefen, Eicheln aßen und Wasser tranken.

Da ich in einem kleinen Dorfe anhielt, um meine Maulesel zu füttern, so kamen die Einwohner haufenweise um mich herum, als einen Abgesandten, der zu ihrem General reiste. Sobald als sie mein Vaterland hörten, sagte ein starker schwarzer Kerl unter ihnen: „Ein Engländer! Diese sind Barbaren; sie glauben nicht an den großen Gott." Ich antwortete ihm: „Verzeihen sie, mein Herr, wir glauben an Gott und auch an Jesum Christum." „Ei!" sagte er, „und an den Papst? nein! und warum nicht?" Dieses war bei den Umständen eine kitzlige Frage, indem eine große Menge Zuhörer bei dieser Streitigkeit zugegen war. Ich machte einen Versuch, auf meine eigene Art zu antworten, und sagte in einem ernsthaften Tone: „Weil wir zu weit entfernt sind." Ein ganz neuer Beweis wider die allgemeine Unfehlbarkeit des Papstes! Es war desungeachtet nicht ungültig, indem mein Gegner einige Zeit still schwieg und hernach sagte: „Wie! zu weit entfernt? Sizilien ist so weit entlegen als England; und in Sizilien glaubt man an den Papst." „Oh!" sagte ich, „wir sind noch zehnmal weiter entfernt." Nun! nun! und er schien damit zufrieden zu sein. Auf diese Art kam ich gut weg. Ich zweifle sehr, ob einer von den gelehrten Beweisen unserer protestantischen Gottesgelehrten eine so gute Wirkung würde gehabt haben.

Meine Reise über die Gebirge war sehr unterhaltend. Ich überstieg einige ungeheure Felsen und große Wälder. Ich war gesund und munter, und völlig geschickt, mich nach den Begriffen der tapferen rauhen Leute zu richten, die ich in allen Gegenden antraf.

Zu Bastelica, woselbst ein sehr lebhaftes und freies Geschlecht von Leuten war, hatte ich eine große Gesellschaft, die mich ins Kloster begleitete. Es gefiel mir ihre natürliche Freimütigkeit und zufriedene Miene ausnehmend wohl. Und warum sollten sich auch Mannspersonen für ihr eigenes Geschlecht fürchten? Sie kamen zu mir mit einer anständigen Verbeugung, setzten sich rund herum in dem Zimmer, wo ich saß, legten sich auf ihre Flinten und ließen sich sogleich in ein Gespräch mit mir ein. Sie redeten sehr rührend von dem Elend, welches ihr Vaterland ausgestanden hätte, und klagten, daß sie noch in einem sehr armseligen Zustande wären. Ich war damals von ungefähr außerordentlich aufgeräumt, und wie ich, als einer, der sich in einem entfernten Lande unter lauter Fremden befindet, gar nicht furchtsam war, so hielt ich damals an die Männer von Bastelica eine lange und fließende Rede. Ich rühmte besonders die Tapferkeit der Corsen, wodurch sie sich die Freiheit, als das schätzbarste von allen Gütern, erworben und sich in ganz Europa berühmt gemacht hätten. Ihre Armut, sagte ich ihnen, könnte durch eine gehörige Verbesserung ihrer Insel und durch ein wenig mehr Handel leicht gehoben werden.

Ich ersuchte sie aber zugleich, es wohl zu bedenken, daß sie in ihrem jetzigen Zustande viel glücklicher als in einem verfeinerten und lasterhaften Zustande wären, und daß sie sich daher vor der Verschwendung und Schwelgerei in acht nehmen sollten.

Was ich damals sagte, hatte das Glück, sie zu rühren, und verschiedene von ihnen wiederholten ebendiese Gesinnungen, viel besser als ich es tun konnte: Sie bezeigten alle ihre große Liebe gegen Paoli und riefen alle einmütig, daß sie insgesamt zu seinem Befehle wären. Ich hätte hier mit Vergnügen lange zubringen können.

Zu Ornano sah ich die Ruinen des Landsitzes, wo der große Sampiero seine Residenz gehabt hatte. In dem Kloster daselbst war eine lustige Gesellschaft von Mönchen. Da ich ihnen sagte, daß ich ein Engländer wäre, antwortete einer von ihnen: „Ei, ei, es hat wohl mit Recht ein ehrwürdiger Bischof angemerkt, da er von der vorgeblichen Reformation redet, die Engländer waren ehemals Engel, jetzt sind sie Teufel." Ich sah dieses als eine redliche Auslassung ihres geistlichen Eifers an. Sonst trugen diese Patres im Leiblichen viel Sorge für mich.

Während Boswell hier nur von den Ruinen des Landsitzes von Sampiero berichten kann, bildet Galletti 1863 das obige Haus als Stammsitz ab.

Da ich endlich Sollacaro erblickte, wo sich Paoli aufhielt, so fing ich an, nicht wenig in Angst und Sorge zu geraten. Meine Vorstellungen von ihm waren durch den Umgang, den ich mit allen Arten von Leuten auf der Insel gehabt hatte, gar sehr erhöht worden, indem sie mir ihn als etwas Übermenschliches abgebildet hatten. Ich trug das stärkste Verlangen, einen so erhabenen Charakter zu sehen; aber ich befürchtete, daß ich unvermögend sein würde, ihm eine hinlängliche Nachricht zu geben, warum ich mich unterstanden hätte, ihm mit einem Besuche beschwerlich zu fallen, und daß ich von ihm würde ganz gedemütigt werden. Ich wünschte fast zurückzugehen, ohne ihn zu sehen. Diese Vorstellungen beschäftigten mein Gemüt, bis ich durch das Dorf ritt und in das Haus kam, wo er sich aufhielt.

Ich verließ meine Bedienten nebst meinen Führern, und ging durch die Wache hindurch, woselbst ich einige von des Generals Bedienten antraf, die mich in ein Vorzimmer führten, worin verschiedene Herren ihn erwarteten. Der Herr Boccociampe hatte ihm meine Ankunft gemeldet, und nun führte man mich in des Paoli Zimmer. Ich fand ihn ganz allein und erstaunte über seinen Anblick. Er ist lang, stark und wohlgewachsen; von schöner Gesichtsbildung, einer freien und offenen Miene und einem männlichen und edlen Betragen. Er war damals in seinem vierzigsten Jahre. Er war in grün mit Gold gekleidet. Er pflegte sonst ein gemeines corsisches Kleid zu tragen, allein bei der Ankunft der Franzosen glaubte er, daß ein wenig äußerlicher Putz etwas beitragen könnte, der Regierung einen größeren Glanz zu verschaffen.

Er fragte mich, was meine Befehle an ihn wären. Ich überreichte ihm einen Brief von dem Grafen Rivarola, und da er ihn gelesen hatte, so zeigte ich ihm auch den Brief vom Herrn Rousseau. Er war höflich, aber noch sehr zurückhaltend. Ich habe vielen Prinzen aufgewartet, aber nie habe ich eine solche Prüfung, wie vor Paoli, ausstehen müssen. Ich

General Pascal Paoli, Gemälde von Richard Cosway (entnommen aus: P.A. Thrasher: Pasquale Paoli. An Enlightened Hero, 1725–1807. London 1970).

habe bereits erwähnt, daß er ein großer Kenner der Gesichtszüge ist. Und weil er in beständiger Gefahr wegen Verräter und Meuchelmord gewesen ist, so hat er sich gewöhnt, ein jedes neues Gesicht genau und aufmerksam zu betrachten. Wir gingen daher wohl zehn Minuten lang im Zimmer auf und nieder, ohne ein Wort zu reden, wo er mich mit unverwandten, scharfsichtigen und durchdringenden Augen ansah, nicht anders, als ob er meine ganze Seele ausforschen wollte.

Diese Zusammenkunft war für mich ziemlich ernsthaft. Doch ich wurde bald wieder gar sehr erfreut, da seine Zurückhaltung aufhörte, und er mehr zu reden anfing. Ich wagte es alsdann, ihm dieses Kompliment gegen die Corsen zu machen: „Mein Herr, ich bin jetzt auf meinen Reisen und habe vor kurzem Rom besucht. Ich habe daselbst die Überbleibsel eines tapferen und freien Volkes gesehen; aber nun sehe ich hier den Ursprung eines anderen."

Er nahm mein Kompliment sehr gnädig auf, machte aber dabei die Anmerkung, daß die Corsen das Glück nicht hätten, den Römern gleich zu sein, einer großen erobernden Nation, die ihre Macht und Herrschaft über die halbe Welt ausbreiten konnte. Hingegen ihre Verfassung und die neueren politischen Systeme würden dieses unmöglich machen. Doch, sagte er, kann Corsica ein sehr glückliches Land sein.

Er bezeigte eine sehr große Hochachtung gegen den Herrn Rousseau, welchen Herr Buttafoco nach Corsica eingeladen hatte, um der Nation in der Abfassung ihrer Gesetze beizustehen.

Es scheint, daß der Herr von Voltaire, nach seiner scherzhaften Art, ausgestreut hatte, daß diese Einladung bloß ein listiger Streich gewesen wäre, welchen man dem Rousseau gespielt hätte. Paoli aber sagte mir, daß er selbst, da er dieses vernommen, dem Rousseau geschrieben und die Einladung noch mehr bestätigt habe. Ich werde in dem folgenden Teile meines Tagebuches eine ausführliche Nachricht von dieser Sache geben.

Einige von Adel, die ihn begleiteten, kamen in das Zimmer, und man sagte uns sogleich, daß die Mittagsmahlzeit fertig sei. Der General erwies mir die Ehre, und setzte mich neben sich. Er hält eine Tafel für 15 oder 16 Personen, und hat allzeit sehr viele von den vornehmsten Herren der Insel bei sich. Er hat einen italienischen Koch, der lange Zeit in Frankreich gewesen ist, allein, er pflegt wenige und nur gut zugerichtete Schüsseln zu haben, und vermeidet alle Art von Verschwendung und trinkt auch keine fremden Weine.

Ich befand mich in einer solchen Reihe von Helden in einiger Verlegenheit. Der General sprach sehr viel über die Historie und Literatur. Ich fand bald, daß er ein feiner klassischer Gelehrter war; daß er eine weitläufige Kenntnis hatte; und daß sein Umgang über der Tafel lehrreich und unterhaltend war. Vor Tische sprach er Französisch, jetzt redete er Italienisch, worin er sehr beredt war.

Wir verfügten uns hierauf in ein anderes Zimmer, um Kaffee zu trinken; meine Furchtsamkeit verschwand, und ich dachte nicht mehr so ängstlich an mich selbst, da meine Aufmerksamkeit beschäftigt war, den Reden des berühmten Generals zuzuhören.

Er empfahl mich der Sorgfalt des Herrn Abt Rostini, der viele Jahre in Frankreich gelebt hatte. Da Herr Colonna, als der Herr vom Hause, nicht da war, so wurde mir sein Haus zu meiner Wohnung angewiesen. Man ließ mich bis zum Abendessen alleine, worauf ich wieder zum General ging, dessen Umgang sowohl als die Gesellschaft derer, die um ihn waren, und mit welchen ich nach und nach mehr bekannt wurde, mir überaus wohl gefiel.

Ich hielt mich jeden Tag für glücklicher. Man erzeigte mir, als einem Untertanen von Großbritannien, eine besondere Hochachtung, wovon die Nachricht nach Italien kam, und die Vermutung, daß ich ein Abgesandter wäre, noch mehr bestätigte. Des Morgens wurde mir Schokolade auf einem silbernen Teller gebracht, der mit dem corsischen Wappen geziert war. Des Mittags und Abends speiste ich bei dem General. Der meiste Adel besuchte mich; und wenn ich Lust hatte, eine kleine Spazierreise anzustellen, so wurde ich von einem Teile der Wache begleitet. Ich bat den General, daß er mir doch nicht so viele Ehrenbezeugungen erweisen möchte; allein, er bestand einmal darauf.

Eines Tages als ich ausritt, saß ich auf des Paoli eigenem Pferde, mit reichem Reitzeuge und Decken von Karmesinsamt, mit breiten goldenen Tressen geziert, und hatte meine Wache bei mir. Ich gönnte mir die Freude, einige Augenblicke auf diesen prächtigen Aufzug stolz zu sein, und war begierig, es selbst zu erfahren, was wirklich für ein Vergnügen im Staate und Vorzuge sein könnte, wovon die Menschen sosehr eingenommen sind.

Ich pflegte hernach oft, als ich von dieser meiner Größe wieder aufs feste Land kam, mit meinen Bekannten zu scherzen und ihnen zu sagen, daß ich nicht mehr mit ihnen umgehen könnte, weil sie mir nicht meinen gehörigen Respekt erwiesen.

Ich vertrieb mir hier die Zeit auf die angenehmste Art. Ich war in dem Genuß der edelsten Empfindungen. Paoli ließ sich immer mehr in Gespräche mit mir ein, und ich gab ihm auch meine Gesinnungen zu erkennen. Ich vergaß den großen Unterschied zwischen uns und hatte täglich einige Stunden lang den vertrautesten Umgang mit ihm.

Ich schrieb gleich nach meiner ersten Abreise alle Abende sorgfältig auf, was ich des Tags über bemerkt hatte, und brachte soviel zusammen, daß ich bei müßigen Stunden das Beste davon auslesen konnte.

Die wichtigsten und schätzbarsten von diesen besonderen Bemerkungen sind ohne Zweifel sowohl meinen Lesern, als auch mir selbst, die Nachrichten und merkwürdigen Reden des Paoli, deren ich mich mit Vergnügen erinnere.

Einstmals, als ich von dem corsischen Kriege redete, sagte er: „*Mein Herr, wenn der Ausgang glücklich ist, so wird man uns große Verteidiger der Freiheit nennen. Ist aber der Ausgang unglücklich, so wird man uns als unglückliche Rebellen ansehen.*“

Die Franzosen machten ihm den Vorwurf, daß die corsische Nation keine regulären Truppen hätte. „Wir wollen keine haben", sagte Paoli. „Wir würden alsdann nur die Tapferkeit dieses oder jenes Regiments bemerken können. Jetzt ist bei uns ein jeder einzelne Mann wie ein ganzes Regiment. Sollten aber die Corsen reguläre Truppen aufrichten, so würden wir diejenige persönliche Tapferkeit verlieren, die so viele Taten unter uns gewirkt hat, welche in einem anderen Lande einen Feldmarschall berühmt machen könnten".

Ich fragte ihn, wie es möglich sei, daß er eine Seele haben könnte, die sosehr über das Interesse erhaben wäre. „Sie ist nicht zu erhaben", antwortete er, „es ist mein Interesse, mir einen Namen zu erwerben. Nun weiß ich zwar wohl, daß derjenige, der seinem Vaterlande Gutes tut, diesen Ruhm von selbst erlangt; und ich erwarte es auch. Doch wäre ich imstande, dieses Volk glücklich zu machen, so wollte ich es gern zufrieden sein, wenn man meiner nicht mehr gedächte. Ich besitze einen unnennbaren Stolz. Der Beifall meines eigenen Herzens ist mir schon genug".

Er sagte, daß es ihm ein wahres Vergnügen sein würde, die Welt zu besehen und die Gesellschaft der Gelehrten und der vortrefflichen Männer in jedem Lande zu genießen. Ich fragte ihn, wie er es ausstehen könnte, in einer noch rauhen und ungesitteten Insel eingeschränkt zu sein, und anstatt der attischen Nächte in einer beständigen Reihe von Sorgen und Gefahr zu leben. Er beantwortete es mit einem Vers des Virgil:

Vincit amor patriae laudumque immensa cupido.
(„Es siegt die Liebe zum Vaterland und das unermeßliche Verlangen nach Ruhm" – Ü. d. Hrsg.)

Dieser Ausspruch, den er mit der feinen offenen italienischen Mundart und mit der ihm eigenen Annehmlichkeit tat, war überaus edel. Ich hätte gewünscht, daß man in dem Augenblick eine Statue von ihm hätte bilden können.

Ich fragte ihn, ob er Englisch verstünde. Er fing sogleich

an und redete es ziemlich gut. Er hatte zu Neapel verschiedene irische Herren als Offiziere in diesem Dienste gekannt, und weil er eine große Geschicklichkeit in Erlernung der Sprachen besitzt, so hatte er von ihnen auch das Englische gelernt. Da er aber in zehn Jahren ohne Übung im Sprechen gewesen war, so sprach er es auch sehr langsam. Man konnte wohl merken, daß er die Worte wußte, allein aus Mangel einer gleichsam mechanischen Übung wurde es ihm schwer, sich sogleich auszudrücken.

Ich vergnügte mich an seiner englischen Bibliothek. Sie bestand aus einigen Teilen des Spectator und Tatler, ferner aus Pope's *Essay on Man, Gulliver's Travels,* Barclay's *Apology for the Quakers,* und einigen anderen. Ich versprach ihm, noch einige englische Bücher zu schicken, und habe ihm auch hernach die Werke eines Harrington, Sidney, Addison, Trenchard, Gordon, und andere Schriftsteller, welche die Freiheit verteidigt haben, nebst vielen moralischen, historischen und unterhaltenden Schriften geschickt.

Er überzeugte mich bald, daß er unsere Sprache sehr wohl verstehe, indem ich mir die Freiheit nahm, ihm eine Abhandlung zu überreichen, welche ich über die Vorteile, die Großbritannien aus einer Allianz mit Corsica ziehen könnte, aufgesetzt hatte, und welche er mit der größten Fertigkeit ins Italienische übersetzte. Er hat mir nachher mehr Beweise von seiner Kenntnis unserer Sprache durch seine Antworten auf die Briefe, welche ich die Ehre gehabt, ihm im Englischen zu schreiben, und insonderheit durch eine sehr gründliche und scharfsinnige Kritik über einige von Swifts Werken gegeben.

Er war mit der Geschichte von Großbritannien sehr wohl bekannt und hatte viele von den Parlamentsstreitschriften und auch eine Nummer von dem *North Briton,* einer politischen Wochenschrift, gelesen. Er zeigte oft eine besondere Kenntnis unseres Landes, und brachte verschiedene Anekdoten davon bei, und stellte viele Vergleichungen an, die von Großbritannien hergenommen waren.

Er sagte oft, daß sein vornehmstes Augenmerk darauf gerichtet sei, die Corsen in einen solchen Zustand zu setzen, daß sie eine dauerhafte Regierungsform erhielten und ohne ihn bestehen könnten. „Unser Staat", sagte er, „ist noch jung und erfordert noch Laufzäume. Ich wünsche, die Corsen soweit zu unterrichten, daß sie von selbst gehen können. Daher wenn sie zu mir kommen und mich fragen, wen sie zu ihrem Gemeindevater oder zu einem anderen obrigkeitlichen Amte nehmen sollen, so sage ich zu ihnen: ‚Ihr kennt ja die geschickten und redlichen Leute unter euren Nachbarn besser als ich. Überlegt die Folge eurer Wahl, nicht allein in Absicht auf euch selbst insbesondere, sondern auch in Absicht auf die Insel überhaupt. Auf diese Weise gewöhne ich sie, ihre eigene Wichtigkeit, als Mitglieder des Staats, fühlen zu lernen.'"

Nachdem er den harten und traurigen Zustand der Unterdrückung, worunter Corsica so lange geseufzt, geschildert hatte, so sagte er: „Wir sind jetzt, in Ansehung unseres Vaterlandes, dem Propheten Elias gleich, der über das tote Kind der Sunamitin ausgestreckt lag, und zwar Aug auf Aug, Nase auf Nase, und Mund auf Mund. Es fängt an erwärmt zu werden und aufzuleben. Ich hoffe, es wird seine völlige Gesundheit und Stärke wieder erlangen."

Ich sagte zu ihm, daß die Sachen einen schnellen Fortgang haben, und daß alle Künste und Wissenschaften in Corsica bald blühen würden. „Geduld, mein Herr", antwortete er. „Wenn Sie einen sähen, der einen harten Kampf gekämpft, der sehr verwundet zu Boden geschlagen wäre und sich selbst kaum aufrichten könnte, so würde es nicht billig sein, ihm zu sagen, daß er seine Haare putzen und bordierte Kleider anlegen sollte. Corsica hat einen harten Kampf gekämpft, ist sehr verwundet und zu Boden geschlagen und kann sich kaum aufrichten. Die Künste und Wissenschaften sind der Kleidung und dem Putze gleich; diese können Sie von uns noch nicht erwarten. Aber kommen Sie in zwanzig oder dreißig Jahren wieder hierher, so wollen wir Ihnen Künste und Wissenschaften, Konzerte, Gesellschaften und artige Frauenzimmer zeigen, und Sie in uns verliebt machen."

Er lächelte sehr, da ich ihm sagte, daß ich mich wunderte, an ihm einen so liebenswürdigen, vollkommenen und artigen Mann zu sehen, indem ich, ob ich gleich vorher gewußt, daß ich einen großen Mann sehen würde, doch geglaubt hätte, einen noch rohen Charakter, einen Attila, König der Goten, oder einen Luitprand, König der Lombarden, anzutreffen.

Ich bemerkte, daß er, ungeachtet seines gefälligen Lächelns und freundlicher Miene, doch niemals laut lachte. Ich kann zwar nicht sagen, ob das laute Lachen in der Gesellschaft ein Zeichen der Schwäche oder der Grobheit ist; allein, ich habe doch bemerkt, daß wirklich große und vollkommen gesittete Männer selten darein fallen.

Die Mannigfaltigkeit, und ich mag wohl sagen, die Flüchtigkeit des Gemüts von diesem großen Manne ist erstaunend. Eines Tages, da ich ihm vor dem Mittagessen meine Aufwartung machte, fand ich ihn in einem Zirkel von feinem Adel, und einen Corsen, der vor ihm wie ein Missetäter vor seinem Richter stand, in großer Hitze und Bewegung. Paoli wandte sich sogleich zu mir mit den Worten: „Mein Herr, es ist mir lieb, daß Sie kommen. Ihr Protestanten redet viel wider unsere Lehre von der Transsubstantiation. Sehen Sie hier das Wunder der Verwandlung. Ein Corse ist in einen Genueser verwandelt. Dieser unwürdige Mensch, der jetzt vor mir steht, ist ein Corse, der lange Zeit als Leutnant unter den Genuesern in Capo Corso gestanden hat. Andreas Doria und alle ihre großen Helden konnten nicht eifriger für die Republik und wider das Vaterland sein, als er es war." Hierauf wandte er sich zu dem Menschen: „Mein Herr!" sagte er, „Corsica hat es zur Regel gemacht, den unwürdigsten von seinen Kindern zu verzeihen, wenn sie sich ergeben, und auch alsdann, wenn sie gezwungen sind, es zu tun, wie es ihr Fall ist. Sie sind jetzt der Strafe entronnen, aber nehmen sie sich in acht. Ich werde ein scharfes Auge auf sie haben, und wenn sie jemals den geringsten Versuch machen, zu ihrer Verräterei zurückzukehren, so wissen sie, daß ich mich an ihnen rächen kann." Er sprach dieses im Grimm eines Löwen, und man konnte an der fürchterlichen Finsternis seiner Augenbrauen sehen, daß seine Gedanken von Rache schrecklich waren. Doch da es vorüber war, so nahm er seine gewöhnliche freundliche Miene wieder an und rief aus: „Wir wollen gehen." Er ging auch sogleich zur Tafel und war so fröhlich und vergnügt, als wenn sich nichts zugetragen hätte.

Seine Begriffe von der Moralität unserer Handlungen sind sehr erhaben und richtig, wie sie den Vater einer Nation zieren. Wäre er ein Freigeist, so würde sein Ansehen bald verschwinden; indem die Menschen niemals die wichtigen Angelegenheiten der Gesellschaft einem solchen anvertrauen werden, von welchem sie wissen, daß er der Gesellschaft, um seines eigenen Vergnügens willen, nur Schaden zufügen wird. Er erzählte mir, daß ihn sein Vater mit großer Strenge auferzogen hätte, und daß er selten von dem Wege der Tugend abgewichen sei, und daß dieses nicht aus einem Mangel des Gefühls der Leidenschaften hergekommen sei, sondern daß sein Gemüt mit wichtigeren Gegenständen angefüllt, und seine Leidenschaften mit edleren Dingen, als mit einem ausschweifenden Vergnügen, beschäftigt gewesen. Ich sah an dem Beispiel des Paoli die große Kunst, junge und lebhafte Leute vor der Seuche des Lasters zu bewahren, wobei oft eine Art guter Gesinnung, Redlichkeit und Mut, mit tugendhaften Eigenschaften nahe verbunden, befindlich sind.

Man zeige einem jungen Menschen, daß wirklich mehr in der Tugend, als im Laster, enthalten sei, so wird man ihn gewiß, während der Jahre seiner heftigen Leidenschaften, sicherer gewinnen, als seinen Verstand von der Richtigkeit der Ethik durch Gründe zu überzeugen.

Einstmals erzählte er uns bei der Tafel die vornehmsten Beweise für das Dasein und die Eigenschaften Gottes. Es war bewundernswürdig, diese Beweise mit viel Anmut und Nachdruck von dem berühmten Paoli, in der Mitte seines heldenmütigen Adels, wiederholt zu hören. Ich habe wenigstens niemals eine erhöhtere Empfindung in meinem Gemüte verspürt.

Ich nahm Gelegenheit, des Königs von P* * *[107] Schriften und insonderheit den Brief an den Marschall Keith zu erwähnen. Paoli, der oft mit Bewunderung von der Größe dieses Monarchen redet, schwieg hier, anstatt einen so großen Helden in dem, was er an ihm als unrichtig erkannte, sogleich zu tadeln, ein wenig still, und sagte alsdann mit einer ernsthaften und nachdrücklichen Miene: „Es ist für einen alten sterbenden General ein schöner Trost: ihr werdet in Kürze nicht mehr sein."

Er bemerkte, daß die epikureische Philosophie nur einen einzigen erhabenen Charakter hervorgebracht habe; daß hingegen der Stoizismus eine rechte Pflanzschule großer Männer gewesen sei. Ich erinnerte mich hierbei der schönen Stelle des Lukan:

Hi mores, haec duri immota Catonis
Secta fuit, servare modum finemque tenere,
Naturamque sequi, patriaeque impendere vitam,
nec sibi sed toti genitum se credere mundo.

(„Das war das Wesen, das die unerschütterliche Richtschnur des unbeugsamen Cato: Maß zu bewahren und die Grenze einzuhalten, der Natur zu folgen und für das Vaterland das Leben einzusetzen und in der Überzeugung zu leben, nicht für sich selbst, sondern für die ganze Welt geboren zu sein." – Ü. d. Hrsg.)

Da er gefragt wurde, ob er die Insel, deren Beschützung er unternommen hätte, verlassen wollte, wofern ihn eine fremde Macht zum Feldmarschall erklären und zum Gouverneur einer Provinz machen würde, so antwortete er: „Ich hoffe, man wird mich für redlicher oder ehrbegieriger halten; indem die Annehmung der höchsten Ämter unter einer fremden Macht doch immer nichts anderes als dienen sein würde."

„Ein Oberster, ein General oder Feldmarschall gewesen zu sein", sagte er, „würde zwar meine Tafel, meinen Geschmack in Kleidung und die Pracht, wozu ich meinem Range nach berechtigt gewesen wäre, befriedigt haben. Aber es würde für dieses Herz, für diese Einbildungskraft (wobei er die Hand auf die Brust legte) nicht zureichend gewesen sein."

Einstmals stellte er in der Mitte seines Adels die Betrachtung an, ob der Befehlshaber einer Nation verheiratet sein sollte oder nicht. „Ist er verheiratet", sagte er, „so ist zu befürchten, daß er durch Privatgeschäfte allzusehr zerstreut und durch Absichten gegen seine Familie kann beherrscht werden. Ist er unverheiratet, so ist auch zu befürchten, daß er alles seinem eigenen Ehrgeize aufopfern werde, da er keine zärtliche Liebe zu einer Frau oder Kindern hat." Als ich ihm vorstellte, daß er heiraten und einen Sohn zu seinem Nachfolger haben sollte, so antwortete er: „Mein Herr, wie kann ich versichert sein, daß mein Sohn ebenso denken und handeln wird wie ich? Was für einen Sohn hatten Cicero und Marc Aurel?"

Eines Tages, als wir alleine waren, sagte er zu mir: „Ich werde nicht heiraten. Ich besitze nicht die ehelichen Tugenden. Nichts würde mich reizen zu heiraten, als ein Frauenzimmer, welches mir ein sehr großes Heiratsgut zubrächte, womit ich meinem Vaterlande beistehen könnte."

Doch redete er viel zum Lobe der Ehe als einer Einrichtung, welche man durch eine lange Erfahrung als die beste

Verordnung zur Glückseligkeit einzelner Personen und zur Wohlfahrt der ganzen Gesellschaft befunden habe. Und ich bin versichert, wenn er eine Privatperson gewesen wäre, so würde er wahrscheinlich geheiratet haben und ein ebensoguter Ehemann und Vater gewesen sein, als er jetzt eine hohe obrigkeitliche Person und ein General ist. Allein sein schwerer und kritischer Stand erlaubt ihm nicht, die häusliche Glückseligkeit zu genießen. Er ist mit seinem Vaterlande vermählt, und die Corsen sind seine Kinder.

Er sprach oft mit mir von der Ehe und sagte mir, daß die ausschweifenden Vergnügungen außer derselben verführerisch und vergänglich wären, daß ich nie in der Tat eher glücklich sein würde, als bis ich geheiratet hätte, und daß er bald nach meiner Zurückkunft zu Hause einen Brief von mir zu erhalten hoffte, worin ich ihn benachrichtigen würde, daß ich seinem Rat gefolgt und nun aus der Erfahrung überzeugt wäre, daß er Recht hätte. Mit einer so verbindlichen Herablassung unterhielt sich dieser große Mann mit mir. Könnte ich nur sein Betragen abmalen, so würde es gewiß allen meinen Lesern gefallen.

Er hatte eine Seele, die ebensowohl zum philosophischen Nachdenken als zu Staatsgeschäften gleich geschickt ist. An einem Abend unterhielt er uns bei der Tafel mit einigen artigen Einfällen und Mutmaßungen über die Beschaffenheit des Verstandes bei den Tieren, wobei er die Anmerkung machte, daß die menschliche Kenntnis in diesem Stücke noch sehr unvollkommen sei. Er schien insbesondere geneigt zu sein, die Sprache der Tiere zu untersuchen. Er bemerkte, daß die Tiere ihre Begriffe einander völlig mitteilen und einige von ihnen, wie Hunde, vernehmliche Töne bilden könnten. Es sind zu verschiedenen Zeiten Leute gewesen, die vorgegeben haben, daß sie die Sprache der Vögel und vierfüßigen Tiere verständen. „Vielleicht“, sagte Paoli, „können wir dieses in tausend Jahren ebensowohl als andere Dinge wissen, die viel schwerer zu erkennen schienen“. Ich habe mich oft nach dieser Unterredung in solche Einfälle vertieft. Wenn es nicht lächerlich wäre, so würde ich behaupten, daß eine Bekanntschaft mit der Sprache der Tiere dem Menschen ein angenehmer Zuwachs zu seiner Erkenntnis sein und den Umfang seines gesellschaftlichen Umgangs vermehren würde.

Nach meiner Zurückkunft in England war ich unwillig, daß ich über diese Materie in des Dr. Gregorius' Buche „*Comparative View of the State and Faculties of Man with those of the Animal World*", welches damals eben zum Vorschein gekommen war, nichts erwähnt fand. Mein Unwille wurde jedoch gewissermaßen durch eine Schilderung von der menschlichen Gesellschaft, welche dieser scharfsinnige und würdige Verfasser gemacht hatte, wieder beruhigt, da sie sich sehr wohl auf die Corsen schickte: „Es ist ein gewisser Zeitpunkt in dem Wachstum der Gesellschaft, in welchem die Menschen zu ihrem großen Vorteil erscheinen. Zu dieser Zeit besitzen sie die körperlichen Kräfte und alle tierischen Verrichtungen in ihrer völligen Stärke. Sie sind kühn, munter, standhaft und heftig in der Liebe zur Freiheit und zu ihrem Vaterlande. Ihre Sitten sind nur bloße Natur, ihre gesellschaftlichen Zuneigungen feurig, und obgleich die Blutsfreundschaft einen großen Einfluß bei ihnen hat, so sind sie doch gegen Fremde großmütig und gastfrei. Die Religion ist bei ihnen in allgemeiner Achtung, ob sie gleich durch mannigfaltigen Aberglauben verstellt ist."[108]

Paoli wünschte sehr, daß ich den Charakter der Corsen recht kennenlernen möchte. „Sehen Sie unter die Corsen", sagte er, „je mehr Sie mit ihnen reden, desto angenehmer wird es ihnen sein. Vergessen Sie die Niedrigkeit ihres äußerlichen Aufzuges, hören Sie ihre Gesinnungen, so werden Sie unter diesen armen Leuten viel Ehre, Verstand und Geschicklichkeit finden."

Sein ganzes Herz erweiterte sich, wenn er von seinen Landsleuten redete. Seine eigenen Eigenschaften ließen sich in einer ungewöhnlichen Größe sehen, da er die Tugenden derer beschrieb, deren Glückseligkeit sein ganzes Leben beschäftigte. Er sagte: „Wenn ich eine Armee von Corsen wider eine doppelt so starke feindliche Armee führen sollte, und würde nur wenig Worte zu den Corsen reden, um sie an die Ehre ihres Vaterlandes und ihrer tapferen Vorfahren zu erinnern, so will ich zwar nicht behaupten, daß sie sie überwinden würden, aber ich bin versichert, daß nicht ein Mann von ihnen weichen würde. Die Corsen", setzte er hinzu, „haben eine so feste Entschließung, daß Sie darüber erstaunen würden. Ich wünsche nur, daß sie einen von ihnen sterben sähen. Es ist ein Sprichwort unter den Genuesern: die Corsen verdienen den Galgen, und sie wissen ihn auch zu ertragen. Es ist in dieser Rede für uns ein wirkliches Kompliment."

Er erzählte mir, daß die Missetäter in Corsica, 24 Stunden danach, wenn das Urteil wider sie gesprochen ist, hingerichtet werden. Dieses ist vielleicht nicht allzu katholisch, aber es ist menschlich.

Er fuhr fort, und gab mir verschiedene Beispiele von corsischen Gesinnungen.

„Ein Unteroffizier", sagte er, „der in einem unserer hitzigsten Gefechte fiel, schrieb an mich, da er eben sterben wollte, also: ‚Ich grüße Sie. Sorgen Sie für meinen alten Vater. In zwei Stunden werde ich bei den übrigen sein, die für ihr Vaterland so tapfer gestorben sind.'"

Ein corsischer vornehmer Herr, den die Genueser gefangengenommen hatten, wurde in ein finsteres Loch geworfen, wo er auf dem Boden angebunden war. In dieser traurigen Verfassung schickten die Genueser einen Boten zu ihm, daß wenn er eine Offiziersstelle in ihrem Dienste annehmen wollte, er sie bekommen könnte: „Nein!" sagte er, „wenn ich euer Anerbieten annehmen wollte, so würde es mit dem besten Vorsatze geschehen, die erste Gelegenheit zu ergreifen, damit ich in den Dienst meines Vaterlandes zurückkehren könnte, aber ich will es nicht annehmen. Denn ich wollte nicht, daß meine Landsleute mich nur einen Augenblick als

Dieselbe Episode – wortgleich und illustriert – bei Galletti.

einen Treulosen im Verdacht haben könnten." Und er blieb in seinem Loche. Paoli fuhr fort: „Ich biete Rom oder Theben Trotz, mir 30 Jahre hindurch einen solchen Patriotismus, dessen sich Corsica rühmen kann, zu zeigen; obgleich die Liebe zwischen Anverwandten bei den Corsen außerordentlich stark ist, so werden sie doch, zum Besten ihres Vaterlandes, ihre nächsten Anverwandten aufgeben, und diejenigen, welche zu den Genuesern übergelaufen sind, aufopfern."

Er erzählte mir ein schönes Beispiel von dem Gefühl und der Größe der Seele eines Corsen: „Ein Missetäter", sagte er, „war zum Tode verdammt. Sein Enkel kam nebst einem vornehmen Frauenzimmer zu mir, die mich um seine Begnadigung bitten wollten. Der Enkel glaubte bei seiner Bekümmernis, daß das Frauenzimmer nicht mit genugsamer Stärke und Ernst redete. Er trat deswegen hervor, und wandte sich zu mir mit den Worten: ‚Mein Herr, ist es mir erlaubt zu reden?' nicht anders, als ob er es fühlte, daß es unbillig wäre, eine solche Bitte zu tun. Ich befahl ihm fortzufahren. ‚Mein Herr', sagte er, ‚darf ich in der tiefsten Betrübnis um das Leben meines Vetters bitten? Wenn man es ihm gewährt, so wollen seine Anverwandten dem Staate 1000 Dukaten schenken. Wir wollen 50 Soldaten während der Belagerung von Furiani auf unsere Kosten unterhalten. Wir wollen es zufrieden sein, daß mein Vetter aus dem Lande vertrieben werde und sich anheischig mache, niemals auf die Insel zurückzukehren.' Ich wußte, daß der Enkel ein würdiger Mann war, und ich antwortete ihm: ‚Sie sind besser mit den Umständen dieses Vorfalles bekannt. Mein Vertrauen ist so groß zu Ihnen, daß, wenn Sie sagen, daß die Begnadigung Ihres Vetters gerecht und für Corsica nützlich und anständig sein würde, ich Ihnen verspreche, diese Bitte zu gewähren.' Er wandte sich hierauf um, brach in Tränen aus und verließ mich mit den Worten: ‚Ich möchte die Ehre meines Vaterlandes nicht für 1000 Dukaten verkaufen.' Und sein Vetter wurde hingerichtet."

Obgleich der General einer von den wirklichen Mitgliedern des Syndikatgerichtes war, so nahm er doch selten seinen Sitz darin. Er blieb in seinem eigenen Zimmer, und wenn diejenigen, deren Streitsache vor dem Sydikatgerichte entschieden war, mit dem Urteil nicht zufrieden waren, so hatten sie eine Audienz bei dem Paoli, der niemals ermangelte, sie zu überzeugen, daß man ihnen Gerechtigkeit getan hätte. Dieses schien mir eine notwendige Nachsicht bei einer so neuen Regierung zu sein. Die Corsen, welche so lange in einem Stande der Anarchie gewesen waren, konnten noch nicht auf einmal ihr Gemüt dem ordentlichen Ansehen der Justiz unterwerfen. Sie wollten sich daher lieber unmittelbar dem Ausspruche des Paoli überlassen, weil sie ihn liebten und verehrten. Allein, eine solche Unterwerfung hieß in der Tat nichts anderes, als durch Leidenschaften regiert zu werden: sie unterwerfen sich demjenigen, für welchen sie eine persönliche Achtung haben. Man kann nicht sagen, daß sie vollkommen wohl eingerichtet wären, bis sie sich den Aussprüchen ihrer Obrigkeit, als Diener des Staates, denen die Verwaltung der Gerechtigkeit anvertraut ist, unterwerfen. Paoli, der sie überzeugt, daß die Obrigkeit mit Geschicklichkeit und Redlichkeit richtet, gewöhnt die Corsen, dasjenige heilsame Vertrauen in ihre Richter zu setzen, welches zur Versicherung des Ansehens und der Dauer einer Regierung so notwendig ist. Nachdem er vieles zum Ruhme der Corsen geredet hatte, sagte er zu mir: „Kommen Sie, Sie sollen gleich einen Beweis von dem, was ich Ihnen sage, haben. Es ist ein großer Haufen Volks in dem nächsten Zimmer, welches auf eine Audienz bei mir wartet. Ich will den ersten, den ich sehe, hereinrufen, und Sie sollen ihn anhören."

Derjenige, welcher sich ihm von ungefähr darstellte, war ein ehrwürdiger alter Mann. Der General faßte ihn bei der Hand und wünschte ihm mit einer gelassenen und gütigen Miene einen guten Tag, welches den alten Bauern völlig ermunterte, mit Seiner Exzellenz frei zu reden. Paoli sagte ihm, er sollte nicht auf mich sehen, sondern nur fortreden.

Der alte Mann erzählte ihm hierauf, daß in dem Dorfe, wo er lebte, ein unglücklicher Auflauf des Volkes gewesen sei, wobei zwei von seinen Söhnen getötet wurden. Er sähe dieses als ein schweres Unglück an, es sei aber auf Seiten derer, die ihn seiner Söhne beraubt, ohne Bosheit geschehen, und er wäre es zufrieden, daß man es ohne Untersuchung hingehen ließe. Allein seine Frau, die um Rache bekümmert wäre, hätte darum angehalten, daß man sie ergreifen und strafen sollte. Er bäte daher Seine Exzellenz, daß man die größte Sorgfalt dieserwegen nehmen möchte, damit nicht in der Hitze der Feindschaft unter seinen Nachbarn jemand als ein Schuldiger an dem Blute seiner Söhne möchte bestraft werden, der wirklich unschuldig wäre. Es war in dieser Gesinnung etwas so Edles, da doch zu gleicher Zeit der alte Mann wegen des Verlustes seiner Kinder so betrübt zu sein schien, daß es mir auf die empfindliche Art zu Herzen ging. Paoli sah mich hierauf mit Gefälligkeit und einer Art von liebenswürdigem Triumph über das Betragen des alten Mannes an, der einen ganzen Strom von Worten und eine Lebhaftigkeit der Gebärden hatte, welche dasjenige völlig rechtfertigten, was Petrus Cyrnäus von der corsischen Beredsamkeit gesagt hat: „Man würde sagen müssen, daß sie alle gute Sachwalter wären."

Ich sah wohl ein, daß Paoli Ursache hatte, zu wünschen, daß ich viel mit seinen Landsleuten reden möchte, da es mir eine größere Meinung sowohl von ihm, als auch von ihnen, beibringen konnte. Thuanus hat mit Recht gesagt: „Die Gesinnungen der Corsen sind veränderlich", doch ist ihre Neigung gegen den Paoli nach zehn Jahren noch ebenso stark als sie im ersten war. Ja sie hegen eine rechte enthusiastische Bewunderung gegen ihn. „Dieser große Mann, welchen Gott gesandt hat, unser Vaterland zu befreien", war die Art, womit sie sich gegen mich von ihm ausdrückten. Diejenigen, welche den Paoli begleiteten, waren alle in ihren verschiedenen Ämtern sehr verständige und geschickte Männer. Einige von ihnen waren auch in fremden Diensten gewesen.

Einer davon, der Herr Suzzoni, war lange in Deutschland gewesen. Er redete Deutsch mit mir und erinnerte mich an die glücklichen Tage, welche ich unter diesen redlichen, aufrichtigen und tapferen Leuten zugebracht habe, die vor allen Nationen in der Welt die Fremden mit der größten Aufrichtigkeit aufnehmen. Der Herr Johann Quilico Casa Bianca, einer von dem ältesten corsischen Adel, war mein sehr guter Freund. Er unterrichtete mich völlig in allem, was die corsische Regierung anbetraf. Ja, er hatte sogar die Geduld, bei mir zu sitzen, da ich die Nachricht davon aufschrieb, welche ich nachher aus der Unterredung mit dem Paoli erweitert und verbessert habe. Der Abt Rostini, ein gelehrter und wegen seines vortrefflichen Herzens nicht weniger verehrungswürdiger Mann, erwies mir viele Höflichkeit. Sein Ausspruch vom Paoli verdient angemerkt zu werden: „Wir befürchten nicht, daß uns unser General weder selbst betrügen, noch sich von anderen werde hintergehen lassen."

Ebenso erhielt ich auch viele Proben der Höflichkeit von dem Pater Guelfucci aus dem Orden der Serviten, einem Manne, dessen Talente und Tugenden, die mit einem besonderen Anstande und Annehmlichkeit der Sitten verbunden waren, ihn zu dem ansehnlichen Posten eines Sekretärs bei dem General erhoben hatten. Überhaupt betrugen sich hier alle vornehmen Herren gegen mich auf die verbindlichste Weise. Wir gingen, ritten und jagten zusammen.

Die Bauern und Soldaten waren alle freimütig, offenherzig, lebhaft und kühn und hatten ein gewisses rauhes Betragen, welches mit ihrem Charakter sehr wohl übereinstimmte und gar nicht mißfällig war. Der General erzählte mir ein vortreffliches Exempel von ihrer aufrichtigen und natürlichen guten Denkungsart: Ein junger französischer Marquis, der sehr reich und eitel war, kam herüber nach Corsica. Er hatte einen übertriebenen Haß gegen die barbarischen Einwohner und ging mit stolzen Schritten einher, als wenn er ein

Mann von Wichtigkeit wäre. Die Corsen sahen ihn mit einem spöttischen Lächeln an und sagten: „Laßt ihn gehen, er ist noch jung."

Die corsischen Bauern und Soldaten sind sehr geneigt, die Ochsen mit großen Hunden zu hetzen. Dieses erhält noch bei ihnen eine gewisse Art von Wildheit, die alle Furcht gänzlich vertreibt. Ich habe es selbst gesehen, daß ein Corse in der Hitze des Hetzens hereingelaufen ist, die Hunde abgehalten, das halbrasende Tier bei den Hörnern ergriffen und es weggeführt hat. Das gemeine Volk schien nicht wenig den Lustbarkeiten ergeben zu sein. Ich bemerkte einige davon in dem großen Vorsaale des Hauses von dem Herrn Colonna, wo ich mich aufhielt, die auf eine artige Manier im Brettspiel spielten. Sie machten auf den Boden des Vorsaals mit Kreide eine gewisse Anzahl von viereckigen Feldern, wovon sie immer abwechselnd das eine weiß machten und das andere offen ließen; und anstatt der schwarzen und weißen Figuren Stücke von Steinen oder Holz hatten. Es war ein vortreffliches Spiel zum Lachen.

Das vornehmste Vergnügen der Einwohner dieser Insel, wenn sie nicht im Krieg oder auf der Jagd begriffen waren, schien dieses zu sein, daß sie mit ihrer Bequemlichkeit in der freien Luft lagen und einander die Geschichte von den tapferen Taten ihrer Landsleute erzählten und zu Ehren der Corsen oder wider die Genueser Lieder sangen. Ja selbst in der Nacht können sie diesen Zeitvertreib in der freien Luft fortsetzen, wenn sie nicht der Regen nötigt, sich in ihre Häuser zu begeben.

Der englische Gesandte, wie mich die guten Bauern und Soldaten zu nennen pflegten, ward ein Liebling von ihnen. Ich ließ mir eine corsische Kleidung machen, in welcher ich mit wahrem Vergnügen herumspazierte. Der General erwies mir die Ehre und schenkte mir seine eigenen Pistolen, die auf der Insel ganz von Holz und Eisen gemacht und von vortrefflicher Arbeit waren. Ich bekam sogar eine von den Seemuscheln, mit welchen man oft Lärm zur Verteidigung der

Wie der Text dieser Abbildung zeigt, erregte Boswell mit seiner korsischen Kleidung selbst in England noch Aufsehen – hier auf dem Shakespeare-Festival in Stratford upon Avon im September 1769. Sicherlich spielte dabei auch die Werbung für sein gerade in dritter Auflage erschienenes Buch eine Rolle! (Entnommen aus: P.A. Thrasher: Pasquale Paoli. An Enlightened Hero, 1725 – 1807. London 1970, S. 129).

Freiheit geblasen hatte. Ich habe sie alle mit großer Sorgfalt aufgehoben.

Die corsischen Bauern und Soldaten waren sehr frei und freundlich gegen mich. Viele von ihnen pflegten des Morgens zu mir zu kommen und mich zu besuchen, und wie es ihnen gefiel herein- und hinauszugehen. Ich tat alles was ich konnte, um sie gegen die Engländer geneigt zu machen, und sagte ihnen, daß sie sich wohl gar auf eine Verbindung mit uns Hoffnung machen könnten. Sie taten wohl tausend Fragen an mich wegen meines Vaterlandes, die ich alle so liebreich als möglich beantwortete.

Einstmals wollten sie mich gern auf meiner Flöte spielen hören. Es würde sehr lächerlich gewesen sein, wenn ich den ehrlichen Leuten, die mich besuchten, gesagt hätte, daß ich schlecht bliese, oder eine solche Miene angenommen hätte, wie man in unseren artigen Gesellschaften zu tun pflegte. Ich spielte ihnen zwei oder drei italienische Arien vor und stimmte sodann einige von unseren schönen alten schottischen Liedern an. Die rührende Einfalt und pastoralische Fröhlichkeit der schottischen Musik wird gewiß denen, die das wahre Gefühl der Natur haben, allzeit gefallen. Den Corsen gefielen die Proben, die ich ihnen gab, ausnehmend wohl, ob ich gleich jetzt selbst sagen muß, daß alles dasjenige, was ich spielte, kaum erträglich war.

Meine lieben Freunde wollten auch einen englischen Gesang von mir haben. Ich bemühte mich, ihnen auch in diesem Stücke zu gefallen, und war in dem, was mir eben beifiel, sehr glücklich. Ich sang ihnen vor: *„Hearts of oak are our ships, Hearts of oak are our men.“* oder: „Herzen von Eichen sind unsere Schiffe; Herzen von Eichen sind unsere Leute.“ Ich übersetzte es ihnen ins Italienische und nie habe ich gesehen, daß sich jemand über einen Gesang so gefreut habe, als den Corsen die Herzen von Eichen gefielen. *„Cuore di querco“*, schrien sie, *„bravo Inglese.“* („Herz von Eiche“ ... „bravo Engländer!“). Es war eine ganz übermäßige Freude.

Ich glaubte, ein Seeoffizier auf Werbung und die Corsen ein Chor auf einer englischen Flotte zu sein.

Paoli sprach sehr stark von der Erhaltung der Unabhängigkeit von Corsica. „Wir können", sagte er, „fremde Mächte zu unseren Freunden haben; allein sie müssen *amici fuori di casa,* als Freunde aus dem Hause bleiben. Wir können ein Bündnis machen, aber wir wollen uns nicht der Herrschaft der größten Nation in Europa unterwerfen. Diese Leute, welche soviel für die Freiheit getan haben, werden sich lieber in Stücke hauen lassen als zugeben, daß Corsica von dem Gebiete eines anderen Landes verschlungen werde. Vor einigen Jahren, da man ein falsches Gerücht ausgestreut hatte, daß ich willens wäre, Corsica dem Kaiser zu überliefern, kam ein Corse zu mir und redete mich mit großer Bestürzung an: ‚Was! Soll das Blut so vieler Helden, die ihr Leben für die Freiheit von Corsica aufgeopfert haben, bloß dazu dienen, um den Purpur eines fremden Fürsten zu färben?'"

Ich erwähnte gegen ihn den Vorschlag zu einem Bündnis zwischen Großbritannien und Corsica. Paoli suchte diese Sache mit vieler Höflichkeit und gutem Anstande abzulehnen, und sagte: „Je weniger Beistand wir von Bundesgenossen haben, desto größer ist unsere Ehre." Er schien durch unser Verfahren gegen sein Land beleidigt zu sein. Er erwähnte die harte Erklärung im letzten Frieden, worin die tapferen Einwohner der Insel „Rebellen von Corsica" genannt werden. Er sagte mit einem gewissen Stolz und rechtem Gefühle: „Rebellen! Dieses erwartete ich nicht von Großbritannien!"

Doch bezeigte er viel Hochachtung gegen die britische Nation, und man konnte es sehen, daß er gar sehr wünschte, mit uns Freund zu sein. Da ich ihn fragte, was ich zur Vergeltung für so viele Gütigkeit, die er mir erwiesen hätte, auf alle nur mögliche Weise tun könnte, so antwortete er: „Suchen Sie nur ihrem Hofe seinen Irrtum zu benehmen. Sagen Sie ihm, was Sie hier gesehen haben. Man wird gewiß begierig sein und Sie fragen. Ein Mensch, der aus Corsica kommt, wird bei ihnen gewiß sein wie einer, der von den Antipoden herkommt."

Ich suchte dagegen eine solche Hoffnung in ihm zu erregen, wie ein Mensch von einem gutem Herzen dieselbe bei meinen Umständen natürlicherweise würde gemacht haben. Er konnte wenigstens einen Briten sehen, der seiner Sache ganz ergeben war. Ich stellte die zukünftigen politischen Begebenheiten auf einer sehr schmeichelhaften Seite vor, ich schilderte die Briten und Corsen, wie sie im Handel und im Kriege auf das genaueste miteinander verbunden sein würden, und beschrieb die ungeheuchelte Gütigkeit und Bewunderung, womit das redliche und edelmütige Volk von England den tapferen Corsen begegnen würde.

Ich überwand auch unvermerkt in diesem Stück seine Empfindlichkeit. Meine fröhlichen Vorstellungen erweichten seine Strenge und heiterten sein Gemüt auf. „Erinnern Sie sich", sagte er, „an das kleine Volk in Asien, welches in Gefahr war, von dem großen Könige von Assyrien unterdrückt zu werden, bis es sich an die Römer wandte? Und die Römer, mit dem edlen Geiste einer großen und freien Nation, traten auf und wollten nicht zugeben, daß der große König das kleine Volk verderben sollte, und machten deswegen einen Bund mit demselben."

Er machte keine Anmerkungen über dieses schöne Stück aus der Geschichte. Man konnte aber leicht sehen, daß er damit auf seine eigene und unsere Nation zielte.

Da der General dieses Stück aus der Geschichte anführte, so war ich nicht aufmerksam genug, ihn zu fragen, was er für ein kleines Volk meinte. Doch wie diese Geschichte bei mir einen so starken Eindruck gemacht hatte, so durchsuchte ich bei meiner Zurückkunft in England verschiedene Bücher, um zu sehen, ob ich diese Geschichte finden könnte, aber es war vergeblich. Ich nahm mir daher in einem meiner Briefe an Paoli die Freiheit , ihn zu ersuchen, daß er mir es anzeigen möchte. Er meldete mir hierauf, das kleine Volk wären die

Juden, die Geschichte sei von verschiedenen alten Schriftstellern erzählt worden, ich würde sie aber mit der größten Genauigkeit und Stärke im achten Kapitel des ersten Buchs der Maccabäer beschrieben finden.

Das erste Buch der Maccabäer wird zwar von den Protestanten für kein göttliches Buch gehalten, allein, es räumen doch alle Gelehrten ein, daß es eine wahre Geschichte enthalte. Ich habe daselbst die Lieblingsgeschichte des Paoli mit vielem Vergnügen gelesen und außerdem, daß sie in verschiedenen Umständen sich sehr wohl auf Großbritannien und Corsica anwenden läßt, so ist sie auch mit vieler Beredsamkeit beschrieben und kann zu einem schönen Muster eines Bündnisses dienen.

Ich wage es, zu fragen, ob die Römer in einer einzigen Begebenheit aus ihrer Geschichte wirklich größer, als in derjenigen, welche hier erzählt wird, gewesen sind.

Paoli sagte: „Wenn ein Mensch die edle Glut des Patriotismus erhalten will, so muß er nicht zu viel Überlegungen machen. Der Marschall von Sachsen philosophierte viel und brachte die französischen Waffen in das Herz von Deutschland, als sein eigenes Vaterland. Ich handle nach Empfindungen und nicht nach langen Schlüssen."

„Tugendhafte Gesinnungen und Fertigkeiten", sagte er, „sind über die philosophischen Schlüsse, welche nicht so stark sind und sich beständig verändern. Wenn alle Professoren in Europa in eine Gesellschaft gebracht würden, so würde es ohne Zweifel eine sehr ehrwürdige Gesellschaft sein, und sie würden uns mit den besten moralischen Lehren unterhalten. Doch glaube ich, daß ich mehr wirkliche Tugend in einer Gesellschaft guter Bauern in einem kleinen Dorfe, mitten auf unserer Insel, finden würde. Man könnte von diesen zwei Gesellschaften sagen, was man ehedem von Demosthenes und Themistokles sagte: ‚Jener war mächtig in Worten; dieser aber in Taten.'"

Diese Art von vertraulichem Umgang führte mich darauf, daß ich ihm erzählte, wie viel ich von tiefsinnigen Überlegungen gelitten hätte. Ich hätte mich mit einem Gemüte, welches von Natur zur Melancholie geneigt wäre, und mit einer starken Begierde, die Dinge zu ergründen, und mit großer Anstrengung auf metaphysische Untersuchungen gelegt, und über solche Gegenstände, die der Mensch nicht wissen könne, über meine Einsicht nachgedacht. Ich sagte ihm dabei, ich hätte mein Gemüt zu einer *Camera obscura* gemacht und selbst in der Hitze meiner Jugend das *non est tanti* („es lohnt sich nicht") und das *omnia vanitas* („alles ist eitel") eines solchen Menschen gefühlt, der alle Annehmlichkeiten seines Daseins erschöpft hat und einer abgeschmackten Wiederholung überdrüssig ist. Ja, ich erzählte ihm noch, daß ich fast ganz unfähig geworden wäre, an einem tätigen Leben teilzunehmen.

„Alles dieses", sagte Paoli, „ist Melancholie. Ich habe auch Metaphysik studiert. Ich weiß die Beweise für das Schicksal und für den freien Willen, für das körperliche und unkörperliche Wesen der Seele; ja, ich weiß sogar die scharfsinnigen Beweise für und wider das Dasein der Materie; allein, man muß diese Streitigkeiten den Müßiggängern überlassen. Ich halte mich allzeit fest an einen großen Gegenstand und fühle nicht einen Augenblick etwas von Kleinmütigkeit."

Die Betrachtung eines solchen Charakters war mir nützlicher als alles, was ich aus Büchern, aus dem Umgange und aus meinem eigenen Nachdenken hätte lernen können. Ich hatte mir oft den Begriff von einem Menschen gemacht, der beständig so beschaffen wäre, wie ich mir es in meinen besten Stunden vorstellen konnte. Allein, dieser Begriff schien denjenigen gleich zu sein, welche wir uns in den Schulen von Dingen machen, die wirklich vorhanden sein können und es doch nicht sind, z.B. von ganzen Seen von Milch und Schiffen von Bernstein. Doch ich sah ein, daß meine höchsten Begriffe in der Vorstellung vom Paoli wirklich wurden. Es war mir unmöglich, ich mochte es überlegen wie ich wollte, eine geringe Meinung von der menschlichen Natur, wie sie bei ihm war, zu hegen.

Ich erinnere mich noch, wie ich an einem Morgen ohne alle Zermonien zu ihm kam, da er sich ankleidete. Ich freute mich, daß ich eine Gelegenheit hatte, ihn in diesen verdrießlichen Augenblicken zu sehen, da, nach dem Ausspruch des Herzogs von Rochefoucault, niemand ein Held gegen seinen Kammerdiener ist. Dieser muntere Herr, der ein boshaftes Vergnügen in der Bemühung findet, die menschliche Natur ihrer Würde zu berauben, indem er parteiische Absichten zeigt und die Fehler vergrößert, würde gewiß bekannt haben, daß Paoli in jedem Augenblick seines Lebens ein Held sei.

Paoli erzählte mir, daß er schon in seiner zartesten Jugend seine Absicht auf den wichtigen Posten, den er jetzt behauptete, gerichtet hätte, so daß seine Gesinnungen allzeit müssen groß gewesen sein. Ich fragte ihn, wie ein Mensch von so erhabener Denkungsart nur einigermaßen Geduld haben könnte, sich den unbedeutenden Zeremonien und den elenden Gesprächen einer vornehmen Gesellschaft zu unterwerfen, welches er, als Offizier zu Neapel, gewiß hätte tun müssen. „Oh!“ sagte er, „dieses ward mir sehr leicht; man hielt mich für einen besonderen Kopf, ich redete, scherzte und war lustig; aber ich setzte mich niemals nieder zu spielen; ich ging und kam, wie mir es beliebte. Die Luft, die mir gefällt, ist alles dasjenige, was leicht und ungezwungen ist. Ich kann nicht lange die witzigen Schwätzer vertragen.“

Wie erhaben ist nicht dieses großen Mannes Begriff von einem angenehmen Umgange gegen die Vorstellung der vorgeblichen Witzlinge, die beständig auf witzige Anmerkungen und scherzhafte Antworten denken. Sie geben sich zuviel Mühe, um zu gefallen, und gefallen doch weniger, als wenn sie sich so zeigten, wie sie sich von Natur fühlen. Eine Gesellschaft von solchen Witzlingen ist mir allzeit wie eine Gesellschaft von Künstlern vorgekommen, die sich mit einem sehr feinen und schweren Werke beschäftigen, welches sie ausarbeiten sollen.

Paoli, ob er gleich gelassen und völlig Herr über sich selbst ist, wird doch von einer außerordentlichen Munterkeit belebt. Er setzt sich niemals als bei Tische nieder, er müßte denn krank oder zu sehr abgemattet sein. Er ist beständig in Bewegung und geht geschwind auf und nieder. Der Herr Samuel Johnson, dessen unvergleichlicher Verstand durch eine lange Bemerkung eine vollkommene Kenntnis der menschlichen Natur erlangt hat, macht diese Betrachtung, da er von Lebensbeschreibungen handelt: „Es gibt viele unsichtbare Umstände, welche, wir mögen sie nun als Untersuchungen der natürlichen oder moralischen Kenntnis lesen, oder wir mögen die Absicht haben, unsere Wissenschaft zu erweitern oder unsere Tugend zu vermehren, viel wichtiger als öffentliche Vorfälle sind. Auf diese Weise hat Sallust, der große Meister der Natur, in seiner Nachricht vom Catilina nicht vergessen zu bemerken, daß sein Gang bald geschwind, bald langsam gewesen, als ein Zeichen eines Gemütes, welches etwas mit heftiger Bewegung überlegt".[109] Ich habe mir daher, bei der Erinnerung dieser weisen Anmerkung, angewöhnt, die kleinsten besonderen Umstände des Charakters zu bemerken. Die beständige Bewegung des Paoli, die so heftig ist, daß er, wie Sallust vom Catilina sagt, weder Tag noch Nacht Ruhe hat, ist ein Zeichen, daß er ebenso geschäftig und unermüdet als Catilina, obgleich aus einer verschiedenen Ursache, ist. Der Verräter aus Absichten, welche auf den Untergang von Rom abzielen; der Patriot aus Absichten, welche die Freiheit und Glückseligkeit von Corsica zum Grunde haben.

Paoli erzählt mir, daß die Lebhaftigkeit seines Gemütes so groß sei, daß er nicht zehn Minuten lang fort studieren könnte. „Es ist mir, als wenn der Kopf zerspringen wollte", sagte er, „ich kann niemals meine lebhaften Ideen mit meiner eigenen Hand aufzeichnen; sie entfallen mir gleich aus dem

Gedächtnis; ich rufe den Abt Guelfucci: ‚Kommen Sie geschwind und fassen Sie meine Gedanken'; und er schreibt sie gleich nieder."

Paoli hat ein so großes Gedächtnis wie Themistokles; und ich bin versichert, daß er fast die Namen aller Leute auf der Insel, ihren Charakter und ihre Verbindungen weiß. Sein Gedächtnis, in Absicht auf die Gelehrsamkeit, ist nicht weniger außerordentlich. Er weiß die besten Stellen aus den klassischen Schriftstellern auswendig, und er hat die glückliche Gabe, dieselben am rechten Orte wieder anzubringen, welches man selten findet. Diese Gabe ist nicht allzeit für Pedanterie zu halten. Die Fälle, in welchen sie Paoli, wie wir gesehen haben, zeigt, sind ein Beweis des Gegenteils.

Ich habe es selbst gehört, daß Paoli die Hauptveränderungen eines alten Staates mit einem solchen Nachdruck und Geschwindigkeit wiederholt hat, welche deutlich zeigt, daß er die Sachen wußte und mit dem Ursprunge und Beweggrunde der verschiedenen Begebenheiten vollkommen bekannt war. Ja ich habe gehört, daß er von den berühmtesten Männern des Altertums ein gründliches Urteil gefällt, oder was die Franzosen *une catalogue raisonnée* nennen, geliefert hat. Die Charaktere, welche er von ihnen machte, waren kurz, bündig und richtig. Ich bedaure es jetzt, daß das Feuer, womit er bei solchen Gelegenheiten zu reden pflegte, mich damals so sehr betäubte, daß ich mich seiner Reden nicht mehr erinnern konnte, um sie aufzuschreiben, als ich mich von seiner Gegenwart entfernte.

Er lebt in den Zeiten des Altertums. Er sagte zu mir: „Ein junger Mensch, der sein Gemüt nach Ruhm bilden will, muß keine neueren Schriftsteller, sondern den Plutarch und Livius lesen."

Ich habe gesehen, wie er in eine Art von Entzückung geraten ist und sich in der Hitze der erhabensten und edelsten Begeisterung ausgedrückt hat. Ich erinnere mich zweier Beispiele hiervon. „Was für ein Gedanke, daß Tausende ihre Glückseligkeit dir zu verdanken haben!" Und indem er sich in eine Stellung setzte, als wenn er den hohen Berg des Ruhms vor sich sähe: „Da, da ist mein Gegenstand, (indem er auf die Spitze zeigte) wenn ich falle, so falle ich doch wenigstens dort, dort (indem er noch höher hinauf wies): *magnis tamen excidit ausis.*" („Immerhin scheiterte er an *großen* Wagnissen" – Ü. d. Hrsg.).

Ich wagte es, wie ein Freigeist zu reden, damit ich Gelegenheit haben möchte, von einem so berühmten Lehrer in den Grundsätzen der Tugend befestigt zu werden. Ich redete sehr leichtsinnig von dem moralischen Gefühl und behauptete, daß das Gewissen noch sehr unbestimmt und ungewiß sei und daß kaum ein Laster gefunden werde, welches die Menschen, die desselben sich schuldig gemacht haben, nicht ohne Gewissensbisse sollten ausgeübt haben. „Aber", sagte er, „es ist doch niemand, der sich nicht über dieses oder jenes Laster entsetzen sollte. Verschiedene Tugenden machen bei verschiedenen Menschen den stärksten Eindruck; allein, die Tugend an sich betrachtet, ist die Nahrung unserer Gemüter."

In Absicht auf die Vorsehung sagte er mir mit einer Ernsthaftigkeit, womit ein Mensch redet, dem viel daran gelegen ist, daß man ihm Glauben beimesse: „Ich sage Ihnen als ein ehrlicher Mann, daß es mir unmöglich sei, nicht zu glauben, daß Gott selbst mitwirken werde, um Corsica in Freiheit zu setzen. Ein unterdrücktes Volk, wie die Corsen, ist gewiß des göttlichen Beistandes würdig. Ich habe auch bei unseren gefährlichsten Umständen niemals den Mut verloren, weil ich mein Vertrauen auf die Vorsehung setzte." Ich wagte es, dawider einzuwenden: „Warum hat sich aber die Vorsehung der Sache nicht eher angenommen?" Er antwortete hierauf mit einer edlen, ernsthaften und frommen Miene: „Weil seine Wege unerforschlich sind. Ich danke ihm für das, was er getan hat. Ich verehre und bete ihn deswegen an."

Ich gab dem Paoli eine Beschreibung von dem Charakter meines geehrten Freundes, des Herrn Samuel Johnson. Ich habe es oft bedauert, daß berühmte Männer, dergleichen die Menschlichkeit in vielen Jahrhunderten nur sehr selten hervorbringt, einander nicht sehen, und ich bin oft darüber erstaunt, wenn solche Männer zu gleicher Zeit aufstehen, daß sie es selbst nicht suchen sollten, ob sie gleich um den halben Erdkreis entfernt wären, einander wieder anzutreffen.

Samuel Johnson

Boswell verfaßte über Johnson eine Biographie, die heute als literarisches Meisterwerk gilt (vgl. Vorwort). (Abb. entnommen aus: J. Boswell: Das Leben Samuel Johnsons und Das Tagebuch einer Reise nach den Hebriden. München 1985, Umschlagseite).

Der weise König sagt: wie ein Messer das andere wetzt, so schärft auch ein Mann den anderen. Was für eine Vorstellung kann man sich nicht von der Zusammenkunft eines solchen gelehrten Philosophen, wie Herr Johnson ist, und eines solchen Gesetzgebers und Generals, als Paoli vorstellt, machen!

Ich erzählte dem Paoli verschiedene Reden des Herrn Johnson, die wegen ihres starken Ausdrucks und eigentümlichen Witzes sehr merkwürdig sind. Es fallen mir jetzt zwei derselben ein.

Da ich dem Herrn Johnson erzählte, wie ein gewisser Schriftsteller in der Gesellschaft hätte behaupten wollen, daß kein Unterschied zwischen Tugend und Laster sei, so sagte er: „Nun, mein Herr, wenn der Mensch nicht so denkt, wie er redet, so ist er ein Lügner; und ich sehe nicht, was er sich dabei für eine Ehre einbilden kann, den Charakter eines Lügners zu haben. Wenn er aber wirklich denkt, daß kein Unterschied zwischen Tugend und Laster sei, so lassen Sie uns, wenn er aus unseren Häusern geht, unsere Löffel zählen."

Ebenso sagte er auch von den neuen Freigeistern und Ungläubigen: „Mein Herr! Diese sind alle sehr eitle Menschen und wollen sich auf jedermanns Unkosten lustig machen. Die Wahrheit kann ihrer Eitelkeit nicht genugsame Nahrung geben, deswegen haben sie sich mit dem Irrtume eingelassen. Die Wahrheit, mein Herr, ist eine Kuh, welche solchen Leuten keine Milch mehr geben will, so daß sie hingehen und den Ochsen melken wollen."

Ich empfand eine besondere Freude, als ich sah, daß Paoli über die Reden des Herrn Johnson so vergnügt war und sie, den corsischen Helden zu gefallen, mit italienischem Nachdruck übersetzte.

Ich wiederholte die Reden des Herrn Johnson, so gut ich konnte, in seiner eigenen besonderen und nachdrücklichen Sprache, welche von den Kritikern an ihm ist getadelt worden. Er ist zu erhaben, als daß er ihnen darauf antworten sollte. Ich habe aber eine hinlängliche Antwort in einer allgemeinen Anmerkung gefunden, welche in einer von seinen vortrefflichen Schriften steht: „Unterschiedene Gedanken bringen auch unterschiedene Sprachen hervor. Demjenigen, welcher mehr denkt, als ein anderer, wird es nicht an Worten von weiterer Bedeutung fehlen".[110]

Ich hoffe, daß man mir diese Ausschweifung verzeihen werde, wobei ich demjenigen Hochachtung und Dankbarkeit zu erweisen suche, aus dessen Schriften und Umgange ich so viel Unterricht geschöpft habe, daß ich den Wert davon in jeder Szene meines Lebens wahrnehme.

Während der Regierung des Paoli sind wenige Gesetze in Corsica gegeben worden. Er erwähnte eines davon, welches er für sehr nützlich befunden hat, den rachgierigen Geist der Corsen einzuschränken, wovon ich in dem vorhergehenden Teil dieses Werks bereits sehr viel gesagt habe. Es war sonst unter den Corsen eine schreckliche Art von Rache, welche man *Vendetta traversa,* oder die gleichseitige Rache nannte, wie Petrus Cyrnäus selbst aufrichtig bekennt. Die Sache

Der Vendetta waren nach Schätzungen Thrashers von 1729 bis 1756 jährlich im Durchschnitt 900 Korsen zum Opfer gefallen. Noch im Jahr seines Regierungsantritts (1755) führte Paoli die Todesstrafe für Vendetta-Morde ein und ordnete zugleich die Aufstellung von „Schandsäulen" an. Beides hat sicherlich zu einer Beendigung der Vendetta beigetragen (1756). Als ausschlaggebendes Vorbild wirkte aber die Aufforderung der Witwe Cervione an ihren Sohn, Paoli in einer kritischen Situation (Schlacht von Bozio) zu unterstützen: sie beendete damit eine schwelende Vendetta zwischen den Familien.

bestand darin: Wenn jemand war beleidigt worden und keine bequeme Gelegenheit bekommen konnte, sich an seinem Feinde persönlich zu rächen, so übte er seine Rache an den Anverwandten desselben aus. Eine so grausame Gewohnheit war die Quelle so vieler Meuchelmorde. Paoli, der wohl wußte, daß die Ehre bei den Corsen über alles ging, setzte dieselbe dem Fortgange eines der abscheulichsten Verbrechen entgegen, welches bereits durch eine lange Gewohnheit so tief eingewurzelt war. Er machte ein Gesetz, in welchem verordnet wurde, daß diese gleichseitige Rache nicht allein wie ein anderer Mord mit dem Tode bestraft, sondern auch das Andenken des Beleidigers durch eine Schandsäule verunehrt werden sollte. Er hatte diesem Gesetze noch beigefügt, daß es sich auch auf diejenigen, welche den Eid der Aussöhnung gebrochen hätten, erstrecken sollte.

Auf diese Weise hat er ein so verderbliches Laster durch eine Art von Erschütterung der entgegengesetzten Leidenschaften bestritten und die hitzigen Corsen zu einem Stande der Gelindigkeit gebracht, so daß sie jetzt, wie er versicherte, von der Billigkeit dieses Gesetzes völlig überzeugt sind.

Da ich noch zu Sollacaro war, lief die Nachricht ein, daß der unglückliche Mensch, der auf Anstiften seiner Hausfrau ein anderes Frauenzimmer erdrosselt hatte, darein gewilligt habe, sein Leben mit der Bedingung anzunehmen, daß er Henker werde. Dieses erregte unter den Corsen ein großes Lärmen, und sie wurden auf den armen Menschen sehr erbittert und sagten, daß ihre Nation jetzt beschimpft sei. Paoli dachte in diesem Stücke anders. Er sagte zu mir: „Es ist mir dieses sehr lieb, und es wird nützlich sein, indem es viel dazu beitragen wird, daß wir uns zu einer gehörigen Subordination gewöhnen. Wir haben jetzt noch eine allzu große Gleichheit unter uns. Wir müssen ebenso, wie wir corsische Schneider und Schuhmacher haben, auch einen corsischen Henker haben."

Ich war aber in diesem Stücke nicht einerlei Meinung mit

ihm. Die Verrichtungen eines Schneiders und Schuhmachers, ob sie gleich für niedrig gehalten werden, sind doch nicht verhaßt. Da ich nachmals den Herrn Rousseau in England antraf und ihm meine corsische Reise erzählte, war er ebenfalls darin mit mir einig, daß es für die tapferen Einwohner der Insel etwas Edles sein würde, wenn sie sagen könnten, daß ein Corse lieber den Tod leiden als ein Henker werden wollte; und er hielt auch mit mir dafür, daß es von gutem Nutzen sein würde, wenn man allzeit einen Genueser zum Henker von Corsica machen könnte.

Doch ich muß den Genuesern Gerechtigkeit widerfahren lassen und hier, was Paoli mir erzählt hat, anmerken, daß selbst einer von ihnen lieber den Tod in Corsica gelitten hatte, als ein Henker geworden war. Da ich als ein Brite, dem der Abscheu vor der Tyrannei angeboren ist, von Natur kühn genug war und mit vieler Heftigkeit wider die Genueser redete, so sagte Paoli mit einer Mäßigung und Aufrichtigkeit, die ihm selbst bei der Republik Ehre machen sollte: „Es ist wahr, die Genueser sind unsere Feinde; aber wir müssen nicht vergessen, daß sie die Nachkommen jener würdigen Männer sind, die ihre Waffen über den Hellespont geführt haben."

Es ist ein Umstand in dem Charakter des Paoli, den ich meinen Lesern mit Behutsamkeit vorlege, weil ich weiß, wie leicht man zu einer Zeit darüber spotten kann, da die Menschen so sehr zum Unglauben geneigt sind, daß sie sich eine Ehre daraus zu machen scheinen, den Umfang ihres Glaubens so klein als möglich zu machen. Allein, ich sehe diese ungläubige Wut nur als eine zeitliche Mode des menschlichen Verstandes an und bin versichert, daß wir einmal wieder zu einer ruhigen Philosophie zurückkehren werden.

Ich kann es mir nicht anders vorstellen, als daß wir uns, ob wir es gleich in den Wissenschaften weiter gebracht haben und uns eines höheren Grades der Erkenntnis in Dingen, zu welchen unsere Kräfte völlig zureichend sind, rühmen können, doch nicht so sehr überheben sollten, gründlichere

Urteile, als unsere Väter, vorzugeben. Ich will es daher wagen, zu erzählen, daß Paoli zuweilen außerordentliche Eindrücke von entfernten und zukünftigen Begebenheiten hat.

Die Art und Weise, wie ich es entdeckte, war diese: Da ich sehr begierig war, einen so erhabenen Charakter recht zu studieren, so verließ ich mich so sehr auf seine Gütigkeit gegen mich, daß ich mir die Freiheit nahm, ihm in Absicht auf die kleinsten und geheimsten Umstände seines Lebens wohl tausend Fragen vorzulegen. Eines Tages, da einige von seinem Adel zugegen waren, fragte ich ihn, ob ein so lebhaftes Gemüt, wie das seinige, im Schlafe selbst nicht geschäftig wäre, und ob er zu träumen pflegte. Der Herr Casa Bianca sagte mit einer Miene und einem Tone, der etwas Wichtiges anzuzeigen schien: „Ja, er träumt." Und als ich ihn bat, sich hierüber näher zu erklären, so erzählte er mir, daß der General in seinen Träumen vorausgesehen hätte, was sich hernach wirklich zugetragen habe. Paoli bekräftigte dieses durch verschiedene Fälle von dieser Art und sagte dabei: „Ich kann Ihnen keine deutliche Erklärung davon geben. Ich erzähle Ihnen nur die Sache, wie sie geschehen ist. Zuweilen habe ich mich geirrt, überhaupt aber habe ich gefunden, daß meine Träume eingetroffen sind. Ich kann nicht sagen, wie die Tätigkeit der unsichtbaren Geister beschaffen ist. Sie müssen aber notwendig mehr wissen, als wir; und es ist daher nicht ungereimt, zu behaupten, daß Gott es ihnen zulassen könne, uns ihre Kenntnisse mitzuteilen."

Er geriet hierbei in eine sehr artige und angenehme Betrachtung eines Gegenstandes, welchen der verstorbene scharfsinnige Herr Baxter in seiner Untersuchung über die Natur der menschlichen Seele auf eine ganz philosophische Art abgehandelt hat. Es ist dieses ein Buch, welches man mit mehr Vergnügen und Nutzen als die Werke derer lesen kann, die sich bemühen, unseren Glauben auszurotten. Der Glaube gereicht dem menschlichen Gemüte zu einem großen Nutzen und verschafft demselben wenigstens eine beständige Unterhaltung. Ein Freigeist aber muß, meiner Meinung nach, oft Langeweile haben und verdrießlich werden.

Es war vielleicht bloß Verstellung, wenn Sokrates sagte, daß alles, was er gelernt hätte und wüßte, darin bestände, daß er nichts wüßte. Es ist aber gewiß ein Kennzeichen der Weisheit, den eingeschränkten Umfang der menschlichen Kenntnis zu wissen, die Wege Gottes mit Ehrerbietung zu untersuchen und nicht aus Stolz eine jede Meinung zu verwerfen, welche verständige und gelehrte Männer angenommen haben, weil es der Unglaube zum Deckmantel der Betrügerei gemacht oder einen Menge von Erdichtungen darauf gebaut hat.

Der alte Feltham sagt: „Man muß nicht auf jeden Traum achten; sie sind aber auch nicht alle zu verwerfen. Ich wollte weder ein Stoiker und abergläubisch in allem, noch auch ein Epikureer und unachtsam auf alles sein".[111] Er bemerkte hierauf, wieviel die Alten auf die Auslegung der Träume gewandt, und setzte hinzu: „Wäre es nicht um des Evangeliums willen, daß man über die Eitelkeit der Menschen so sehr klagt, so würde es gewiß ein Wunder sein, daß eine der menschlichen Natur so angenehme Wissenschaft gänzlich zugrunde gehen sollte."

Der geheimnisvolle Umstand in dem Charakter des Paoli, dessen ich erwähnt habe, wird in ganz Corsica für wahr angenommen. Die Einwohner dieser Insel drücken sich, wie die Italiener, viel durch Zeichen aus. Da ich einen von ihnen fragte, ob man viele Exempel wisse, daß Paoli die zukünftigen Begebenheiten vorhergesehen habe, so ergriff er eine Handvoll Haare und sagte: „So viele, mein Herr."

Man kann sagen, daß der General diese Meinung mit Fleiß ausgebreitet habe, damit er sich ein größeres Ansehen verschaffen möge, ein rohes und wildes Volk gesitteter zu machen; so wie Lykurg vorgab, daß er die Verordnung des delphischen Orakels habe; und wie Numa versicherte, daß er häufiger Unterredungen mit der Nymphe Egeria habe; oder wie Marius die Römer überredete, daß er göttliche Nachrichten von einer Hündin empfange. Allein, ich kann nicht glauben, daß Paoli jemals die Hilfe einer frommen Betrügerei verlangen sollte.

Paoli beobachtet allzeit die vollkommenste Leutseligkeit in seinem Betragen, ob er gleich niemals zu vertraut ist. Dieses ist ein Zeichen eines wirklich großen Charakters. Die Zurückhaltung, welche einige von unserem neuen Adel annehmen, rührt daher, weil der Adel jetzt fast nichts anderes ist als ein bloßer Name in Vergleichung dessen, was er in alten Zeiten war. Ehemals lebte der Adel auf seinen Landsitzen wie Fürsten in gastfreier Pracht. Sie waren mächtige Leute, und ein jeder von ihnen konnte wohl hundert von seinen Anhängern ins Feld stellen. Sie waren zu der Zeit offenherzig und gesprächig. Einige von unserem neuen Adel sind sehr darauf bedacht, sich das Ansehen einer Würde zu geben, welche, wie sie wohl merken, keine Probe aushalten kann, wobei sie befürchten, daß man ihnen zu nahe komme. Paoli ist nicht von dieser Art. Diejenigen, welche um ihn sind, kommen zu allen Stunden in sein Zimmer, wecken ihn auf, helfen ihn anziehen und sind vollkommen frei und ohne Zwang; doch sind sie sich ihres Abstandes bewußt und verletzen niemals, aus Ehrfurcht gegen seine wahre Größe, ihre Hochachtung gegen ihn.

Daher ob er gleich leicht mit sich sprechen läßt, so hat man doch alle Sorgfalt in Ansehung solcher Versuche wider das Leben des berühmten Oberhauptes angewandt, die er von den Genuesern zu befürchten Ursache hat, als welche sich oft des Meuchelmordes bloß aus einer politischen Absicht bedient haben und also auch viel dabei gewinnen würden, wenn sie den Paoli ums Leben bringen könnten. Eine gewisse Anzahl corsischer Soldaten hält beständig die Wache bei ihm; und außerdem hat er selbst zu einer noch genaueren Bewachung einige treue corsische Hunde bei sich. Von diesen schlafen fünf oder sechs teils in seinem Zimmer, teils auch in seinem Vorzimmer. Er begegnet ihnen mit vieler Gelindigkeit, und sie sind ganz an ihn gewöhnt. Sie haben alle einen so feinen Geruch, daß sie seine Freunde und Bedienten kennen. Sollte sich jemand dem General in der Nacht nähern, so würden sie ihn in Stücke zerreißen.

Die Begleitung der Hunde ist ein anderer Umstand, wodurch Paoli den Helden des Altertums ähnlich wird. Homer[112] stellt den Telemach vor, wie er von zwei schnellaufenden Hunden begleitet wird. Doch die Beschreibung, welche Homer[113] von dem Hause des Patroklus gibt, wie neun große Hunde um seinen Tisch gestanden, läßt sich noch besser vom Paoli sagen.

Pope bezeigt in seinen Anmerkungen über das zweite Buch der Odyssee ein großes Vergnügen darüber, daß Homer die Hunde erwähnt habe, weil es zu einem angenehmen Beweise von der alten Simplizität diene. Er bemerkt, daß Virgil[114] in seiner Beschreibung des alten Euanders diesen Umstand der Nachahmung würdig gehalten habe. So lesen wir vom Syphax, dem General der Numidier: „Syphax stand zwischen zwei Hunden und rief dem Scipio zu."

Was den Mut anbetrifft, so machte Paoli einen richtigen Unterschied zwischen dem Mute, der in der Beschaffenheit des Körpers und in der Überlegung gegründet ist. „Der Herr Thomas Morus", sagt er, „würde wahrscheinlicherweise eine Mauer nicht so gut erstiegen haben wie ein Unteroffizier, der niemals an den Tod gedacht hat; allein ein Unteroffizier würde gewiß nicht die ruhige Unerschrockenheit des Herrn Thomas Morus auf einer Blutbühne gezeigt haben."

Er erzählte mir über diese Materie eine sehr merkwürdige Anekdote, welche sich während des letzten Krieges in Italien zugetragen hatte. Bei der Belagerung von Tortona befahl der General von der Armee, die vor der Stadt lag, dem Carew, einem irischen Offizier in neapolitanischen Diensten, mit einem kleinen Kommando einen besonderen Posten einzunehmen. Da er diesen Befehl gegeben hatte, so sagte er dem

Carew ins Ohr: „Mein Herr! Ich weiß, daß sie ein tapferer Mann sind. Ich habe ihnen daher diesen Befehl aufgetragen. Ich sage ihnen im Vertrauen, daß sie alle daselbst ihren gewissen Tod finden werden. Ich stelle sie dahin, damit der Feind eine Mine unter sie springen lasse." Carew machte dem General eine Verbeugung und führte seine Leute in aller Stille auf den erschrecklichen Posten. Er stand daselbst mit unveränderlichem Mute, und nachdem er einen von den Soldaten um einen Trunk Wein gebeten hatte, so sagte er: „Hier trinke ich für alle diejenigen, welche als brave Leute in der Schlacht fallen." Glücklicherweise ging in dem Augenblicke Tortona über und Carew blieb am Leben. Er hatte aber auf diese Weise eine vollkommene Gelegenheit, ein seltenes Beispiel eines festgesetzten Mutes zu zeigen. Ich erinnere mich mit Vergnügen an eine Anekdote, die so sehr zur Ehre dieses Herrn und der Nation gereicht, über welche diejenigen, die es am wenigsten Ursache hätten, oft unanständige Anmerkungen zu machen pflegen. So groß auch immer die rohen Scherze des reichen Übermutes, oder die neidischen Spottreden der dürftigen Eifersucht sein mögen, so sind doch die Iren auf dem festen Lande allzeit hochgeschätzt worden und werden auch fernerhin hochgeschätzt werden.

Das persönliche Ansehen des Paoli unter den Corsen setzte mich in Erstaunen. Ich habe gesehen, daß eine Menge von ihnen sich ernstlich und mit Ungestüm bemühte, sich ihm zu nähern, nicht anders, als ob sie mit Gewalt in sein Zimmer brechen wollten. Die Wache suchte vergebens sie abzuhalten. Sobald er aber in einem ernstlichen Tone rief: „Jetzt ist keine Audienz!", so gingen sie auf einmal hinweg.

An einem Nachmittage unterhielt er uns mit einer Abhandlung über die alte Kriegskunst. Er bemerkte, daß die Alten wenig Bagage verstattet und sie recht eigentlich *impedimenta* genannt hätten; wo hingegen die Neueren sich so sehr damit zu beladen pflegten, daß 50000 von unseren jetzigen Soldaten so viel Bagage mitnehmen dürften, als man ehemals für alle Armeen des römischen Reichs für hinlänglich gehalten hätte. Er sagte: „Es wäre sehr gut für die Soldaten, wenn sie schwer bewaffnet wären, weil sie dadurch verhältnismäßig stark würden.“ Er machte dabei die Anmerkung, daß die Römer, da sie ihre Waffen leichter gemacht, die Truppen zugleich geschwächt hätten. Er machte eine sehr artige Anmerkung über die mit bewaffneten Leuten angefüllten Türme, die auf den Rücken ihrer Elefanten getragen wurden. Er sagte, es müsse dieses ein Irrtum sein; denn wenn die Türme breit wären, so würden sie auf den Rücken der Elefanten nicht Platz haben; indem er, nebst einem anderen Freunde, der ein sehr geschickter Rechenmeister sei, einen sehr großen Elefanten in Neapel gemessen und eine Berechnung des Raumes angestellt hätte, der nötig gewesen wäre, so viele Menschen zu fassen, als nach der Erzählung in diesen Türmen gewesen wären; und zugleich gefunden hätte, daß der Rücken des breitesten Elefanten nicht zureichend sein würde, wenn man auch dasjenige, was auf jeder Seite des Tieres durch ein Gleichgewicht könnte ersetzt werden, dazurechnen wollte. Wenn aber die Türme hoch wären, so würden sie fallen; indem er es gar nicht für wahrscheinlich hielte, daß die Römer bereits die Kunst gehabt hätten, solche ungeheuren Maschinen zu befestigen, da sie noch nicht einmal den Gebrauch der Gürtel an den Sätteln gewußt hätten. Er sagte ferner, daß er den Bildern an der Säule des Trajan, von welchen viele gewiß falsch wären, wenig Glauben beimesse. Es wäre daher seine Meinung diese, daß jene Türme bloß von den Elefanten gezogen worden. Eine Meinung, die in der Wahrscheinlichkeit gegründet und von den Schwierigkeiten der gemeinen Erklärung befreit ist.

Da wir einstmals von den verschiedenen Lebensarten redeten, die sich für einen Mann von Verstande und Erziehung schickten, so erwähnte ich auch gegen ihn das Amt eines Gesandten. Er sagte, daß er es bei einem einsichtsvollen und geschickten Manne einige Jahre seines Lebens hindurch für eine angenehme Beschäftigung halte. „In einer solchen Stelle", sagte er, „wird ein Mann unvermerkt eine größere Kenntnis der Menschen und selbst eine vollkommenere Bekannschaft mit der europäischen Staatskunst erlangen. Er wird nach den Berichten, die er seinem Hofe abstattet, befördert werden. Diese müssen genau, deutlich, ohne Heftigkeit oder Zierlichkeit abgefaßt sein. Er kann wohl seine eigene Meinung hinzusetzen, er muß es aber mit großer Bescheidenheit tun. Die Minister zu Hause sind stolz."

Er sagte, daß die größte Glückseligkeit nicht im Ruhme, sondern in der Güte des Herzens bestehe, und daß Penn in seiner amerikanischen Kolonie, wohin er ein ruhiges und zufriedenes Volk hingeführt hätte, glücklicher als Alexander der Große wäre, der bei der Eroberung von Theben soviel Tausende unglücklich gemacht hätte. Er bemerkte dabei, daß die Geschichte des Alexander dunkel und ungewiß sei; indem seine Generäle, welche sein Reich unter sich geteilt, sich zu sehr bemüht hätten, sein Leben und seine Taten zu erzählen, und auf alle Weise gewünscht hätten, ihn bei der Nachkommenschaft verhaßt zu machen.

Ich habe niemals meine eigenen Mängel so sehr eingesehen, als zu der Zeit, da ich in Corsica war. Ich fühlte es, wie gering meine Geschicklichkeit war, und wie wenig ich wußte. Stolz auf das Glück, ein Begleiter des Paoli zu sein und ein Land und Volk zu kennen, welches mich so sehr aufmunterte, wünschte ich, ein Herr Jakob Macdonald zu sein[115].

Der letzte Tag, den ich bei dem Paoli zubrachte, schien mir von unschätzbarem Werte zu sein. Paoli schien mir größer und liebenswürdiger als sonst zu sein, da ich im Begriffe war, von ihm Abschied zu nehmen. Die Nacht vor meiner Abreise ereignete sich ein Zufall, der ihn in dem angenehmsten Lichte zeigte. Da die Bedienten bei dem Abendessen den Nachtisch auftrugen, so ließ einer von ihnen von ungefähr eine ganze Schüssel mit großen Nüssen fallen. Paoli, anstatt über etwas unwillig zu werden, woran der Mensch keine Schuld hatte, sagte mit Lächeln: „Es ist nichts dran gelegen", und wandte sich zu mir mit den Worten: „Es ist ein gutes Zeichen für Sie, mein Herr: *tempus est spargere nuces.* (Es ist Zeit, Nüsse zu streuen" – Ü. d. Hrsg.) Es bedeutet eine Hochzeit. Sie müssen nach Hause reisen und eine artige Frau, die Ihnen gefällt, heiraten. Ich werde mich freuen, wenn ich es vernehme."

Dieses war eine schöne Anspielung auf den römischen Gebrauch bei Hochzeiten, da man Nüsse streute. So sagt Damon bei Virgil:

Mopse novas incide faces: tibi ducitur uxor.
Sparge marite nuces: tibi deserit Hesperus Oetam.
Virgil: Eclog., VIII, 30.

(„Mopsus, schneide neue Fackeln zu: dir wird die Gattin zugeführt. Streue Nüsse, Ehemann: für dich verläßt der Abendstern den Öta" – Ü. d. Hrsg.)

Da ich ihn nochmals fragte, ob ich ihm auf einige Weise meine Hochachtung und Liebe zeigen könnte, so sagte er: „Erinnern Sie sich, daß ich Ihr Freund bin, und schreiben Sie mir." Ich antwortete ihm hierauf, daß ich hoffte, wenn er mich mit einem Briefe beehrte, er würde nicht allein als Befehlshaber, sondern auch als Philosoph und Gelehrter schreiben. Er faßte mich bei der Hand und sagte: „Als ein Freund." Ich wage es nicht, aus meinen Privataufsätzen die Empfindungen abzuschreiben, die ich bei dieser Unterredung gehabt habe. Ich würde vielleicht zu enthusiastisch werden. Ich nahm vom Paoli mit Wehmut und Betrübnis, doch nicht ohne Hoffnung, ihn wiederzusehen, Abschied. Meine Gesinnungen von der menschlichen Natur sind nach der Zeit, da ich einen so erhabenen Charakter habe kennengelernt, so sehr erhöht worden, daß ich durch eine Art von ansteckender Krankheit eine Hitze empfinde, mich selbst hervorzutun und insoweit, als es meine Umstände und Fähigkeiten verstatten, Nutzen zu schaffen. Ja ich bin nunmehr auf meine übrige Lebenszeit von einer sklavischen Furchtsamkeit in Gegenwart großer Männer völlig befreit. Und wo soll ich einen größeren Mann als Paoli finden?

Da ich von Sollacaro abreiste, war ich ziemlich unpäßlich. Das alte Haus des Colonna war, wie die Familie seines Herrn, sehr verfallen, so daß beides, Wind und Regen, in mein Schlafzimmer eindrangen. Hierdurch zog ich mir eine starke Erkältung zu, welche sich in ein dreitägiges Fieber endigte. Es war keine Hilfe dagegen. Und ich konnte mich auch wohl einigen Unbequemlichkeiten unterwerfen, da ich so viel Glück genossen hatte.

Ich wurde einen Teil des Weges von einem schwarzbraunen Priester begleitet, der niemals aus Corsica gekommen war. Er war wegen seiner Stärke und Unerschrockenheit ein rechter Herkules. Er hatte nebst zwei anderen Corsen ein Kastell eingenommen, worin fünfzehn Genueser zur Besatzung gelegen hatten. In der Tat, die Corsen verachten ihre Feinde so sehr, daß ich sie oft habe sagen hören: „Unsere Weiber würden schon wider die Genueser zureichend sein." Dieser Priester war ein dicker, starker und lustiger Mann, der weder Kenntnis noch Sorgen hatte. Er zeigte mir immer von Zeit zu Zeit, wie sein kleines Pferd kapriolieren könnte. Er ritt allzeit einige Schritte voraus und saß halb umgekehrt und legte seine Hand auf den Rücken des Pferdes. Ja bisweilen fing er an, lächerliche Lieder auf den Teufel, Genueser und dergleichen zu singen. Kurz, ich mußte ungeachtet meines Fiebers lachen, ich mochte wollen oder nicht.

Ich kehrte nach Corte zurück, aber ich veränderte meinen Weg, den ich vorher genommen hatte und ging mehr hinauf in das niedere Land und näher an die westliche Küste.

Zu Cauro hatte ich eine schöne Aussicht von Ajaccio und der umliegenden Gegend. Mein Fieber stellte sich ordentlich ein, so daß ich abwechselnd Ruhe hatte, die ich dazu anwandte, daß ich alles, was mir in den Weg kam, betrachtete. Zu Cauro logierte ich in dem Hause des Herrn Peraldi von Ajaccio, der mich mit vieler Höflichkeit empfing. Ich fand hier eine andere Provinzialobrigkeit. Vor dem Abendessen unterhielten mich der Herr Peraldi und ein junger Abt von Ajaccio mit einigen Arien auf der Violine. Da sie mir ihren Geschmack in der feinen und verbesserten Musik gezeigt hatten, so ließen sie mich einige corsische Originalarien hören und ließen auf mein Verlangen vier Mann von der Wache heraufkommen, die mir einen corsischen Tanz zeigten. Dieser war in der Tat sehr wild. Sie stampften mit ihren Absätzen und sprangen auf ihren Zehen, schwenkten ihre Arme und drehten sich mit den gewaltsamsten Gebärden. Ich stellte mir dabei einen vortrefflichen Kriegstanz vor.

Dorf im Hinterland von Ajaccio: Alata, nicht weit von Cauro.

Ich hatte während dieser Reise sehr schlechtes Wetter. Ich kann den würdigen Rektor von Cuttoli nicht vergessen, dessen Haus mir zu einer gastfreien Aufnahme diente, da ich ganz naß und von dem starken Sturme so sehr abgemattet war, daß ich meiner Krankheit kaum widerstehen konnte. Er war eben so ein ehrwürdiger Einsiedler, als wir in den alten

Romanen lesen. Seine Gestalt und Aufführung nahm mich gleich bei dem ersten Anblick ein. Ich fand, daß er ein sehr geehrter Mann auf der Insel war, und daß der General ihm die Ehre erwies, einen Briefwechsel mit ihm zu führen. Er gab mir eine ländliche Mahlzeit von Eiern, Kastanien und Wein, und war mit seinen Schinken und anderen kräftigen Speisen gegen meinen Bedienten sehr freigebig. Es gefiel dem ehrlichen Schweizer damals sehr wohl, daß sein Gesicht gegen das feste Land gerichtet war. Er war ganz ermüdet, fremde Länder zu sehen und nichts als schlechte Mahlzeiten und harte Betten auf einer Insel anzutreffen, wo er nicht begreifen konnte, was für ein Vergnügen darin sei, dieselbe zu besuchen. Er sagte zu mir: „Wenn ich einmal wieder nach Hause in mein Vaterland zwischen die Berge von der Schweiz komme, über welche Sie so oft gescherzt haben, so will ich sehen, wer mich wieder bereden soll, sie zu verlassen.“ Der General wollte nach seiner großen Höflichkeit nicht zugeben, daß ich ohne ein paar Mann auserlesener Wache reisen sollte, die mir bei jedem Zufall beistehen könnten. Ich machte sie zu meinen Gesellschaftern, um mir dadurch die Verdrießlichkeit meiner Reise zu erleichtern. Einer von ihnen, mit Namen Ambrosio, war eine schwarzbraune und herzhafte Kreatur. Er war vielmals im Kriege gewesen. Er achtete der Wunden nicht und war begierig, den Feind zu verderben. Er erzählte mir als eine gute Anekdote, daß er einstmals so glücklich gewesen sei, zwei Genueser gerade in einer Reihe zu erblicken, auf welche er gezielt und sie beide auf einmal durch den Kopf geschossen hätte. Ich war versichert, daß ich nicht nötig hatte in Furcht zu sein, und doch weiß ich nicht, wie es kam, daß ich den Ambrosio bat, vor mir herzugehen, damit ich ihn im Gesichte haben möchte.

Ich war auf meiner Hut und gab wohl darauf acht, wie ich ihm begegnete. Doch, wie die Krankheit einen jeden verdrießlich macht, so vergaß ich mich bisweilen, und nannte ihn einen Dummkopf, und als er einstmals wegen des Weges in einer rauhen holzigen Gegend verlegen war, so geriet ich in Hitze und rief ihm zu: „Ich wundere mich, daß ein so braver Mann so dumm sein kann.“ Doch, wenn ich ihn hernach wieder Freund nannte und gelassen mit ihm redete, so merkte ich, daß er mein unaufgeräumtes Wesen bald vergaß, und wir gingen miteinander fort wie zuvor.

Paoli war auch so gütig gewesen und hatte mir einen von seinen Hunden, ein starkes und grimmiges Tier, geschenkt. Er war aber zu alt, als daß er sich hätte an mich gewöhnen können, und ich verlor ihn zwischen Lyon und Paris. Der General hat mir einen jungen Hund versprochen, der meine Wache zu Auchinleck sein soll.

Zu Bocognano kam ich auf ebendie Straße, auf welcher ich vorher von Corte gereist war, woselbst ich jetzt nach allen meinen Beschwerlichkeiten glücklich anlangte. Meine guten Patres im Franziskanerkloster nahmen mich wie einen alten Bekannten auf und bezeigten ihr gütiges Mitleiden über meine Krankheit. Ich ließ dem Großkanzler meinen Respekt vermelden, der mir sogleich ein Billett zurückschickte, wovon ich hier eine Übersetzung als eine Probe der aufrichtigen Höflichkeit, die man unter den höchsten Personen in Corsica antrifft, einrücken will:

„Viele Glückwünsche an den Herrn Boswell wegen seiner Zurückkunft von jenseits der Gebirge, von seinem Diener Massesi, der zugleich seine Unpäßlichkeit gar sehr bedauert, die ohne Zweifel durch die beschwerliche Reise verursacht worden. Doch schmeichelt er sich, daß Herr Boswell, wenn er ein wenig ausgeruht hat, seine gewöhnliche Gesundheit wiedererlangen wird. Unterdessen nimmt er sich die Freiheit demselben ein paar Vögel zu schicken, welche er hoffentlich gütigst annehmen wird, da er diesen Abend notwendig einer Erquickung bedarf. Er wünscht ihm eine gute Nacht, sowie auch sein kleiner Diener Ludwig, der ihm morgen aufwarten und seine Schuldigkeit beobachten wird.“

Mein Fieber quälte mich so sehr, daß ich verschiedene Tage

im Kloster bleiben mußte. Ich war aber desungeachtet nicht verdrießlich. Ich hatte immer Besuch von dem Großkanzler und verschiedenen anderen Personen von dem bürgerlichen Magistrate, wie auch von dem Pater Mariani, dem Rektor der Universität, einem Manne von großer Gelehrsamkeit und Geschicklichkeit, wovon dieses ein Beweis ist, daß er drei Jahre zu Madrid als Sekretär bei dem General der Franziskaner gewesen war. Ich erinnere mich eines sehr rednerischen Ausdrucks von ihm über den Zustand seines Vaterlandes. „Corsica“, sagte er, „hat viele Jahre her an allen seinen Adern zur Ader lassen müssen. Sie sind jetzt wieder zugebunden. Allein da es so sehr erschöpft ist, so wird es einige Zeit brauchen bis es seine vollkommene Gesundheit wieder erlangen kann.“ Der Pater Leonardo, dessen lebhafte Rede ich oben schon erwähnt habe, besuchte mich auch.

Ich würde in der Tat gar nicht verlegen gewesen sein, obgleich nur meine ehrwürdigen Väter insgesamt meine Gesellschaft gewesen wären. Man sah mich gar nicht als einen Ketzer an. Der Unterschied des Glaubens wurde bei der Gastfreiheit vergessen. Ich ging im Kloster herum, als ob ich in meinem Hause gewesen wäre, und die Patres waren immer noch, ohne unanständig lustig zu sein, so fröhlich, als ich es nur verlangen konnte.

Ich hatte zwei Wundärzte zu Corte, die mich kurierten, einen Corsen und einen Piemonteser; und man gab mir die Fieberrinde aus der Apotheke des Kapuzinerklosters. Doch vermutete ich, nicht völlig wiederhergestellt zu werden, bis ich nach Bastia kommen würde. Ich fand, daß es vollkommen sicher für mich war, dahin zu gehen. Man hatte eine Art von Waffenstillstand zwischen den Corsen und Franzosen errichtet. Paoli hatte zwei freundschaftliche Unterredungen mit dem Herrn von Marboeuf, ihrem General, gehabt, und war ein so guter Freund von ihm, daß er mir ein Empfehlungsschreiben an ihn mitgab.

Eines Tages, da mich das Fieber am wenigsten beunruhigte, ging ich mit Fleiß zu Fuße aus dem Kloster nach

Corte, um einen Brief an den Herrn Samuel Johnson zu schreiben. Ich erzählte meinem Freunde, daß ich aus einer Art von Aberglauben, die ihm gewissermaßen sowohl als mir angenehm wäre, auf meinen Reisen von solchen Orten aus, die *Loca solenna* oder geheiligte genannt würden, an ihn geschrieben hätte. Und wie ich ihm ehemals auf dem Grabe des Melanchthons, welches der Gelehrsamkeit und Frömmigkeit geweiht wäre, geschrieben hätte, so schriebe ich jetzt in dem Palaste des Pascal Paoli, welcher der Weisheit und Freiheit gewidmet sei; indem ich wohl wüßte, daß er allzeit, man möchte seine politische Grundsätze vorstellen wie man wollte, einen edelmütigen Eifer für die gemeinschaftlichen Rechte der Menschlichkeit gehabt hätte. Ich machte ihm einen kurzen Abriß von allem, was ich in Corsica gesehen hatte, und versprach, ihm eine ausführlichere Nachricht zu erteilen.

Herr Johnson war mit dem, was ich hier schrieb, sehr wohl zufrieden, und ich erhielt von ihm zu Paris eine Antwort, die ich allzeit als eine schätzbare Schrift aufbehalte. „Wenn Sie zurückkommen“, schrieb er, „so werden Sie einen unveränderten, und wie ich hoffe, unveränderlichen Freund antreffen. Alles, was Sie von mir zu befürchten haben, ist die Plage, daß Sie mich aus meinem Irrtume reißen. Niemand vereitelt gern die Erwartung, die man seinetwegen erweckt hat, und das Vergnügen, welches ich mir aus Ihrem Reisebuche und Anmerkungen verspreche, ist so groß, daß vielleicht kein Grad der Aufmerksamkeit und Beurteilung hinreichend sein wird, es mir zu gewähren. Doch kommen Sie nur nach Hause, und wagen Sie es darauf. Mich verlangt sehr, Sie zu sehen und zu hören; und ich hoffe, daß wir nicht wieder so lange werden geschieden sein. Kommen Sie ja! Und erwarten Sie eine solche Bewillkommung, welche derjenige verdient, dessen weise und edle Neugierde ihn dahin geführt hat, wo vielleicht kein Eingeborener dieses Landes jemals vorher gewesen ist.“

Ich reiste endlich nach Bastia ab. Ich blieb die erste Nacht zu Rostino, und hoffte den Herrn Clemens Paoli daselbst zu finden. Aber unglücklicherweise war er verreist, um seine Tochter zu besuchen, so daß ich keine Gelegenheit hatte, diesen merkwürdigen Mann zu sehen, von welchem ich schon eine ausführliche Nachricht erteilt habe, die ich größtenteils dem Herrn Burnaby zu verdanken habe.

Pascal Paolis Geburtshaus in Morosaglia (Rostino).
(Aus: P.A. Thrasher: Pasquale Paoli. An Enlightened Hero, 1725 – 1807. London 1970, S. 64).

Am folgenden Tage erreichte ich Vescovato, woselbst mich der Herr Buttafoco aufnahm, dessen Charakter alles dasjenige übertraf, was ich mir aus dem Briefe des Herrn Rousseau von ihm vorgestellt hatte. Ich fand in ihm die unverfälschten Tugenden eines tapferen Insulaners mit den Vollkommenheiten des festen Landes verbunden. Kurz, ich bemerkte, daß er ein Mann von guten Grundsätzen, von großer Geschicklichkeit und Einsicht und zu gleicher Zeit ein vollkommener Hofmann war. Er ist jetzt zu der Stelle eines Obersten der königlichen Corsen in französischen Diensten erhoben worden.

Ich brachte einige Tage bei dem Herr Buttafoco zu, aus dessen Umgange ich so viel Vergnügen empfand, daß ich größtenteils mein Fieber vergaß.

Da man in Europa viel von einer Einladung geredet hat, die man dem Herrn Rousseau getan, um nach Corsica zu kommen, und diese Sache von dem Herrn Buttafoco geschehen ist, der mir den ganzen Briefwechsel zwischen ihm und dem Herrn Rousseau gezeigt hat, so bin ich imstande, eine genaue Nachricht zu geben.

Herr Rousseau hat in seiner politischen Abhandlung, die den Titel *Du Contract Social* führt, folgende Anmerkung gemacht: „Es ist noch in Europa ein Land, welches der Gesetzgebung fähig ist; dieses ist die Insel Corsica. Der Mut und die Standhaftigkeit, womit dieses tapfere Volk seine Freiheit wiedererhalten und verteidigt hat, verdienten wohl, daß einige verständige Männer ihnen zeigten, wie sie diese Freiheit beständig erhalten könnten. Ich habe einige Vermutung, daß diese kleine Insel noch einmal ganz Europa in Erstaunen setzen wird".[116]

Der Herr Buttafoco schrieb hierauf an den Herrn Rousseau, dankte ihm für die Ehre, die er der corsischen Nation erwiesen hätte, und ersuchte ihn inständig, herüber zu kommen und derjenige verständige Mann zu sein, der sie erleuchten könnte.

Es wurde mir erlaubt, von der Antwort des einsamen Philosophen auf diese Einladung eine Abschrift zu nehmen; sie ist mit seiner gewöhnlichen Beredsamkeit abgefaßt.

„Es ist überflüssig, mein Herr, meinen Eifer für die Unternehmung, die Sie mir vorschlagen, zu erwecken. Schon die bloße Vorstellung davon erhebt meine Seele und entzückt mich. Ich würde glauben, daß der Überrest meiner Tage sehr edel, tugendhaft und glücklich angewandt wäre; ja!, ich würde mir selbst vorstellen, daß ich viele meiner vergeblich zugebrachten Tage, die nun vergangen sind, wiedererlangt hätte, wenn ich diese traurigen Überbleibsel zu einigem Nutzen für Ihre tapferen Landsleute anwenden könnte, und wenn ich durch ein nützliches Vorhaben zu den Aussichten Ihres würdigen Oberhauptes und den Ihrigen etwas beitragen könnte. Insofern können Sie sich auf mich verlassen. Mein Leben und mein Herz sind Ihnen gewidmet."

Dieses waren die ersten Äußerungen des Rousseau. Doch ehe er selbst diesen ersten Brief schloß, so fügte er demselben sehr viele Klagen über seine Unglücksfälle und Verfolgungen bei und machte verschiedene Schwierigkeiten in Absicht auf die vorgeschlagene Unternehmung.

Der Briefwechsel wurde einige Zeit unterhalten; allein die Hitze des paradoxen Philosophen nahm bald ab, und das ganze Vorhaben kam nicht zustande.

Der Herr von Voltaire, wie ich bereits oben bemerkt habe, fand für gut, seinen Scherz über diesen Vorschlag zu treiben, um den ernsthaften Rousseau, den er niemals leiden konnte, zu kränken. Ich erinnere mich, daß er von ihm mit einem satyrischen Lächeln zu reden pflegte und ihn nannte: *Ce garçon!* Ich finde dieses unter meinen Aufsätzen von den Unterredungen mit dem Herrn von Voltaire, da ich bei ihm auf seinem Schlosse zu Ferney war, woselbst er mehr mit der Pracht eines königlichen Prinzen als eines Poeten lebt.

Die Widerlegung dieses Voltairischen Vorgebens durch einen eigenhändigen Brief des Paoli ist ohne Zweifel hinreichend, den Herrn Rousseau zu rechtfertigen.

Man kann aus der Beschreibung, die ich hier von dem gegenwärtigen Zustande von Corsica und dessen berühmtem Gesetzgeber und General geliefert habe, deutlich abnehmen, daß man das Vorhaben, den Herrn Rousseau in die Insel zu bringen, auf eine übertriebene Art von seiten des festen Landes vergrößert habe. Man sagte, daß Rousseau ein Solon der Corsen, die unmittelbar von ihm ein Gesetzbuch erhalten würden, werden sollte.

Dieses aber war keineswegs die Absicht. Paoli war ein allzu geschickter Mann, als daß er die Gesetzgebung in seinem Vaterlande einem anderen hätte unterwerfen sollen, der sowohl in Ansehung der Sitten des Volks, als auch in anderen Dingen, welche die Insel betreffen, ein Fremdling ist. Ja, ich weiß, daß Paoli mehr Achtung gegen dasjenige hat, was durch die Erfahrung vieler Jahrhunderte bestätigt als durch die schönsten idealistischen Systeme festgesetzt ist. Überdies kann man auch die Corsen nicht einmal nach Gutdünken bilden. Man muß sie stufenweise zubereiten, und durch ein Gesetz den Grund zu einem anderen legen, um dadurch ein ganzes Gebäude der Rechtsgelehrtheit aufzurichten.

Die Absicht des Paoli war, dem Herrn Rousseau eine Freistatt zu verschaffen und sich die glänzenden Talente desselben, die aus seinen Schriften hervorleuchteten, dadurch zunutze zu machen, daß er ihn um Rat fragen und aus seiner reifen Einbildungskraft so viele Kenntnisse schöpfen wollte, die er zur Ausführung der durch seine eigene Weisheit festgesetzten Pläne brauchen könnte.

Doch seine vornehmste Absicht war, die Feder des Herrn Rousseau zur Beschreibung der heldenmütigen Taten der tapferen Einwohner der Insel anzuwenden. Es ist zu bedauern, daß dieses Vorhaben nicht zustande gekommen ist. Der Vater des jetzigen Obersten Buttafoco hat seit vielen Jahren einen großen Vorrat von Nachrichten dazu gesammelt. Man hat diese Sammlung sorgfältig aufbehalten; und wenn man derselben die Nachrichten, welche der Abt Rostini gesammelt hat, hinzufügte, so würde man zur corsischen Geschichte die hinlänglichsten Materialien gehabt haben. Dieses alles würde durch das Genie des Rousseau noch eine größere Zierde erhalten haben und das vortrefflichste Denkmal der neueren Zeiten gewesen sein.

Der Herr Buttafoco begleitete mich nach Bastia. Es war mir nach einer so großen Ermüdung sehr angenehm, in eine gute warme Stadt zu kommen. Wir gingen in das Haus des Herrn Morelli, eines Rechtsgelehrten allhier, bei welchem wir speisten. Man brachte mich auf diese Nacht zu einem Freunde des Herrn Buttafoco in dem anderen Teile der Stadt.

Am nächsten Morgen machte ich dem Herrn von Marboeuf meine Aufwartung. Der Herr Buttafoco führte mich zu ihm hinein, und ich übergab ihm das Empfehlungsschreiben des Herrn Paoli. Er würdigte mich einer sehr gütigen Aufnahme. Die Pracht seines Gefolges gefiel mir; es war eine ganz andere und bessere Szene, als ich einige Zeit her gesehen hatte. Es war ebenso, als wenn man aus einem rohen und ursprünglichen Zeitalter in die gesittete neuere Welt tritt oder von den corsischen Bergen an das Ufer der Seine versetzt wird.

Mein Fieber war in dem Augenblicke so heftig, daß ich den französischen General um Erlaubnis bitten mußte, mir einen Stuhl bringen zu lassen. Sobald der Herr von Marboeuf erfuhr, daß ich krank sei, so war er so gütig, mich zu ersuchen, daß ich so lange, bis ich wiederhergestellt wäre, in seinem Hause bleiben möchte. „Ich bestehe darauf", sagte er, „ich will Ihnen ein warmes Zimmer verschaffen. Meine Bedienten sollen Ihnen Suppen und alles andere, was sich für einen Kranken schickt, zurichten; wir haben auch einen vortrefflichen Arzt." Ich erwähne alle diese Umstände, um zu zeigen, wie gütig der Herr von Marboeuf war, dem ich allzeit viele Verbindlichkeit schuldig bin. Seine Einladung war so liebreich und freundschaftlich, daß ich sie gern annahm.

Ich fand, daß der Herr von Marboeuf ein würdiger und redlicher Franzose war. Es ist überhaupt eine gemeine und richtige Bemerkung, daß eine Franzose, der lange bei der Armee gedient und die Jahre erreicht hat, wo die Hitze der Jugend gehörig gemäßigt ist, der angenehmste Charakter in der Welt ist. Ein solcher Charakter ist fröhlich ohne Leichtsinn und scharfsinnig ohne Heftigkeit. So war der Herr Graf von Marboeuf, aus einer alten Familie in der Bretagne, woselbst überhaupt mehr Natur in dem Charakter als unter den anderen Franzosen herrscht. Er war Kammerherr bei dem würdigen König Stanislaus gewesen.

Er nahm sich meiner so sehr an, als wenn er mein nächster Anverwandter gewesen wäre. Er versah mich mit Büchern und allem, was er zu meinem Zeitvertreibe nur erdenken konnte. Da der Arzt verordnete, daß ich mich ruhig halten sollte, so wollte der Herr von Marboeuf niemandem verstatten, mir zu nahe zu kommen, sondern er selbst besuchte mich ganz allein. Sobald ich besser ward, nahm auch meine Gesellschaft zu, indem der General immer mehrere von seinen Offizieren zu mir führte, so daß ich zuletzt die Ehre hatte, sehr große Gesellschaften in meinem Zimmer zu haben. Die Offiziere waren sehr artige und angenehme Herren, von denen einige im letzten Kriege als Gefangene in England gewesen waren. Einer von ihnen war ein Ritter des heiligen Ludwigsorden, dessen Name von Douglas war, ein Nachkömmling aus dem berühmten Hause der Douglas in Schottland, von einer Linie, die sich nahe bei Lyon niedergelassen hatte. Dieser Herr kam oft und setzte sich zu mir. Die Vorstellung, daß wir gewissermaßen Landsleute wären, erweckte in uns beiden ein großes Vergnügen.

Ich fand hier auch ein englisches Frauenzimmer aus Penrith in Cumberland. Sie hatte bei dem Durchzuge der Hochländer durch ihre Gegend im Jahre 1745 einen Soldaten von den französischen Posten mitten in der Verwirrung und Gefahr geheiratet, und zwar zu einer Zeit, da sie ihm von dem, was er sagte, kaum ein Wort verstehen konnte. Solche Einfälle pflegt die Liebe bisweilen zu haben:

Sic visum Veneri; cui placet impares
Formas atque animos sub juga ahenea
Sacuo mittere cum ioco.

Horaz, Buch I, Ode 33.

(„So wollte es Venus; ihr gefällt es, ungleiche Gestalten und Herzen unter ehernes Joch in grausamem Spiel zu schikken“ – Ü. d. Hrsg.)

Der Herr de la Chapelle war der Arzt, der mich bediente. Er war verschiedene Jahre Feldmedicus bei der Armee in

Minorca gewesen und hatte jetzt eben dieses Amt in Corsica. Ich nannte ihn nur den Doktor der Inseln. Er war in der Tat ein vortrefflicher Medicus. Die Fröhlichkeit des Herzens, welche die Franzosen haben, wird bei allen Professionen angetroffen. Ich erinnere mich noch an den Ausdruck eines englischen gemeinen Soldaten, der mir erzählte, daß sein Hauptmann in der Schlacht bei Fontenay einen Schuß in der Brust bekommen hätte und mit seinem Sponton in der Hand so schön getötet sei, als er es jemals bei einem Herrn gesehen habe. Die Rede des Soldaten könnte man wohl von allem brauchen, was die Franzosen tun. Ich mag also auch wohl sagen, daß mich der Herr de la Chapelle schön kuriert habe.

Doch ich sehe mich verbunden, einen Umstand zu erzählen, der ihn und seine Nation in dem angenehmsten Lichte zeigt. Er wollte nämlich bei meiner Abreise, ungeachtet er mich sorgfältig bedient hatte, nicht einen einzigen Louisdor annehmen. „Nein, mein Herr“, sagte er, „ich werde von meinem Könige auf eine sehr großmütige Art bezahlt. Ich bin hier Medicus bei seiner Armee. Ich schätze mich glücklich, wenn ich zu gleicher Zeit jemand aus dem Lande oder einem jeden Herrn, der zu uns kommt, dienen kann. Man muß mich aber entschuldigen, daß ich kein Geld nehme.“ Der Herr Brion, der oberste Wundarzt, verhielt sich ebenso.

Sobald als ich ein wenig Stärke wieder erlangt hatte, ging ich herum, so gut ich konnte, und sah das Merkwürdigste in Bastia. Der Herr Morelli war vorzüglich dienstfertig gegen mich. Er beschenkte mich mit Büchern, Antiken und allen anderen Seltenheiten, welche zu Corsica gehören. Ich habe nie einen edelmütigeren Mann gesehen. Der Herr Caraffa, ein corsischer Offizier in französischen Diensten, der den heiligen Ludwigsorden trug, war ebenfalls sehr höflich gegen mich. Da ich mich länger in Corsica aufgehalten hatte, als ich willens gewesen war, und meine Finanzen ziemlich erschöpft waren, so streckte er mir soviel Geld vor, als ich verlangte. Der Herr Barle, Sekretär des Herrn von Marboeuf, erwies mir auch viele Höflichkeit. Kurz, ich weiß nicht, wie ich meine Dankbarkeit gegen die guten Leute, die ich zu Bastia gesehen habe, genugsam an den Tag legen soll.

Die Franzosen schienen mit den Corsen sehr einig zu sein. Ehemals hatten die Einwohner der Vermittlung von Frankreich viel zu verdanken gehabt. Doch sind seit der Zeit, da Sampiero das Oberhaupt geworden war, viele Mißhelligkeiten unter ihnen gewesen. Eine besondere Streitigkeit ereignete sich unter der Regierung des Königs Ludwig des Vierzehnten. Die corsischen Leibwachen des Papstes beschimpften in der Hitze ihres Zornes den französischen Gesandten zu Rom. Der stolze Monarch faßte den Entschluß, diese Beleidigung zu rächen. Allein, der Papst Alexander der Siebte, der die schlimmen Folgen wohl voraussah, willigte in alle Bedingungen, die Frankreich verlangte, welche darin bestanden, daß die corsische Leibwache genötigt sein sollte, den Kirchenstaat zu räumen, daß diese Nation für unfähig erklärt werden sollte, jemals dem Heiligen Stuhle wieder zu dienen, und daß man ihrem alten Wachhause gegenüber eine Pyramide, auf welcher die Ungnade des Königs gegen sie bemerkt würde, aufrichten sollte.

Der Herr Le Brun, dessen vortreffliches Genie einen jeden Umstand zur Ehre seines Monarchen verherrlichen und vergrößern konnte, hat diese Begebenheit als ein Medaillon auf einer von den Abteilungen der großen Galerie zu Versailles geliefert. Frankreich erscheint daselbst mit einer erhabenen Miene und zeigt der Stadt Rom den Riß von der Pyramide; Rom, ob sie gleich einen Schild mit *S. P. Q. R.* („Senat und Volk von Rom") bezeichnet trägt, nimmt den Riß mit der tiefsten Demut an.

Ich wünschte, daß Frankreich den Corsen niemals mehr Schaden zugefügt, als sie der Ehre der päpstlichen Leibwache beraubt hätte: Man wird die Herren Boisseux und Maillebois nicht leicht vergessen; und man kann die tapferen Einwohner der Insel deswegen nicht tadeln, wenn sie sich darüber beklagen, daß eine mächtige Nation die Erlangung des

Schlacht von Pontenovo (1769): Niederlage der Korsen gegen die Franzosen und zugleich das Ende der korsischen Republik.
Marboeufs Wunsch, Frieden in Korsika zu erhalten, war zweifellos ehrlich gemeint – nur, vor Ort wird keine Politik gemacht. Schon im Juli 1769, kurz nach Erscheinen der ersten Auflage von Boswells Reisebericht, kam es zu heftigen Kämpfen, die dann innerhalb eines Jahres zugunsten der Franzosen entschieden waren.

völligen Besitzes ihres Vaterlandes und der ungestörten Freiheit zu verhindern sich angelegen sein läßt.

Der Herr von Marboeuf schien sich mit der größten Klugheit und Mäßigung zu betragen. Er sagte mir, daß er Frieden in Corsica zu erhalten wünschte. Er hatte mit dem Paoli den Vergleich getroffen, daß sie einander wechselweise diejenigen Missetäter, die in ihre Gebiete fliehen würden, ausliefern wollten. Ehemals wurde nicht ein Missetäter unter hunderten bestraft. Es war keine Gemeinschaft zwischen den Corsen und Genuesern; und wenn ein Verbrecher nur aus einer Gerichtsbarkeit in die andere entfliehen konnte, so war er sicher. Dieses konnte sehr leicht geschehen, so daß die Verbrecher, weil sie unbestraft blieben, sehr häufig wurden. Allein, durch diesen billigen Vergleich wurde die Gerechtigkeit völlig wieder verwaltet.

Vielleicht ist der Aufenthalt der Franzosen in Corsica,

überhaupt betrachtet, den Patrioten vorteilhaft gewesen. Man hat zweimal in der Woche Markttage an den Grenzen einer jeden Stadt, worin Besatzung ist, angelegt, woselbst die corsischen Bauern alle Arten von Lebensmitteln verkauft und eine große Menge französischer Kronen hereingebracht haben, die man sogleich zu corsischem Gelde eingeschmolzen hat. Ein Waffenstillstand von wenigen Jahren hat der Nation eine Erquickung verschafft, wodurch sie sich dergestalt gestärkt hat, daß es sich wahrscheinlicherweise mit der gänzlichen Vertreibung der Genueser endigen wird. Man hat ihnen eine kleine Ruhe verstattet, um ihre bürgerlichen Einrichtungen zu verbessern, wozu das Beispiel der Franzosen nicht wenig beigetragen hat. Viele Soldaten waren vortreffliche Handarbeiter, und konnten die Eingeborenen des Landes in verschiedenen Künsten unterrichten.

Der Herr von Marboeuf beschäftigte sich selbst mit der Anlegung einiger schöner Lustgärten; und die friedfertigen Gesinnungen dieses verehrungswürdigen Offiziers waren so groß, daß er sich bemühte, alles zu bemerken, was in Corsica am meisten fehlte, und es sogleich aus Frankreich einführen ließ, um es den Einwohnern als ein Muster zu zeigen. Insonderheit führte er den Anbau der *potatoes* oder Erdäpfel ein, wovon bei seiner Ankunft auf der Insel kein einziger vorhanden war. Diese Wurzel kann den Corsen von beträchtlichem Nutzen sein und ihnen zu einer heilsamen Veränderung in ihrer Speise dienen, indem sie dadurch weniger Kastanien zu Hause brauchen und folglich imstande sind, eine größere Menge davon auszuführen.

Der Herr von Marboeuf scherzte über die Nachrichten, die man ausgestreut hatte, daß ich ein Minister vom englischen Hofe wäre. Die Zeitung von Avignon berichtete uns eines Tages, daß die Engländer ein Handelskontor in Corsica aufrichten wollten. „Oh mein Herr", sagte er, „nun ist das Geheimnis entdeckt. Ich sehe jetzt den Beweggrund Ihrer Reise in diese Gegenden ein. Sie sind es gewiß, der ein solches Handelskontor errichten will."

So unbegründet diese Gerüchte auch waren, so ist doch gewiß, daß der Herr Gheraldi, einer von den Staatssekretären, bei meiner Anwesenheit in Genua mir im Ernste sagte: „Mein Herr, ich habe für Sie gezittert, ehe ich Sie noch gesehen habe." Und da ich ihm mit einem Lächeln versicherte, daß ich ein bloßer Reisender wäre, so schüttelte er den Kopf und sagte, daß er meinetwegen sehr genaue und sichere Nachricht habe. Er erzählte mir hierauf mit großer Ernsthaftigkeit, daß ich zu der Zeit, da ich nach Corsica gekommen, in Scharlach und Gold gekleidet gewesen; da ich aber dem höchsten Staatsrate zu Corte meine Aufwartung gemacht hätte, so wäre ich in einem völlig schwarzen Anzuge erschienen. Ich bekannte ihm diese wichtigen Wahrheiten aufrichtig, und es schien, als wenn er sich über mich sehr freute.

Ich hatte immer mehr Ursache, dem Herrn von Marboeuf verbunden zu sein. Da mir mein Arzt erlaubte, an Seiner Exzellenz Tafel zu speisen, wo allzeit eine große Gesellschaft und viel Pracht war, so war er so sorgfältig für mich, daß er mir nicht etwas zu essen und ein Glas Wein mehr zu trinken erlauben wollte, als mir der Medicus verordnet hatte. Er pflegte zu sagen: „Ich bin hier sowohl Arzt als auch Befehlshaber. Sie müssen also gehorchen." Er bat mich recht inständig, noch einige Zeit bei ihm zu bleiben, indem er sagte: „Wir haben für Sie gesorgt, da Sie krank waren, und nun glaube ich, können wir auch auf Sie Ansprüche machen, da Sie wieder gesund sind." Seine Gütigkeit folgte mir auch nach, da ich ihn verließ. Sie verschaffte mir eine angenehme Aufnahme bei dem Herrn Michel, dem französischen Agenten zu Genua, und war die Gelegenheit, daß mir der Herr Abt von Marboeuf, Staatsrat zu Paris, als ein Bruder des Grafen, der gleiche Tugenden im Privatleben besitzt, viele Höflichkeiten erwies.

Ich verließ Corsica mit dem größten Widerwillen, sobald ich an Paoli dachte. Ich schrieb an ihn von Bastia und benachrichtigte ihn von meiner Krankheit, welche, wie ich sagte, daher rührte, daß er einen so angesehenen Mann aus mir gemacht und, anstatt mich in ein kleines bequemes Zimmer zu tun, mir einen prächtigen alten Palast eingeräumt hätte, wo der Wind und Regen hineingedrungen wäre.

Seine Antwort auf meinen ersten Brief ist mit so vielem Witze geschrieben, daß ich ihn mit seiner Erlaubnis hier bekannt mache, welches er mir auch auf die höflichste Art gestattete, und hinzusetzte: „Ich erinnere mich zwar des Inhalts dieses Briefes nicht mehr, allein, ich habe ein solches Vertrauen zu dem Herrn Boswell, daß ich versichert bin, Er werde ihn nicht bekannt machen, wenn darin etwas befindlich wäre, welches nicht für das Publikum gehörte. Er hat daher meine völlige Erlaubnis." Ich bin also imstande, meinen Lesern einen Originalbrief des Paoli vorzulegen:

Dem Jacob Boswell, Esquire von Auchinleck in Schottland

Hochgeehrtester Herr Boswell,

Ich habe Ihren Brief, den Sie von Bastia an mich geschrieben, richtig erhalten und freue mich gar sehr über die Nachricht, daß Sie völlig wiederhergestellt sind. Es ist ein Glück für Sie, daß Sie in die Hände eines geschickten Arztes gefallen sind. Sollten Sie einmal der schönen und anmutigen Gegenden wieder überdrüssig werden und in dieses unglückliche Land zurückkehren, so will ich alsdann schon dafür sorgen, daß Sie in wärmeren und besser verwahrten Zimmern, als die Zimmer in dem Hause des Colonna zu Sollacaro sind, logieren können. Sie sollten sich aber auch auf Ihrer Seite begnügen lassen, nicht zu reisen, wenn das Wetter und die Jahreszeit es erfordern, zu Hause zu bleiben und schöne Tage erwarten. Ich erwarte sehnlich den Brief, den Sie mir von Genua zu schreiben versprochen haben, und ich zweifle nicht, daß Sie die Zärtlichkeit jener Damen werde genötigt haben, einige Tage Quarantäne zu halten, um sich auch von der geringsten Ansteckung zu reinigen, welche Sie vielleicht aus der Luft dieses Landes noch bei sich geführt haben; und zwar umso viel mehr, wenn Sie auf den Einfall geraten sollten, jene Kleidung von corsischem Samt[117], nebst der Mütze zu zeigen, deren Ursprung die Corsen von den alten Helmen herleiten; da hingegen die Genueser vorgeben, daß sie von denen erfunden sei, die als Straßenräuber leben und nicht erkannt sein wollen; nicht anders, als ob sich während der genuesischen Regierung die Straßenräuber für keine Strafe hätten fürchten dürfen. Ich bin aber doch versichert, daß Sie bei diesen liebenswürdigen und zärtlichen Personen die gute Partie werden genommen haben, und ihnen vorstellen, daß die Herzen der Schönen zum Mitleiden und nicht zur Verachtung und Tyrannei gebildet sind; auf diese Weise werden Sie sich leicht wieder bei ihnen in Gunst setzen. Ich erhielt sogleich nach meiner Zurückkunft in Corte die Nachricht von der geheimen Landung des Abbatucci[118] an der Küste von Solenzara. Alle Umstände zeigen es, daß er aus Absichten, die der öffentlichen Ruhe zuwider sind, gekommen sei. Er hat sich desungeachtet im Kastell gestellt und bezeigt viel Reue. Da ich durch Bocognano kam, so erfuhr ich, daß ein vertriebener genuesischer Offizier Gehilfen suchte, um mich zu ermorden. Da er aber keinen finden konnte und wohl sah, daß er verraten wäre, so flüchtete er ins Holz, woselbst ihn eine von dem Provinzialmagistrat jenseits der Gebirge ausgeschickte Patrouille antraf und tötete. Diese Nachstellungen scheinen keine guten Präliminarien eines Vergleichs mit der Republik Genua zu sein. Ich halte jetzt eben das Syndikatsgericht in dieser Provinz Nebbio. Gegen den zehnten dieses Monats werde ich in gleicher Absicht in die Provinz Capo Corso abgehen, und während des Monats Februar werde ich vermutlich meine Residenz in Balagna errichten; im Frühling aber nach Corte zurückkehren, um mich zu der Eröffnung der allgemeinen Beratschlagung vorzubereiten. Ich werde mich an allen Orten Ihrer Freundschaft erinnern und ein großes Verlangen haben, meinen Briefwechsel mit Ihnen fortzusetzen. Unterdessen seien Sie versichert daß ich bin

Ihr

geliebtester Freund
Pascal Paoli.
Patrimonio
den 28.Dez. 1765

Kann wohl etwas leutseliger sein und zugleich eine größere Standhaftigkeit eines heldenmütigen Gemüts zeigen, als dieser Brief? Mit was für einem artigen Scherze redet der corsische General nicht von seinen Feinden! Man sollte glauben, daß die genuesischen Königinnen Nebenbuhlerinnen des Paoli werden müßten. Ich bin versichert, wenn sie ihn sehen sollten, so würden sie es gewiß werden.

Ich nehme mir die Freiheit, noch eine Bemerkung hinzuzufügen, welche der berühmte Minister gemacht hat, den Paoli nur den Perikles von Großbritannien zu nennen pflegt. Man kann vom Paoli sagen, was der Kardinal Retz von dem großen Montrose sagte: „Er ist einer von den Männern, die man nirgends mehr, als in den Lebensbeschreibungen des Plutarch, antrifft.“

Anmerkungen

1 Mylord Molesworth's Account of Denmark, S. 69.

2 Essay on the populousness of the ancient nations.

3 Der Verfasser berechnet hier alles nach englischen Meilen, von welchen 4 bis 5 eine deutsche Meile betragen (1 engl. Meile = ca. 1,6 km; d. Hrsg.).

4 Plinius: Hist. Nat., Buch III, Kap. 12.

5 Saint Florent (Anm. d. Hrsg.)

6 Ile-Rousse (Anm. d. Hrsg.)

7 Postlethwayt in seiner Übersetzung von Savarys Handelslexikon, hat von Calvi eine sehr einfältige Anmerkung gemacht: Die Einwohner von Calvi, sagt er, werden Kälber genannt. Wer sagte ihm dieses? Und was ist zwischen dem englischen Worte Calves und dem italienischen Calvi für eine Verbindung? Vielleicht sollte es auch nur ein witziger Einfall sein. Wenn dieses ist, wie plump sind nicht die Scherze dieses Lexikonschreibers.

8 Nachdem die Franzosen den Genuesern zuletzt 1756 für wenige Jahre bei der Besetzung der korsischen Küstenstädte geholfen hatten, leitete die Expedition vom Oktober 1764 in die endgültige Herrschaft der Franzosen über Korsika über (Anm. d. Hrsg.).

9 Dies war das zentrale Argument, mit dem Boswell die englische Regierung für Korsika zu interessieren versuchte (Anm. d. Hrsg.).

10 Es ist ein Ort in Guinea, der auch Capo Corso heißt. Ich weiß aber nicht, woher er diesen Namen führt.

11 Cicero: de Orat., Buch I, Kap. 44.

12 Diese Unkenntnis kann man Boswell kaum abnehmen, da die Aufteilung Korsikas in diese beiden Landesteile bis heute von grundlegender Bedeutung ist. Das Korsika „jenseits der Berge" („Oltremonti") ist das der „großen alten Familien", feudalistisch geprägt und damals weder von Genuas Besetzung noch von Paolis Reformen sonderlich berührt. Paolis Basis waren die demokratischen Traditionen „diesseits der Berge" (vgl. Einleitung). Erst 1757 gelang es Paoli, den Südwesten lose mit dem republikanischen Teil des Nordostens zu verbünden (Anm. d. Hrsg.).

13 Livius: Buch LXXXVI, Kap. 22.

14 Pausanias: Buch III, Kap. 17.

15 Livius: Buch XXXIV, Kap. 38.

16 Mr. Burnaby's Journal.

17 Juvenal: Sat. V, v. 92.

18 Prokop: de Bell. Goth., Buch IV, Kap. 24.

19 Mouflon (Anm. d. Hrsg.)

20 Polybios: Hist., Buch XII.

21 Dies gilt bis heute: Wenn man wissen will, wie schmackhaft Schweinefleisch sein kann, empfiehlt der Herausgeber, es auf Korsika zu probieren!

22 Prokop: de Bell. Goth., Buch IV, Kap. 24.

23 Polybios: Hist., Buch XII.

24 Virgil: Georg. Buch III, v. 520.

25 Bochart: Geogr. Sacr. P. I., Buch I, Kap. 5.

26 Theophrast: Hist., Buch V, Kap. 9.

27 Livius: Hist. Rom., Buch XLII, Kap. 7.
28 Diodorus Siculus: Buch V, Kap. 295.
29 Plinius: Hist. Nat., Buch XVI, Kap. 16.
30 Virgil: Eclog. IX, v. 30.
31 Martial: Buch IX, Epigr. 26.
32 Plinius: Hist. Nat., Buch XVI, Kap. 16.
33 Murat: Thesaur. Antiq. Ital., Band I, S. 1421.
34 Lettres Juives, Brief 55.
35 Templeman's New Survey of the Globe
36 Homer: Odyss., Buch XIII, v. 238
37 Herodot: Buch IV, Kap. 147.
38 Herodot: Buch IV, Kap. 148.
39 Ibid. und Kap. 145.
40 Isidorus (von Sevilla): Origen., Buch XIII, Kap. 6.
41 Livius: Epit., Buch XII, Florus: Buch II, Kap. 2. (Nach anderen Angaben: 494 nach Erbauung der Stadt Rom = 239 v. Chr.; Anm. d. Hrsg.)
42 Livius: Buch XL, Kap. 29.
43 Ibid.: Buch XLII, Kap. 7.
44 Plinius: Hist. Nat., Buch V, Kap. 29.
45 Prokop: de Bell. Goth., Buch III, Kap. 24.
46 Zur Herkunft dieses Symbols legte Antonetti („Le drapeau à tête de Maure", Ajaccio 1980) eine umfangreiche Untersuchung vor. Demnach tauchte der Mohrenkopf zuerst im XIII. Jahrhundert im Siegel des Königs von Aragon auf. Im XIV. und XV. Jahrhundert wird in einem weitverbreiteten italienischen Atlas der Mohrenkopf als Symbol für Korsika verwendet. Der westfälische Baron Theodor von Neuhoff, während des korsischen Unabhängigkeitskrieges gegen die Republik Genua für kurze Zeit (1736 – 1743) als Théodore I zum korsischen König gewählt(!), führte den Mohrenkopf erstmals als nationales Widerstandssymbol ein. Pascal Paoli erklärte dann den Mohrenkopf zum offiziellen Emblem der unabhängigen Republik Korsika (seit 1755) (Anm. d. Hrsg.).
47 Boswell übergeht hier erneut (vgl. Anm. 12) die historischen und politischen Differenzen zwischen den beiden Landesteilen Korsikas. Das damalige Clan-Oberhaupt der Colonnas, Antonio Colonna, hatte als Repräsentant des Südwestens erst 1757 den Führungsanspruch Paolis anerkannt (Anm. d. Hrsg.).
48 Seneca: de Consolatione ad Helviam, Kap. 8
49 Thuanus: Hist., Buch XII, Kap. 2.
50 Knolles's History of the Turks, S. 757.
51 Michael Metello, der eine besondere Geschichte der corsischen Empörung unter dem Sampiero geschrieben hat, gibt eine andere Nachricht von seinem Tode. Er meint nämlich, daß er von seinem Stiefbruder, dem Michael Angelo di Ornano, aus einer Privatrache sei ermordet worden. Allein, außer der Unwahrscheinlichkeit, daß Vannina, die Gemahlin des Sampiero, noch einen Bruder gehabt habe, da es gewiß ist, daß sie die Familiengüter geerbt hat, muß ich bekennen, daß mir der Meuchelmord, wie er von anderen Schriftstellern erzählt wird, mit der Unterdrückung der Genueser, sowohl vorher, als nachher, so sehr übereinzustimmen scheint, daß ich dieses dem ersten vorziehe.
52 Thuanus: Hist., Buch XII, Kap. 31.

53 Esprit de Loix, Buch X, Kap. 8.

54 Monsieur Richer.

55 Ein Paolo ist ungefähr zwei oder drei gute Groschen nach unserer Münze (Zur Kaufkraft dieser Währung: vgl. weiter unten – Anm. d. Hrsg.).

56 1. Maccabäer, Kap. III, v. 59.

57 Jaussin: Band I, S. 358.

58 Jaussin: Band I, S. 468.

59 Ibid.: S. 481.

60 Tacitus: de Vit. Agric., Kap. 30.

61 Smollet: Hist., Buch XVI, S. 384.

62 Sein Name ist eigentlich im Italienischen Pasquale de Paoli. Ich schreibe aber Pascal, weil es englischen (und auch deutschen) Ohren angenehmer klingt. Ebenso suche ich auch alle Titulatur zu vermeiden. Ich habe diesen Einfall dem Mylord Hailes zu verdanken, der mir auf mein Befragen, ob ich den Paoli Signor oder General nennen sollte? zur Anwort gab: „Signor ist besser als General, aber Pascal allein ist noch besser als eines von beiden. Denn man sagt nicht, der König Alexander, sondern Alexander aus Makedonien; und kein Titel gibt dem Judas Maccabäus eine höhere Würde."

63 Boswells Angaben zu Paolis „Vorleben" sollten noch etwas ergänzt werden: Pasquale Paoli (selten: *de* Paoli) wurde am 5. April 1724 in Morosaglia geboren. 1739 begleitet er seinen Vater in das neapolitanische Exil. 1741, mit 16 Jahren, tritt er in das dortige korsische Regiment ein. 1745 wird Paoli Mitglied einer Loge und kommt hier erstmals mit den Gedanken der europäischen Aufklärung in Berührung. Sein Akademie-Besuch beschränkt sich darauf, daß er 1746 einige Vorlesungen des Vico-Schülers Genovesi hört, der später (1754) zum Inhaber des ersten europäischen Lehrstuhls für „Politische Ökonomie" wurde. Seit 1752 schaltet Paoli sich von seinem Regimentssitz Longone aus intensiv in die korsische Politik ein: in unzähligen Schreiben drängt er auf eine Fortsetzung des Krieges gegen Genua. 1755 quittiert er seinen Dienst und setzt nach Korsika über (Anm. d. Hrsg.).

64 Das Manifest selbst ist in folgenden Worten abgefaßt:

Manifest des Generals und des hohen Staatsrats des Königreichs Corsica.
Die Gerechtigkeit unseres Krieges wider die Republik Genua ist der Welt so bekannt als die Notwendigkeit, die uns bewogen hat, die Waffen zu ergreifen, um uns von der schändlichsten und unerträglichsten Tyrannei der ungerechten Besitzer unserer Insel und der Feinde unserer Freiheit loszumachen. Jedoch da die Gelindigkeit und Mäßigung, die wir in einem so gerechten und löblichen Vorhaben allzeit beobachtet haben, die Herren von Genua zu unserem Schaden nur noch hochmütiger und verwegener gemacht hat; so sind wir zu eben der Zeit, da wir unser Betragen gegen sie ändern wollen, notwendig verbunden, der Welt die Bewegungsgründe und Ursachen davon bekanntzumachen, damit jedermann von der Redlichkeit unserer Entschließungen und von der Billigkeit überzeugt werde, die den Charakter unserer Nation ausmacht:

Seit dreißig Jahren, so lange wir diesen Krieg führen, um die Republik Genua aus unserer Insel gänzlich zu vertreiben, hatten wir noch nie versucht, die Untertanen dieser Herrschaft in ihrem Handel zur See zu stören, und hatten sie vielmehr wegen der unglücklichen Stellung bedauert, wobei sie verbunden waren, unter einer Regierung zu leben, die selbst ihrer Verfassung nach nicht anders als tyrannisch sein kann. Da wir aber gegenwärtig sehen, mit welcher Halsstarrigkeit und wie ernstlich sich die erwähnte Republik bemüht, unserem Königreiche allen Handel zur See abzuschneiden und zu verbieten, indem sie nicht nur mit ihren bewaffneten Fahrzeugen alle diejenigen wegnimmt, die sie auf ihren Streifereien von unserer Flagge antrifft, sondern auch bisher durch eine glückliche Verwegenheit die Fahrzeuge anderer angesehener europäischer Nationen verbrennt und beschimpft, die des Handels wegen bei uns anlanden, oder aus den uns unterworfenen Häfen auslaufen wollen; und wir überdies gewahr werden, daß unsere Gelindigkeit und Mäßigung von den genuesischen Untertanen nicht erkannt wird, und daß sie vielmehr ihren Fürsten antreiben, uns des Handels mit allen anderen Flaggen zu berauben, und sich schmeicheln, unsere Nation solle es leiden, daß das Monopol aller ihrer Güter in ihren Händen sei, womit sie die Besatzungen haben versehen müssen, die wir jetzt eingeschlossen halten: So haben wir daher, um uns selbst auf keine Weise nachteilig zu sein, um alle Hindernisse aus dem Wege zu räumen, um unseren Handel zu bedecken, und um denen unsere Empfindlichkeit zu zeigen, die uns bisher zur See zu unserem so großen Schaden ungescheut angegriffen und beschimpft haben, uns unseres Rechts bedient, welches uns zusteht, und von derjenigen Freiheit, die der Himmel unserer Tapferkeit verstattet hat, unzertrennlich ist, und uns entschlossen, allen und jeden von unseren Nationalen, die wider die Genueser, unsere Feinde, und wider ihre Flagge Fahrzeuge ausrüsten wollen, die Vollmacht zu erteilen, sich unserer Flagge zu bedienen, nachdem sie vorher von uns den Paß und die gehörige Anweisung werden genommen haben: welche Freiheit wir auch auf eben diese Weise allen Fremden gerne gestatten, die sich derselben wider unsere Feinde und ihre Flagge bedienen wollen; und ihnen deswegen auch alle diejenigen Vorteile und Privilegien zugestehen, die man in dergleichen Umständen den Armateuren (Waffenträger; D.G.) zu geben pflegt.

Jedoch bezeugen wir, daß wir aus so dringenden Bewegungsgründen und triftigen Ursachen, mit der Republik unserer Feindin auch zur See Krieg führen, daß wir gegen alle Fürsten von Europa die größte Ehrfurcht und Achtung gebrauchen, und die Gesetze und Gewohnheiten, die in Seekriegen eingeführt sind, auch selbst gegen die Genueser beobachten wollen, wenn sie uns nicht durch ihr gewöhnliches unregelmäßiges und unmenschliches Verfahren nötigen, davon abzugehen.

Casinca, den 20. Mai 1760.

65 Dieses Manifest ist also abgefasst:

Der Doge und Senat der Republik Genua.

Nachdem uns bei dem festen Vorsatze, den wir gefaßt haben, unserem Volke in Corsica die gewissesten und deutlichsten Proben unserer väterlichen Liebe und aufrichtigen Verlangens, welches wir zur Beförderung ihrer Ruhe und Glückseligkeit hegen, zu geben, ein großer Teil dieses erwähnten Volkes sein Anliegen gegenwärtig eröffnet hat; so haben wir nach reifer Überlegung für gut befunden, angesehene Kommissare in dieses unser Reich zu schicken, und ihnen hinlängliche Vollmacht und Gewalt zu erteilen, im Namen unserer durchlauchtigen Republik die kräftigsten Mittel zu einem dauerhaften Frieden, der schon lange unser vornehmstes und wichtigstes Augenmerk gewesen ist, festzusetzen und zu bestimmen.

Wir tun daher kraft dieses unserem erwähnten Volke kund und zu wissen, daß es ohne Ausnahme in die Gnade und Gunst unserer besagten Republik durch eine allgemeine Vergebung alles dessen, was bei Gelegenheit der vergangenen Unruhen vielleicht vorgefallen ist, völlig wiedereingesetzt sein soll: Wir versichern dasselbe überdies von unserer unveränderlichen Neigung, die Ruhe und Glückseligkeit desselben durch alle diese gnädigen Verwilligungen zu

befördern, die nicht nur zur Bestätigung der vorhergegegangenen, und insonderheit derjenigen Freiheiten dienen, welche demselben von Petro Maria Justiniano zugestanden worden, sondern auch den festen Entschluß anzeigen, den wir gefaßt haben, der corsischen Nation noch größere Vorzüge einzuräumen, eine richtige und unveränderliche Verwaltung der Justiz festzusetzen, den Handel zu begünstigen und zu erweitern, und überhaupt der besagten Nation nebst dem Frieden einen jeden anderen möglichen Vorteil zu verschaffen.
Die besagte hohe Deputation wird daher auf die Erreichung der gerechtesten Absichten alle ihre Sorge und Gedanken richten; und wir laden deswegen sowohl die angesehensten, als auch jede anderen Privatpersonen des Reiches ein, auf ihrer Seite ebendiejenige Liebe, Beeiferung und gute Treue anzuwenden, welche man von unserer Seite und von der hohen Deputation gewiß anwenden wird, und überdies, die schleunigste und allgemeine Versammlung aller Pieven und Provinzen zu veranstalten, damit man mit der größten Geschwindigkeit, Eintracht und Leutseligkeit ein Werk zustande bringen könne, welches unserem besagten Volke höchst nützlich und wichtig sein muß.

In Betrachtung dessen nun, was oben steht, verbieten wir allen denen, welchen unsere Gnade lieb ist, ausdrücklich, den Personen und Gütern eines jeden von unserem besagten Volke einen Schaden zuzufügen. Und gleichwie wir hoffen, daß ein jeder mit allem Eifer ein Vorhaben befördern werde, welches die Republik und das wahre Beste des Reichs so sehr angeht, so werden wir auch das Verdienst derer, die mit der größten Bereitwilligkeit und mit Eifer zur Beförderung desselben etwas beitragen, in besondere Obacht nehmen.
Gegeben zu Genua in unserem königl. Palaste , den 9. Mai 1761.

Dominico Maria Tatis,
Staatssekretär.

66 Der Beschluß des Kongresses, den die Corsen zu Casinca bei Gelegenheit des von den Genuesern nach Corsica geschickten Manifestes gefaßt hatten, lautet also:

Der General und der hohe Staatsrat des Königreichs Corsica.

Die Republik Genua hat seit einiger Zeit, da ihre eigene Stärke nicht mehr zureichte, uns unter ihre schreckliche Herrschaft zu bringen, und derjenigen Macht, welche uns unsere Einigkeit und unser unüberwindlicher Hang zur Freiheit verschafft, längeren Widerstand zu tun, nicht unterlassen, ihre betrügerischen Absichten wider uns mit dem größten Ernst auszuführen, und bei einem großen europäischen Hofe (gemeint: Frankreich; D.G.) Hilfe zu suchen.
Da sie nun dieses ihr Vorhaben vereitelt sieht, und wohl weiß, daß es jedermann für ein gegründetes Recht der Menschlichkeit hält, dieser Nation einmal Ruhe zu vergönnen, so befürchtet sie sehr, daß bei einem künftigen Friedenskongreß (zur Beendigung des „Siebenjährigen Krieges" – zwei Jahre später; D.G.) die europäischen Fürsten sowohl die Gerechtigkeit unserer Sache, nebst unseren feierlichen Entschließungen, als auch die Unverträglichkeit ihrer Regierung mit dem Genie unseres Volkes, in Erwägung ziehen, und, um nicht in dem Innersten von Italien die Kriegsflamme zu erregen, darauf denken werden, die Republik von ihren vorgeblichen Forderungen abzuziehen, die sie zu keinem anderen Endzwecke bei diesem Reiche gern wollte geltend machen, als damit sie dasselbe mit Elend und Schrecken erfüllen könnte. Bei sogestalten Sachen ist sie dem Antriebe ihrer herrschenden Leidenschaft zur Rache und Verwüstung gefolgt, und hat geglaubt, daß sie sich unseren Unter-

nehmungen nicht besser widersetzen könnte, als wenn sie, durch häufige Verschwendung des Geldes, und durch Anerbietungen militärischer Ehrenstellen und durch Besoldungen einige niederträchtige und wegen ihrer schrecklichen Verbrechen aus ihrem Vaterlande vertriebene Menschen anreizte, sich heimlich bei uns einzuschleichen und Uneinigkeit unter uns zu erregen; damit sie bei dieser Furcht, oder bei einem bürgerlichen Kriege, desto besser Gelegenheit hätte, ihre Kunstgriffe, sowohl bei den Höfen, als auch auf dem Friedenskongreß, an den Tag zu legen. Sie hat dieses Vorhaben umso viel lieber erwählt, je mehr sie bei dem Friedenskongreß zu Aachen (der den „Österreichischen Erbfolgekrieg" 1748 beendete; D.G.), da die Minister der anderen Mächte die Hand auch an die corsischen Sachen legen wollten, listigerweise die Notwendigkeit davon mit dem Vorgeben vereitelt hat, daß sie selbst die Unruhen dieses Reiches in kurzer Zeit dämpfen würde. Da sie nun jetzt auf gleiche Weise die Aufmerksamkeit der Kabinette durch ihre Gesandten, und durch Manifeste vorzubereiten sucht, so behauptet sie auf eine unverschämte Art, und macht bekannt, daß sie endlich Mittel gefunden habe, die corsischen Streitsachen beizulegen, und zu dem Ende auf Begehren des größten Teils dieses Volkes und der Vornehmsten der Nation, eine Kommission von sechs Senatoren mit der hinlänglichen Vollmacht ernannt habe, um dadurch sowohl das gute Vertrauen der Nation, als auch die Zusammenkunft der Pieven in der Stadt Bastia zu befördern, und den Friedenstrakt selbst zustande zu bringen.
Nachdem wir aber, als geliebteste Mitbürger, die wir kraft unseres Amtes den größten Fleiß und unermüdete Aufmerksamkeit allzeit anwenden, und sowohl für die Erhaltung eurer innerlichen Ruhe zu wachen, als auch das Vorhaben und die Versuche der Feinde unserer Freiheit zu vereiteln, diesen Plan der Republik Genua eingesehen haben, so haben wir auch nicht für gut befunden, die Zusammenberufung des gewöhnlichen jährlichen Kongresses, als das kräftigste Mittel, den Stolz und die Maßregeln der Genueser zu demütigen, länger aufzuschieben... Diesem zufolge ist der Kongreß allen denen, welche bei den öffentlichen Staatssachen Sitz und Stimme haben, angekündigt, und auch bei der zahlreichsten Versammlung aller Stände und Abgeordneten der Nation, im Kloster des heiligen Franziskus, in der Pieve von Casinca, am Pfingstfeste wirklich gehalten worden. Unsere Feinde sahen diesen tödlichen Streich, der ihren Absichten dadurch versetzt wurde, voraus, und wendeten alle ihre Macht an, um denselben zu vereiteln. Don Philippo Grimaldi machte an der Spitze der Landesverwiesenen, die man vorsätzlicherweise von Genua nach Bastia, mit Vorwissen des Martinetti, hatte kommen lassen, wie auch mit vielen Fahrzeugen, eine Landung zu Fiumorbo, woselbst er, mit Drohungen und Liebkosungen, und mit dem Vorschlage, ein Regiment daselbst zu errichten, die guten Patrioten in Furcht zu setzen und viele Parteien an sich zu ziehen glaubte, um dadurch den erwähnten Kongreß zu unterbrechen, und uns der bequemsten Gelegenheit, wodurch wir unser Volk besser belehren, und von ihrem Eifer und Großmut, in der gemeinschaftlichen Not, Hilfe erlangen könnten, zu berauben. Die schleunige Verfügung, welche wider diesen ersten Versuch unserer Feinde getroffen wurde, und die Bereitwilligkeit, mit welcher diese ganze Gegend zur Verteidigung der eigenen Freiheit die Waffen ergriff, sind ebenfalls den Verrätern des Vaterlandes und den genuesischen Truppen zur Schande bekannt. Es wurde daher der Kongreß mit aller erwünschten Eintracht fortgesetzt, und mit reifer Überlegung der Sachen die Sitzungen desselben gehalten, in welchen die hier unten bemerkten Entschließungen gefaßt wurden, die wir hier jedermann bekannt machen wollen und zu völliger Beobachtung derselben verordnen, daß eine Abschrift davon an den gewöhnlichen Orten öffentlich vorgelesen und angeschlagen werden soll, wobei wir uns jedoch ausdrücklich vorbehalten, eine umständlichere Erklä-

rung über einige Punkte, zum Vergnügen und zu besserer Einsicht unseres geliebtesten Volkes, ausgehen zu lassen.

I. Ist festgesetzt und beschlossen worden, daß man ein Manifest bekanntmache, und dadurch die Manifeste der Republik Genua widerlege, und zugleich öffentlich bezeuge, *daß wir zu keiner Zeit dem geringsten Vorschlage eines Vergleichs mit den Genuesern Gehör geben werden, wofern sie nicht, als den ersten vorläufigen Artikel, unsere Freiheit und Unabhängigkeit unserer Regierung erkennen und die wenigen Plätze, die sie noch im Reiche besitzen, sogleich abtreten.* Sobald nun diese Präliminarien verwilligt und vollzogen sind, so wird auch die corsische Nation, nebst ihrer Regierung, die schicklichsten und anständigsten Maßregeln ergreifen, und ihre natürliche Billigkeit und Mäßigung zur Erhaltung des Wohlstandes und des Interesses der Republik Genua deutlich an den Tag legen.

II. Da es höchstwahrscheinlich ist, daß die Genueser, von ihrem Stolze verblendet, diese Friedenspräliminarien nicht annehmen werden, um uns dadurch zu nötigen, den Krieg nach dem im jetzigen Jahre festgesetzten Plane mit mehrerem Glücke und Eifer fortzusetzen, so haben wir einmütig dafürgehalten und beschlossen, *daß man eine außerordentliche Kontribution erhebe,* kraft welcher Entschließung ein jeder, der liegende, bewegliche oder fruchtbringende Güter im Reiche hat, von jedem Tausend, die er in besagten Effekten besitzt, einen Livre nur auf einmal abgeben soll. Zu dem Ende werden auch die Generalaufseher oder Präsidenten der Schatzkammer mit einer hinlänglichen Vollmacht versehen, zur Erhebung dieser Kontribution im künftigen Monat August, ihren Umgang anstellen.

III. Ist zu schleunigerer Ausfertigung der Sachen, und zu besserer Gelegenheit über die innerliche Ruhe des Reichs zu wachen, beschlossen worden, *daß die höchste Landesregierung ihre Residenz in der Stadt Corte errichten,* und sich sogleich im nächstkommenden Monat Juni dahin verfügen soll, jedoch mit der Erlaubnis, in Ansehung des Herrn Generals, sich davon zu entfernen, wenn er es, entweder zur Ausführung des festgesetzten Plans der Kriegsoperationen, oder zu seiner Verteidigung wider die Versuche und Anfälle der Feinde, für dienlich erachten wird. In welchem seinem Amte und besonderen Aufsicht ihm das Kommando und die Anführung der Truppen, nebst den Besatzungen in Festungen, Schlössern, Posten und anderen Kriegsverrichtungen, völlig überlassen worden, sowie in den anderen öffentlichen Angelegenheiten der höchste Staatsrat mit seinem gewöhnlichen Ansehen und höchsten Macht, fernerhin verfahren wird.

IV. Wie wir nun in das Begehren der wahren Freunde der Freiheit, die, ihrem Wunsche zufolge, in allen Dingen einen gleichen Einfluß haben sollte, und deswegen um die Abschaffung eines jeden Überrestes von alter Knechtschaft sehnlich ansuchen, gern willigen; so hat man auch, zu besserer Erlangung des Nutzens, den andere Staaten daraus ziehen können, ebenfalls festgesetzt, *eine verhältnismäßige Anzahl von Kupfer- und Silbermünzen, mit dem Reichswappen, zum Gebrauche in diesem Königreiche schlagen zu lassen.* Niemand wird sich alsdann weigern dürfen, diese Münzen anzunehmen, und die Schatzkammer, und andere Tribunale, werden ebenfalls die Bezahlung, Zölle, ordentliche und außerordentliche Taxen, Strafgelder usw. bloß in solcher Münze annehmen. Man wird deswegen auch, zu mehrerer Bequemlichkeit der Einwohner, in jeder Provinz, und vielleicht in jeder Pieve, eine Person bestellen, an welche jedermann öffentliche Zahlungen entrichten kann, der gern fremdes Geld gegen gangbare Reichsmünze, oder diese gegen fremdes Geld, zur Handlung, oder anderem auswärtigen Gebrauch, wechseln möchte.

V. Damit ferner die Unabhängigkeit unserer Tribunale desto deutlicher in die

Augen falle, und für die Unterhaltung derselben gesorgt werde; so ist beschlossen worden, *daß die höchste Landesregierung auch eine gewisse Menge Papier mit dem Reichswappen stempeln,* und den Oberfinanzräten übergeben lasse, und ihnen auftrage, einer jeden Pieve verhältnismäßig davon auszuteilen, damit jedermann, der es nötig hat, den Bogen um zwei Sols kaufen könne; indem unsere Tribunale von dem Augenblicke an, da dieses gestempelte Papier wird ausgeteilt und allen Pieven durch ein Zirkularschreiben bekannt gemacht sein, kein Instrument oder öffentliche Schrift ohne Stempel annehmen, und eine jede gerichtliche Handlung, die nicht auf solchem Papier geschrieben ist, künftig für null und nichtig erklären sollen.

VI. Und damit unser gerechter Zorn wider den Don Philippo Grimaldi desto mehr offenbar werde, welcher der Anführer jener gottlosen Meineidigen und Spione ist, dessen böse Neigungen ihn in seiner Jugend ans Ruder gebracht, und dem die häufigen und entsetzlichen Verbrechen wider unser Vaterland zu einer Leiter gedient haben, auf die Stufe eines Obersten der Republik Genua, deren großes Zutrauen er jetzt genießt, zu steigen: so haben wir verordnet, daß man eine menschliche Gestalt aus Stroh, welche den Don Philippo Grimaldi vorstellt, verfertigen, und von dem Gerichtsdiener an den Galgen öffentlich anschlagen lassen soll, damit man, im Fall er jemals in unsere Gewalt kommen sollte, eben diese *Todesstrafe* an seiner eigenen Person vollziehen könne.

VII. Wir haben auch in Betrachtung der gegenwärtigen Umstände beschlossen, es aufs schleunigste den Kommissarien und anderen öffentlichen Gerichtsbedienten der Nation aufzutragen, *daß sie alle verdächtigen Personen, oder diejenigen, welche aufrührische Reden führen, anhalten, und der Justiz überliefern,* wie auch auf die Reisenden Achtung geben, und die genuesischen Spione in ihren jedesmaligen Pieven aufsuchen sollen. Widrigenfalls, wenn sie dieser Verordnung nicht nachleben, sollen die wider sie im Kongreß zu Sankt Peter errichteten Gesetze, mit aller Strenge an ihnen vollzogen werden.

VIII. Wir haben überdies, zur *Erhaltung der guten Ordnung* bei der Verwaltung der Justiz und bei der Einnahme der öffentlichen Gelder, die dienlichsten Maßregeln ergriffen; und wir werden alles dasjenige, was unser Amt angeht, auf das genaueste erfüllen, und mit aller Sorgfalt dahin sehen, daß auch die anderen ihre Kommission und Pflichten fleißig und genau erfüllen.
Endlich halten wir auch, geliebteste Mitbürger, nicht weniger für dienlich, euch zu ermahnen, daß ihr eure Treue mit unserer Sorgfalt verbindet, indem man bei dem letzteren merkwürdigen Kongreß euren Eifer für das gemeinschaftliche Vaterland deutlich wahrgenommen hat, und wie ihr dabei in so großer Anzahl, und mit so vieler Begierde, euch versammelt habt, den unwürdigen Rebellen Martinetti zu strafen, und überdies eure Standhaftigkeit in der Verteidigung unserer Freiheit hinlänglich gezeigt habt; daher erkennen wir auch eure Treue und Mut mit der lebhaftesten Dankbarkeit, und von nun an wird ganz Europa von unser unveränderlichen Verbindung überzeugt werden, wodurch wir uns unseres Glückes versichern, und den Ruhm unseres Vaterlandes allzeit vermehren werden.
Vescovato, den 24. Mai 1761.

Joseph Maria Massesi.
Großkanzler.

67 Memorial an die europäischen Fürsten:

Die Republik Genua darf sich nicht beklagen, daß die Corsen ihren schmeichelhaften und unbestimmten Ausdrücken, womit sie in ihrem Manifeste vom 9. Mai, welches selbst listigerweise unter den Corsen ausgestreut worden, alle Ruhe und Glückseligkeit versprechen, nicht Gehör gegeben haben. Ein jeder, der auch noch so wenig von den Umständen dieses Edikts unterrichtet ist, wird bekennen müssen, daß die Republik entweder nicht Einsicht genug gehabt, die Gemüter der Corsen zu bewegen, oder daß sie ihre Absicht auf ganz etwas anderes als auf die Beförderung ihrer Ruhe und Glückseligkeit gerichtet hat. Die heimliche Landung verschiedener ruchloser und aus Corsica vertriebener Menschen; der Versuch einer innerlichen Unruhe in verschiedenen Gegenden des Reichs; die Bestechung einiger corsischer Offiziere, die im genuesischen Sold stehen, um das Land zu durchstreichen und die Leute heimlich umzubringen; und die wenige Achtung, welche man gegen das Reich überhaupt gehabt, und nur die Verführung des unwissenden Haufens gesucht, sind vielleicht geschickte Mittel den Corsen Ruhe und Friede zu verschaffen, oder vielmehr unter ihnen Blutvergießen und den ganzen Schrecken eines bürgerlichen Krieges zu erregen? Die gegenwärtigen Maßregeln der Republik sind denjenigen vollkommen gleich, welche vorher ihre Regierung belebt, und dieselbe den Corsen ebensosehr verhaßt gemacht haben, als das Mitleiden groß gewesen ist, womit ein jeder Fürst ihre Anstalten angesehen hat. Hierzu kommt noch, daß man ferner darauf denkt, eine Nation wieder zum Gehorsam zu bringen, welche doch, da sie die Verachtung des ganzen Reichs von der Republik erfahren muß, lieber einen großmütigen Tod erwählen, als sich einer alten Knechtschaft unterwerfen wird.

Es ist wohl möglich, daß man endlich durch Gewalt und Macht, die der Republik zu Hilfe kommen könnte, den Mut der Corsen schwächen würde; allein die Genueser würden deswegen ihre Absicht nicht erreichen, weil dadurch das Herz der Corsen die angeborene Freiheit nicht verlieren, und der Haß, der beide Nationen allzeit trennen wird, anstatt geschwächt zu werden, immer noch mehr zunehmen würde. Es ist aber nicht glaublich, daß ein Fürst beständig eine Armee in Corsica halten würde, um die Rechte einer Republik zu unterstützen, die, außer dem gewaltsamen Einfall, keinen Anspruch hat, welchen man den Ansprüchen anderer europäischen Mächte entgegensetzen könnte: Es sei nun entweder das römische Reich in Rücksicht auf Toskana, oder Frankreich, dem die Insel schon zu anderer Zeit einverleibt worden, oder Spanien wegen der Könige von Aragon, oder endlich der Heilige apostolische Stuhl, dem sie sonst zinsbar gewesen ist.

Es ist auch nicht zu zweifeln, daß die heutigen Könige, zu deren Thronen die gerechten Klagen der Corsen schon gelangt sind, jenes Recht der Menschlichkeit ausüben werden, welches ihnen den Gedanken einflößen kann, Corsica einmal Ruhe zu verschaffen und dasselbe seine Freiheit genießen zu lassen, für welche es jederzeit so viel Eifer bezeigt, und mit so vieler Standhaftigkeit einen so schrecklichen Krieg ausgehalten hat; oder Corsica unter den Schutz eines Fürsten zu geben, der es als eine Tochter ansehe, und über die Verfassung seiner Regierung bei anderen Staaten weniger Eifersucht erregen möge; oder auch endlich ein anderes Mittel ausfindig zu machen, welches der natürlichen Neigung dieses Volkes angemessener, und ohne Verletzung seiner Freiheiten den politischen Absichten und Forderungen der dabei interessierten Mächte weniger zuwider sei.

68 Die Entschließungen, welche auf dem Kongreß zu Corte von allen Oberhäuptern des Reichs gefaßt und öffentlich bekanntgemacht worden, sind in folgender Schrift enthalten, die also lautet:

Es scheint nach den häufigen Nachrichten, die man aus allen Gegenden des Reichs hat, daß man wohl an einer baldigen Ankunft der französischen Truppen in Corsica nicht mehr zweifeln dürfe, da man sogar in den öffentlichen Zeitungen schon die genaue und umständliche Nachricht von der Anzahl die-

ser Truppen, von den Plätzen, die sie in Corsica besetzen, ingleichen von der Zeit, wie lange sie daselbst bleiben sollen und von einigen anderen Artikeln, welche diese Unternehmung betreffen, verbreitet. Um dieser Ursachen willen hat daher die Landesregierung für unumgänglich nötig erachtet, einen besonderen Kongreß aller Personen, die in der höchsten Landesregierung als Staatsräte sitzen, wie auch aller Präsidenten der Provinzen, der Kommissarien in den Pieven, und aller anderen angesehenen Oberhäupter des Reichs anzuordnen, um sich wegen der Entschließungen zu beratschlagen, die man in Ansehung dieses für die Nation nur allzuwichtigen Vorfalls zu fassen hat.
Ob man nun gleich vermuten muß, daß die Absichten Seiner Allerchristlichsten Majestät bei dieser Unternehmung nicht ausdrücklich auf einen Krieg wider eine Nation gerichtet sind, die man allzeit wegen ihrer aufrichtigen und dienstfertigen Gesinnungen gegen die französische Krone hochgeschätzt hat, und deswegen zu anderer Zeit den besonderen Schutz der glorwürdigsten Vorfahren derselben genossen hat, so können doch die Corsen diese französischen Truppen, die gleichwohl zur Verteidigung der Plätze bestimmt sind, welche die Genueser noch besitzen, nicht anders als Hilfstruppen der Republik ansehen, bis sie nicht von allen Artikeln des vor kurzem mit der besagten Republik in Absicht auf diese Unternehmung geschlossenen Traktats eine hinlängliche Nachricht erhalten.
Damit man unterdessen nun alle mögliche Vorsicht gebrauche, und die zur Erhaltung der öffentlichen Sicherheit bequemsten Maßregeln ergreife, so hat man einige Entschließungen in folgenden Artikeln einmütig abgefaßt und festgesetzt:
Erstlich, wird man ein besonderes Kriegskollegium, welches die höchste Landesregierung ernennen wird, aus verschiedenen Personen aller Provinzen errichten, welches über die genaue und strenge Beobachtung des vierunddreißigsten Artikels der letzteren Beratschlagung, der das Verbot eines jeden Handels mit den feindlichen Besatzungen sowohl in Ansehung des Zugang der Nationalen zu den Besatzungen, als auch der letzeren an die Küsten der Nation betrifft, ein wachsames Auge haben, um die Einwohner wegen einer bevorstehenden Hungersnot, wie sie im vorigen Jahre war, in Sicherheit zu setzen, wie auch den in den Häfen der Nation eingeführten Handel unterstützen, und zu gleicher Zeit für die Verwaltung der öffentlichen Finanzen sorgen soll. Man wird auch deswegen dem besagten Kriegskollegium völlige Macht erteilen, die Verbrecher unausbleiblich zu bestrafen.
Zweitens, ob man gleich glauben kann, daß diese französischen Truppen jetzt nicht bestimmt sind, etwas zum Nachteil der Gerechtsamen der Nation zu unternehmen, und diejenigen Angriffe zu erneuern, die sie zu anderer Zeit, mit dem offenbaren Mißbrauch des Vertrauens und der guten Treue der Corsen bei jenem unvermuteten Überfall im Morast, und bei der Überlieferung der Festung San Fiorenzo in die Hände der Feinde ausgeübt haben, so wird man ihnen desungeachtet, um alle mögliche Vorsicht anzuwenden, den Zugang in das Land unter einem jeden Vorwande gänzlich versagen. Seine Exzellenz der Herr General wird dafür sorgen, daß die Grenzplätze wohl besetzt werden, damit man auch die Gerichtsbarkeit und die Herrschaft der Nation über die eingezogenen Ländereien der Besatzungen selbst zum Nutzen der öffentlichen Staatskammer, wie man bisher getan hat, aufs neue in Ausübung bringe. Doch wird der höchsten Regierung erlaubt sein, einem jeden französischen Offizier auf sein Verlangen einen Paß zu erteilen; und sie soll nur verbunden sein, auf dem ersten allgemeinen Kongreß die Ursachen dieser gesuchten Erlaubnis und der Verstattung solcher Pässe, und was man mit den Franzosen sonst abgehandelt habe, anzuzeigen.
Drittens, da das Gerücht geht, daß man vielleicht einige Vorschläge zum Frie-

den oder Vergleich mit der Republik tun werde, so sollen dieselben ausdrücklich verworfen werden, sofern nicht die in dem allgemeinen Kongreß zu Casinca im Jahr 1761 in Vorschlag gebrachten vorläufigen Artikel verwilligt werden.

Viertens, man trägt es Seiner Exzellenz dem Herrn General auf, im Namen der Nation eine ehrerbietige und kräftige Vorstellung bei Seiner Allerchristlichsten Majestät wegen des Schadens zu tun, den die erwähnte Nation, wegen der Abschickung der französischen Truppen nach Corsica, zu einer Zeit leiden muß, da die Corsen, welche sich die äußerste Schwäche ihrer Feinde zunutze machen wollten, eben im Begriff waren, sie von der Insel gänzlich zu vertreiben, und ihnen nunmehr den Weg zu ferneren Progressen abgeschnitten, und hingegen der Republik geöffnet wird, welche sich dadurch von den schweren Unkosten frei macht, die sie in Corsica aufwenden mußte, und auf diese Weise immer mehr in den Stand gesetzt wird, den Krieg wider die Nation fortzuführen. Der Herr General wird zu gleicher Zeit das große Unrecht anzeigen, welches der Nation durch die Überlieferung des wichtigen Platzes San Fiorenzo in die Hände der Genueser viele Jahre her widerfahren ist, da derselbe doch den französischen Truppen von den Corsen bloß zur Beschützung übergeben worden, und man deswegen eine anständige Schadloshaltung fordern kann.

Fünftens, damit auch die erwähnte Vorstellung mehr Wirkung haben möge, so wird der besagte Herr General ebenfalls dafür sorgen, daß man sich an diejenigen Mächte wende, welche Beschützer und Freunde der Nation sind, und sie ersuche, daß sie durch ihre Vermittlung bei Seiner Allerchristlichsten Majestät hilfliche Hand leisten, und gegen die besagte Nation ihren hohen Schutz zur Erhaltung ihrer Rechte, Freiheit und Unabhängigkeit fernerhin beibehalten wollen.

Sechstens, da es endlich die höchste Regierung erfahren hat, daß eine jede Privatperson ohne Unterschied sich untersteht, die öffentlichen Hölzer zu verderben, und daselbst von allen Arten des Holzes nach eigenem Gutdünken Fabriken anlegt, so verbietet man einem jeden aufs schärfste, künftig keine von vorbesagten Fabriken aufzurichten, noch auch die Bäume in den erwähnten Gehölzen von keiner Art umzuhauen, wenn er nicht vorher die schriftliche Erlaubnis, welche die höchste Landesregierung allein erteilen kann, dazu erhalten hat.

Joseph Maria Massesi.
Großkanzler.

69 Cornelius Nepos: Vit. Epamin.

70 Gemeint ist: bei zivilrechtlichen Streitsachen kann der Podesta als Einzelrichter über Strafen bis zu zehn Pfund, unter Hinzuziehung der beiden Padri del Commune über Strafen bis zu 30 Pfund entscheiden. Der weitere Rechtsweg ist weiter unten geschildert (Anm. d. Hrsg.).

71 Inquiry into the Principles of Political Economy, Buch A, Kap. 14

72 Diese Worte sind aus derjenigen Schrift genommen, welche bei diesen Streitigkeiten im Jahre 1760 unter dem Titel zum Vorschein kam: Manifesto della serenissima repubblica die Genova con le risposte di un Corso.

73 Pascal Paoli war nie verheiratet und blieb ohne Nachkommen; die „Enkelin" ist wahrscheinlich eine seines Bruders Clemente (Anm. d. Hrsg.).

74 Die Rede des Herrn Barbaggi, welche bei dieser Gelegenheit gehalten worden, lautet also:
Durchdrungen von der zärtlichsten und gehorsamsten Dankbarkeit, lassen

Seine Exzellenz der Herr General Paoli, und der höchste Staatsrat, für die Gnade des Heiligen Vaters danken, daß er für die geistlichen Bedürfnisse unseres Volks durch die Wahl eines verdienstvollen, und mit einer von jedermann erkannten und belobten Frömmigkeit gezierten Mannes, zum apostolischen Visitator, zu sorgen uns gewürdigt hat, und machen Denselben ihr Glückwünschungskompliment, daß Ihnen ein neues Feld zur rühmlichen Ausübung Ihrer vortrefflichen Eigenschaften geöffnet, und die Vollmacht erteilt ist, die Kirchenfreiheit in diesem Reiche wiederherzustellen, wo sie seit langer Zeit, wegen der Gewalttätigkeit unserer Feinde, unterdrückt war und schmachtend darnieder lag. Wir sind versichert, daß niemand anders die wichtigsten Instruktionen unseres Herrn besser auszuführen und seinen Willen zu vollziehen gewußt, noch die nötige Eintracht der Kirche mit dem Staat mit so großer Klugheit erhalten hätte; und vielleicht haben Seine Heiligkeit, welche Dero erhabene Talente kennen, aus keiner anderen Ursache Ihnen eine so wichtige Sache anvertraut. Gleichwie man nun nichts anderes wünscht, als unsere Kirche von so vielen Ärgernissen befreit zu sehen, die sie so sehr zerrütten, so wird unsere Regierung gern behilflich sein, damit Sie dasjenige schleunig ausführen können, was Sie zur Erhaltung Ihres Endzwecks für dienlich erachten werden. Rüsten Sie sich daher nur mit allem Eifer, das ihnen anvertraute Amt zu erfüllen, da wir unterdessen uns bemühen werden, unsere Unterwürfigkeit und unseren Gehorsam gegen die römische Kirche immer standhafter zu zeigen, von welcher allein wir die wahre und rechtmäßige Oberherrschaft erkennen, und die Hochachtung desto sichtbarer machen wollen, die wir gegen den würdigsten Repräsentanten derselben, der Herr über unsere Herzen sein wird, bekennen. Wir haben auch das Vertrauen, daß Sie nach erkannter Wahrheit dessen, was wir gemeldet haben, solchen Unordnungen abhelfen werden, die das Volk lange genug geärgert und die Regierung in Unruhe gesetzt haben. Wir werden uns endlich auch glücklich schätzen, wenn wir mit unserem ganzen Vermögen zur Vollziehung der Befehle, die Ihnen zu erteilen gefallen wird, etwas beitragen, und die Ehre des apostolischen Stuhles unterstützen können, gegen welchen unser Gehorsam und unsere Ergebenheit immer zunehmen wird.

75 Das Manifest selbst, welches die Republik Genua den 14. April 1760 ergehen ließ, lautet also:

Der Doge und Gouverneur der Republik Genua.

Nachdem wir in Erfahrung gebracht haben, daß der Bischof von Segni, Cäsar Creszentius de Angelis, wider unseren Willen in unserem Königreiche angekommen sei, oder bald ankommen werde, so haben wir beschlossen, wie wir in Kraft des Gegenwärtigen beschließen, demjenigen eine Belohnung von sechstausend römischen Skudi zu geben, der den erwähnten Bischof anhalten, und ihn in einen von den festen Plätzen, die mit unseren Truppen besetzt sind, bringen wird, wo wir alsdann schon weiter dafür sorgen werden, daß er in diese unsere Hauptstadt des festen Landes gehörig gebracht werden möge.
Wir verbieten ferner unter den schwersten uns willkürlich vorbehaltenen Strafen allen und jeden Personen, wes Standes, Alters und Ansehens sie sein mögen, irgendein Dekret, Gebot, Befehl, Anordnung und wie es Namen haben mag, zu vollstrecken, was besagter Bischof in dem erwähnten Königreiche unter einem jeden Vorwande, als vorgeblicher Abgeordneter oder sonst mit einer vorgegebenen außerordentlichen Vollmacht versehen vorzunehmen sich unterstünde.
Und damit dieses allen und jeden bekannt werde, sowohl zur Erhaltung der gemeldeten Belohnung, als auch damit sie keine Ursache der Unwissenheit in

Ansehung der durch gegenwärtigen offenen Brief festgesetzten Strafen vorschützen können, so haben wir befohlen, daß derselbe in den Börsen an gewöhnlichen Orten und in unserem Königreiche Corsica kundgemacht, und durch unseren Staatssekretär unterzeichnet werde.

76 Die Verordnung der Corsen, durch welche sie verbieten, den ordentlichen Bischöfen den Zehnten zu bezahlen, und ihnen oder ihren Dienern zu gehorchen, lautet also:

Santo Follacci, Generalkapitän.

Nachdem Seine Exzellenz der General Paoli durch seinen Brief uns zu wissen getan, wie wir allen Einnehmern und Pächtern die Zehnten, die den Bischöfen, Seminarien, Archidiakonen und Canonicis, in den Besatzungen unseres Königreichs zugehören, ankündigen sollen, daß es ihnen verboten sei, sie einzuziehen; so haben wir daher, um dessen gerechte Absichten in allem zu unterstützen, was zur öffentlichen Zufriedenheit der Nation gereicht, uns entschlossen, zu verbieten, so wie wir auch allen und jeden Personen, wes Standes, Ranges und Ansehens sie sind, verbieten, denen es sonst obläge, die oben erwähnten Zehnten einzufordern, daß niemand unter einer Strafe von fünfzig Skudi, außer dem, das er noch bezahlen soll, was besagte Zehnte eintragen, nach der gewöhnlich geschehenen Erklärung sich unterstehen solle, den Bischöfen, Agenten der Seminarien, Archidiakonen, oder Canonicis irgendeine Bezahlung zu entrichten, wenn sie etwas unter dem Titel eines Zehnten einfordern wollten, wovon sie die Einkünfte so lange behalten sollen, bis von uns ein Einnehmer verordnet werde, dem man dergleichen Geschäfte auftragen, und die Einnahme davon demjenigen, welchen man dazu ernennt, anvertrauen wird.
Man befiehlt daher allen Herren Kommissaren und den vornehmsten Häuptern der Kirchspiele, mit aller Aufmerksamkeit zu wachen, damit das gegenwärtige Patent genau erfüllt werde, welches auch in allen Provinzen, an einem Festtage bei der größten Versammlung des Volks soll vorgelesen werden, damit es zu eines jeden Kenntnis gelange, und in unsere Kanzlei geschickt werde.
Wir verbieten ferner allen Pfarrern, Vizepfarrern und bloßen Priestern, den Bischöfen und den Dienern derselben Gehorsam zu leisten, und sich unter irgendeinem Vorwande nach Ajaccio zu begeben, unter Strafe von hundert Goldskudi, als Schuldige wegen großer Verbrechen bestraft zu werden.

77 Man lese hierüber die vortreffliche englische Wochenschrift The Rambler, No. 110 nach.

78 Cicero: Somn. Scip.

79 Ein stehendes Heer wurde erst im März 1762 eingerichtet, als eine von Genua ausgerüstete Armee (erneut von einem Mitglied des Matra-Clans geführt) sich auf eine Landung in Korsika vorbereitete. Diese Invasion wurde nur mit Mühe zurückgeschlagen. Das korsische Heer bestand nach anderen Angaben aus zwei Regimentern mit je 400 Soldaten (Anm. d. Hrsg.).

80 Livius: Buch IV, Kap. 59.

81 Virgil: Aeneis, Buch X, v. 209.

82 Bläus: Atlas, S. 71.

83 De Witt: Interest of Holland, Teil III, Kap. 3.

84 M. Aulay: History of St. Kilda, S. 214.

85 Das Manifest selbst lautet also:

Der General und der höchste Staatsrat des Königreichs Corsica, seinem geliebten Volke.

Unter den beständigen und wichtigen Beschäftigungen, welche die Regierung des unserer Sorgfalt anvertrauten Volkes erfordert, ist es jederzeit eine unserer vornehmsten Bemühungen gewesen, der Jugend unseres Reiches eine öffentliche Gelegenheit zu verschaffen, wodurch sie in den göttlichen und menschlichen Wissenschaften unterrichtet, und zum Dienste Gottes und des Vaterlandes nützlich und geschickt gemacht werden könnte.
Die genuesische Regierung hatte unter den Maßregeln ihrer grausamen und abscheulichen Staatskunst, nach welcher sie dieses Volk regierte, vornehmlich auch dieses zu einem unveränderlichen Grundgesetze gemacht, daß sie die corsische Nation in der Blindheit und Unwissenheit zu erhalten suchte. Sosehr daher auch bei den benachbarten Nationen die Künste und Wissenschaften blühten und geschätzt wurden, so daß selbst einige von unseren Landsleuten durch die Großmut der italienischen Fürsten, wegen des Ruhms ihrer Gelehrsamkeit zu Lehrern auf den Universitäten zu Rom, Pisa und Padua erhoben wurden; so mußten wir doch in Corsica mit Betrübnis sehen, wie die geschicktesten und trefflichsten Köpfe, welche die Natur zu allen Zeiten und in großer Anzahl unter unserem Himmelsstrich gebildet hat, entweder ohne Kultur bleiben, und ihre Zeit in Dunkelheit und Müßiggang zubringen, oder zum großen Schaden des Landes jenseits des Meeres und in anderen europäischen Ländern die Gelegenheit suchen mußten, ihren Verstand aufzuklären, da es ihnen hernach nicht erlaubt war, in ihr Vaterland zurückzukehren.
Jedoch die Vorsehung, welche uns auf so mannigfaltige Art die deutlichsten Proben ihres Schutzes gezeigt, hat auch auf dieser Seite die dunklen Wolken, welche uns auf eine so beleidigende Art bedeckten, vertrieben, und wir sind jetzt imstande die ganze Welt zu belehren, daß Corsica keineswegs ein so barbarisches Land, wie es die Genueser fälschlich ausschreien, noch ein Feind der Künste und Wissenschaften sei.
Unterdessen geht die Absicht dieses unseres Edikts vornehmlich dahin, unserem ganzen geliebten Volke anzuzeigen, daß man die Universität der Studien, deren Plan schon längst entworfen, und nur bisher durch die widrigen Umstände der Zeiten verhindert worden, am dritten Tage des künftigen Monats Januar in dieser Stadt Corte, als dem bei der letzten Beratschlagung im verwichenen Monat Mai dazu bestimmten, und für die ganze Nation bequemsten Orte, eröffnen wird. Da nun dieses so heilsame, und von unserem Volke so sehnlich gewünschte Werk, vielleicht im Anfange noch nicht alle diejenigen Vollkommenheiten haben wird, die es in einiger Zeit erhalten kann, (nach dem Beispiel aller anderen Dinge, welche einen kleinen Anfang haben, und allererst durch Eifer und richtige Führung ansehnlich werden und immer mehr wachsen), so ist es uns schon genug, daß wir die nötigsten, und zu den gegenwärtigen Bedürfnissen unseres Volkes unentbehrlichsten Schulen bekommen.
Demzufolge haben wir die vortrefflichsten und angesehensten Professoren ausersehen, welche außerdem, daß sie sich durch viele andere Dinge um die Nation verdient gemacht haben, nicht aus Gewinnsucht oder aus Antrieb der Ehrbegierde, sondern aus reinem und aufrichtigem Eifer für das gemeine Beste freiwillig ihre gelehrten Bemühungen anwenden werden, die Jugend auf die erwünschteste Art zu unterrichten, und täglich in ihren öffentlichen Schulen auf der Universität folgende Wissenschaften zu lehren:
I. Werden die scholastischen Glaubenslehren, oder die Grundsätze der Religion, und die Lehren der katholischen Kirche, kürzlich und gründlich vorgetragen, und der Professor wird auch in einer Stunde wöchentlich die Kirchenhistorie erklären.
II. Die theologische Moral, wobei man die richtigsten Gesetze und Vorschrif-

ten der christlichen Moral erklären, und an einem Tage in der Woche einen praktischen Fall, der sich auf die erklärten Materien bezieht, zugleich erläutern wird.

III. Die bürgerlichen und kanonischen Gesetze, wobei man den Ursprung und den wahren Verstand der Gesetze durch die beste Anwendung derselben zeigen wird.

IV. Die Ethik, eine der nützlichsten Wissenschaften, um die Regeln der guten Sitten und die Art und Weise zu lernen, wie man sich bei den verschiedenen Vorfällen in der bürgerlichen Gesellschaft betragen soll, die überdies noch die Kenntnis des Natur- und Völkerrechts in sich faßt.

V. Die Philosophie, nach den besten Grundsätzen der neueren Philosophen, wobei der Professor überdies noch die Anfangsgründe der Mathematik vortragen wird.

VI. Die Rhetorik.

VII. Wird auch Gelegenheit verschafft werden, sich in der Sprache des bürgerlichen und peinlichen (Zivil- und Straf-; D.G.) Prozesses zu üben.

Die Stunden zu den verschiedenen Lektionen werden dergestalt eingeteilt sein, daß ein jeder verschiedene Lektionen an einem Tage wird abwarten können, und die Methode, deren sich die Professoren bei dem Unterrichte bedienen, wird also beschaffen sein, daß zum Verstande der Materien, die man hören will, eine mäßige Kenntnis der lateinischen Sprache hinreichend sein wird.

Wir laden daher alle jungen studierenden Herren, sowohl geistliche als weltliche, hiermit feierlich ein, sich eine so vorteilhafte Gelegenheit, die wir ihnen anbieten, zunutze zu machen; und halten uns versichert, daß die Jünglinge aus den angesehensten und reichsten Familien, mit der größten Bereitwilligkeit und in starker Anzahl herkommen werden, zumal da unsere Sorgfalt vornehmlich auf ihre Kultur gerichtet ist, und wir überdies noch besondere Sorge tragen werden, daß man daselbst für sie wohleingerichtete Schulen halte, darin sie die nötigen Kenntnisse erlangen können, welche sie zu den öffentlichen Ämtern der Staatsräte, Präsidenten, Auditoren und Rechtskonsulenten der Provinzen, oder zu anderen wichtigen Diensten der Nation geschickt machen, wozu sie ein vorzügliches Recht haben, und also auch zugleich eine größere Verbindlichkeit, sich in der Erlernung der Wissenschaften hervorzutun, zeigen müssen, damit sie wirklich in den Stand gesetzt werden, diesen Ämtern würdig vorzustehen. Überdies da sie hier der höchsten Regierung und Seiner Exzellenz dem Herrn General so nahe sind, so wird es ihnen leicht sein, Proben ihrer Geschicklichkeit und Mutes in allen Vorfällen zu geben, die sich ihnen zum Dienste des Vaterlandes darbieten werden.

Und endlich werden wir auch in diesem Stück zur Erweckung ihrer Nacheiferung und zur Vermehrung und Beschützung ihrer Studien, dem Beispiel aller weisen Regierungen folgen, und die kräftigsten Maßregeln ergreifen, damit man sowohl bei den bürgerlichen als auch Kirchenämtern in unserem Reiche vornehmlich diejenigen vorziehe, die auf eine rühmliche Art den ganzen Umfang ihrer Studien auf unserer Universität Corte erlernt haben, oder noch wirklich in der Erlernung derselben begriffen sind. Wie wir nun bisher mit Betrübnis wahrgenommen haben, daß alle Jahre eine allzugroße Anzahl unserer Geistlichen unter dem Vorwande aus dem Lande nach Italien gehen, um daselbst ihre Studien zu treiben, und nunmehr diese Ausflucht wegfällt, so tun wir hiermit kund und zu wissen, daß man ihnen künftig keine Pässe nach Italien erteilen werde.

Endlich werden wir auch genugsam dafür sorgen, daß man den jungen Studenten in dieser Stadt alle mögliche Bequemlichkeit und einen so geringen Aufwand verschaffe, als man sowohl in Absicht auf ihre Wohnungen, als auch auf die Lebensmittel, nur immer haben kann, und werden uns bemühen zum Unterhalt der armen Studenten die dienlichsten Mittel ausfindig zu machen. Damit nun dieses Edikt allen bekannt werde, so begehren wir hiermit, daß man an alle höheren Podesta des Reichs eine Abschrift davon überschicke, damit sie es unserer Verordnung gemäß bekanntmachen, und an den gewöhnlichen Orten anschlagen können.

Gegeben zu Corte, den 25. Nov. 1764.

Joseph Maria Massesi.
Großkanzler.

86 Muratori: Scriptores Rerum Italicarum, Buch 24.

87 Strabo(n): Geographia, Buch V, S. 225.

88 Livius: Prooem.

89 Strabo(n): Buch V, S. 224.

90 Diod. Sicul.: Buch V, S. 295.

91 Was der Herr Burnaby hier von den Corsen sagt, erinnert mich an eine vortreffliche Bemerkung des Herrn Thomas Blount: „Der Löwe läßt sich vielleicht zahm schlagen; er wird sich aber eher in Stücke hauen, als an Ketten legen lassen.“ Sir Thomas Pope: Blount's Essays, London 1697, S. 65.

92 Hobbes, de Cive Epist. Dedic.

93 Graeve.: Thesaur. Ital., Band I, S. 1410.

94 Essay de Critique sur le Prince de Machiavel S. 114. (Boswell zitiert hier den „Antimachiavell“ von Friedrich II. (dem „Großen“), der 1740 anonym in Den Haag erschienen war; Anm. d. Hrsg.).

95 Tacitus: de Moribus Germ.

96 Ibid.

97 Esprit des Loix, Buch XIV, Kap. 9.

98 Tacitus: ibid.

99 Virgil: Georgica, Buch III, v. 376.

100 Diod. Sicul,: Buch V.

101 Cornelius Nepos: In vita Epaminondae

102 Das Gedicht, woraus diese Stelle genommen ist, führt die Aufschrift: Pride a Poem. Die Verse selbst sind folgende:

Hail Corsica! than whose recorded name
None e'er stood fairer on the rolls of fame!
Rapt at the sound, my soul new ardour fires,
Each thought impassions, and each strain inspires.
Pity, to injur'd honour that is due,
Pleads in my heart, and bids me pity you;
For worth like thine one honest wish receive;
'Tis all the Muse, and all the friend can give.

Ye who are slaves of pow'r or drones of peace,
Ambition's tools, or votaries of ease
If not quite abject, nor quite lost to shame
Your hearts can feel one particle of fame,
Stand forth: on Corsica reflect, and see
Not what you are, but what you ought to be.

The general good's their aim; no slavish awe
Marks man from man, but Liberty is Law;
No venal senates publick credit drain;

No king enslav'd by creatures of his reign.
Of publick honours merit is the test.
And those obtain them who deserve them best.

In this vile age, no virtue now rever'd,
No godlike patriot prodigy appear'd,
'Till one small spot (for in th'Almigthy's book
The smallest spot is never overlook'd)
Held forth the wonder to all Europe's shame,
Produc'd the man, and Paoli his name.
Go on immortal man! the path pursue
Mark'd out by heav'n, and destin'd but for you;
Fix your firm hope on this, on this your trust;
Your arms must conquer as your cause is just.
By Heav'n! it makes my life's best blood run cold.
Then glow to madness when thy story's told.
One those vile slaves be heavn's choice thunder hurl'd;
Who chain'd themselves, would gladly chain a World.

„Heil dir Corsica! denn dein Name ist der schönste in dem Buche des Ruhms: Entzückt von dem Klange desselben wird meine Seele in ein neues Feuer gesetzt; jeder Gedanke erhitzt, und jeder Ton begeistert. Mitleiden, welches der beleidigten Ehre gebührt, streitet für dich in meinem Herzen, und gebietet mir dich zu beklagen. Um deines großen Wertes willen nimm diesen einzigen redlichen Wunsch an. Dieses allein kann dir die Muse und der Freund weihen.

Ihr Sklaven der Macht, ihr trägen Seelen des Friedens; Werkzeuge des Stolzes, oder der Ruhe ergebene, wenn ihr nicht ganz niederträchtig oder ganz in der Schande verloren seid, und eure Herzen noch das geringste von Ehre empfinden, so tretet herbei; betrachtet Corsica und seht, nicht was ihr seid, sondern was ihr sein sollt. Ihr einziges Verlangen ist das allgemeine Beste; keine sklavische Furcht macht daselbst einen Unterschied, Freiheit allein ist ihr Gesetz. Kein feiler Senat verdreht daselbst öffentliche Rechte, noch wird ein König durch seine Kreaturen zum Sklaven gemacht. Verdienst ist die Probe bei öffentlichen Ehrenstellen, und nur diejenigen erlangen sie, die sie am besten verdienen.

Jetzt zu dieser niederträchtigen Zeit, wird keine Tugend verehrt, und kein göttlicher Patriot scheint ein Wunder zu sein; nur noch ein kleiner Flecken der Erde (in dem Buche der Allmacht wird nie der geringste Flecken unbemerkt gelassen), mußte dieses Wunder zur Schande von ganz Europa erhalten und den Held schaffen, Paoli ist sein Name. Fahre fort, unsterblicher Mann! den Pfad zu betreten, der für dich vom Himmel selbst ausgezeichnet, und dir, Corsica, bestimmt ist. Setze deine feste Hoffnung, dein ganzes Vertrauen darauf, deine Waffen müssen siegen, denn deine Sache ist gerecht. O Himmel! bei der Erzählung deiner Geschichte erstarrt bald das Blut in meinen Adern, bald werde ich bis zur Raserei erhitzt. Die niederträchtigen Sklaven, die sich selbst Ketten anlegen, und mit Freuden die ganze Welt binden würden, müsse der stärkste Donner des Himmels treffen."

103 Wallace: On the Numbers of Mankind, S. 106.

104 Richard: Descript. Hist. et Crit. de l'Ital., Buch I, S. 118. Le royaume de Corse, dont la république possède quelques places maritimes, lui coûte prodigieusement; elle n'en retire aucun avantage réel, et elle a toujours à combattre un peuple indiscipliné armé pour la liberté. Mais comme les nobles Gênois se regardent tous comme solidairement rois de Corse, cette raison, qui est très forte sur leur esprit, les déterminera toujours à ne rien épargner

pour conserver au moins ce titre. C'est l'objet d'ambition, qui les touche le plus. Rien n'est aussi intéressant pour eux, que les nouvelles de ce pays. Surtout quand la balance parait pancher du côté des rebelles. Une Dame Gênoise fort inquiète de quelques succès, qui semblaient annoncer une révolution totale en faveur des insulaires, apprenant que les espérances de la république se rétablissaient, dit dans un transport de joie. „Dieu merci, nous sommes donc encore un peu reines."

105 Inquiry into the Principles of Political Oeconomy, Buch II, Kap. 29.

106 Seneca: De Consolatione ad Helviam

107 Gemeint ist Friedrich II (der „Große") von Preußen. Die drei Sternchen stammen vom Übersetzer – eine verständliche Geste! (Anm. d. Hrsg., vgl. auch Anm. 94).

108 Vorwort von: Comparative View, S. 8.

109 In der englischen Wochenschrift: The Rambler, Nummer 60.

110 In der englischen Wochenschrift: The Rambler, Nummer 70.

111 Feltham: Resolves, Cent. I, Resol. 52.

112 Homer: Odyss., Buch II, v. 11.

113 Homer: Iliad., Buch XXIII, v. 174.

114 Virgil: Aeneid., Buch VIII, v. 460.

115 Der Herr Jakob Macdonald war Baron aus der Insel Sky, der in seinem einundzwanzigsten Jahre die Gelehrsamkeit und Geschicklichkeit eines Professors nebst den Vollkommenheiten eines Weltmanns besaß. Eton und Oxford werden sich seiner als einer ihrer größten Zierden erinnern. Er war an den vornehmsten Höfen in Europa bekannt; er mußte aber wider alles Vermuten sein Leben lassen. Er starb zu Frascati, nahe bei Rom, im Jahre 1765. Wenn er länger gelebt hätte, so würde ich ihn vielleicht beredet haben Corsica zu besuchen.

116 Du Contract Social, Buch II, Kap. 10.

117 Unter dem corsischen Samt versteht er hier das schlechte Zeug, welches man auf der Insel macht, und von den Corsen anstatt des genuesischen Samts getragen wird.

118 Abbatucci, ein Corse, von einem sehr verdächtigen Charakter. (Hier geht die Parteilichkeit Boswells mit ihm durch: Abbatucci war zu Unrecht verdächtigt worden, geheime Kontakte mit dem Matra-Clan zu haben. Nach einer kränkenden Vorladung vor die Junta hatte er deren Autorität angezweifelt, erklärte aber sofort seine Unterwerfung, als Paoli nach Südwest-Korsika marschierte. Er wurde später zu einem zuverlässigen Parteigänger Paolis. Anm. d. Hrsg.).

Inhaltsverzeichnis